인간, 그 100개의 가면

-성서인문학-

성│서│인│문│학

인간,
그 100개의 가면

고시영 지음

책을 내면서

글을 쓰는 행위, 나에게 그것은 일종의 생존 연습이었다. 무슨 이유로 인지는 잘 몰라도 아마 바다를 너무 사랑한 죄 때문일 것이라고 생각하지만 난 청력 장애자로 살아왔다. 사람을 가까이 할 수 없었던 나는 어릴 때부터 책을 사랑했고, 글쓰기를 좋아했다. 책은 나의 연인이었고 스승이었으며 친구였다. 그리고 글을 쓰는 행위는 나의 삶을 위협하는 고독, 고민, 고통을 친구로 만드는 지혜였다. 30년간 목회를 하면서 나는 교회 주보에 다양한 글을 섰다. 설교, 국내외 기행문, 책에 대한 평론, 문학, 역사 철학, 영화, 연극, 미술, 음악 등에 대한 예화, 서울대학교 추천도서 100권에 대한 해설문, 자서전, 수필, 경견훈련 교재, 인문학적 성공과 실패 이야기, 인간이야기 등 실로 다방면에 걸쳐 내 생각을 문자로 토로했다. 아마 모르긴 해도, 이런 형태로 그 긴 세월, 매주 글을 쓴 사람은 세계에서 오직 나하나 뿐일 것이다. 은퇴를 한 후, 나는 내가 쓴 글들, 내가 살아온 흔적들을 정리해서 단행본으로 출판하기로 결심했다. 이제 인생을 정리해야 할 때가 되었기 때문이다. 한 인간이 삶을 정리하는 방법은 다양하지만 나는 고마운 사람들에게 책을 헌정함으로 내 삶을 정리하기로 했다. 나는 이책을 김광평 집사님께 드리고자 한다. 그 분은 내가 일생을 통해 만나 사람들 중에 가장 고마운 분이시다. 교회를 개척할 때도 곁에 계셨고, 두 번이나 승용차도 헌물해 주셨다. 그러나 내가 그 분을 잊지 못하는 것은 주보에 실린 수필을 모아 내 이름으로 된 첫 작품, '어느 이상주의자의 편지'를 출판해 주신 것이다. 아마추어 화가인 그 분은 직접 책 표지를 그려 주셨고 출판비용도 전액 담당해 주셨다. 그 분은 내가 이상주의자로 살고 싶어 했던 마음의 비밀을 처음으로 이해해 주신 분이셨다. 의사요 교수였던 그 분 덕분에 나는 책을 쓰는 사람이 되었고 그 후부터 나는 다양한 책들을 출판할 수가 있었다. 그 분은 음악, 그림, 연극, 영화, 수영 등에 능숙한 최고의 따뜻한 낭만주의자였다. 이제 이 책을 김광평 집사님과 홍석경 권사님 부부께 헌정한다. 그 동안 정말 고마웠습니다. 그리 고백하면서.이 책을 만드는 데 큰 수고를 해 주신 제자 민상기 전도사님께 감사를 드린다.

2019. 12. 한해를 마무리 하면서

고시영

인간이란 어떤 존재인가?

나는 목사지만 평생 하나님에 대한 관심이나 연구보다는 인간을 연구해 왔다. 하나님에 대해서는 이미 성경이 그 실체와 본질에 대해 명백하게 서술해 놓았고, 더 솔직하게 말하면 나에게는 하나님을 알 수 있는 지혜가 없기 때문이다. 하나님은 믿음의 대상이지 연구 대상은 아니었다. 하나님과 인간은 신비한 존재이다. 그런데 하나님은 저쪽에 계시고 인간은 이쪽에 있다. 하나님은 숨겨져 있지만 인간은 구체적으로 여기에 실존하고 있다. 내가 인간에 대해 연구하는 것은 나 자신을 연구하는 것이기도 했다. "너 자신을 알라" 라는 인문학적 명제는 내가 인간으로 살아가는 데 가장 중요한 과제이었다. 나는 인간이고, 내 가족들도 인간이며 내가 사랑한 사람들도 인간이다. 나를 배신한 자도 인간이고 나에게 용기를 준 사람도 인간이다. 난 인간으로 인간과 함께 살아가는 존재이다. 그렇다면 인간이 무엇인지를 아는 것이 중요하지 않겠는가? 인간을 모르고서는 인간에게 설교할 수가 없고, 인간을 사랑할 수도 없다. 그런데 인간에 대한 다양한 연구가 이미 실재 한다. 그러나 나는 목사이기 때문에 성경에 나타난 인간에게 관심이 많다. 나는 학문적으로 인간에 대해 관심을 갖기 보다는 삶의 자리에 나타난 인간에게 관심이 많다. 성경은 하나님에 대해 기록해 놓은 책이지만 동시에 인간에 대해서 기록한 책이기도 하다. 성경은 인간을 학문적으로 설명하지 않지만 삶의 자리에서 어떤 사건을 통해 나타난 구체적인 인간의 모습을 다양하게 그려 놓았다. 어리 시절 서양 영화를 보면서 괴이하게 여긴 것은 그들은 파티를 할 때 가면을 쓰고 나타나는 것이었다. 왜 인간은 가면을 쓸까? 대학을 다닐 때, 안동 하회 마을에 가서 탈을 쓰고 춤을 추는 사람들을 보았다. 물론 가면과 탈은 그 기능이 달랐다. 탈은 약자의 아픔이었다. 양반들을 욕하기 위해 그들은 탈을 썼다. 그것은 일조의 억압에 대한 반항이었고 사회적, 계급적 의미가 강했다. 그러나 서양의 가면은 달랐다. 가면은 인간의 본질을 표현하는 실존적 의미를 뜻하는 것이었다. 그들은 하나의 가면만 쓰고 춤을 추지 않는다. 가면을 수시로 바꿔 치기도 했다. 변화무쌍한 모습이었다. 상황에 따라 다양한 가면으로 얼굴을 가리고 무도회를 긴장으로 몰아가는 그 장면, 나는 그것을 보면서 인간은 다양한 가면을 쓰고 인생을 사는 아주 영악하고 신비하고 다양성을 지닌 존재임을 깨달았다. 심리학자 칼 융은 이런 인간의 모습을 통찰했다. 흔히 인간을 천사와 악마의 중간 지대에 있는 존재라고들 말한다. 인간은 선하기도 하고 악하기도 하다는 뜻이다. 상황에 따라 인간은 변한다. 마음도 감정도 행동도 생각도 모든 것이 변한다. 물론 변하지 않은 것도 있지만 대부분 변한다. 성경은 인간을 두 가지로 설명한다. 하나님의 형상과 죄인이 그것이다. 인간에게는 신적 요소도 있고 악마적 요소도 있다는 뜻일 것이다. 나는 이런 전제를 설정하고 성경에 등장하는 인간의 다양한 모습들을 찾아보았다. 그리고 결국 인간은 100개의 가면을 준비해 놓고, 상황에 따라 다양한 가면을 쓰면서 인생 무도회에서 춤을 추는 존재임을 확인했다. 인간이 가진 가면들 중에는 흰 가면도 있고 검은 가면도 있다. 이 책은 도덕책이 아니다. 인간을 비난하려는 의도도 없고 칭찬하려는 의도도 없다. 단지 우리 모두가 가면을 쓰고 사는 존재임을 확인시키는데 그 목적이 있다. 내가 가면을 쓰고 춤을 추는 존재라는 것을 알기만 해도 우리는 남을 사랑할 수도 있으며 용서할 수도 있고 함께 동행 할 수도 있을 것이다. 인생의 모든 행위는 나를 아는 데서 아름다운 붓이 될 수도 있고, 무딘 칼이 될 수도 있다. 이 책은 우리 목회자들에는 설교 자료가 되고, 평신도들에게는 자신을 이해하는 동기를 제공해 주며, 불신자들에게는 성경을 보다 현실적으로 받아들일 수 있도록 하는 계기가 되기를 바란다. 인간이란 어떤 존재인가? 100개의 가면을 쓰고 상황에 따라 가면을 바꿔 가면서 자신의 생존을 위해 춤을 추는 슬픈, 그래서 아름다운 존재이다.

　나는 인간이 가면을 쓰고 살아가는 것에 대해서 연민의 정을 갖는다. 그것은 운명이다. 내가 이 글을 쓰면서 내린 결론은 의인은 없다는 성경의 탄식과 그 죄인을 위해 그리스도가 죽으셨다는 그 진리가 나에게 희망을 준다는 것이다. 죄인이지만 그리스도 안에서 의인이 될 수 있다는 것, 도대체 이 세상에서 이것보다 더 큰 복음이 어디 있단 말인가?

차 례

인간,
그 100개의 가면

가난해지고, 부자가 되는 인간

인간은 경제적 활동을 하는 존재이다. 그러다 보니 세상에는 가난한 자도 있고 부자도 있다. 성경에는 가난에 대해 다양한 교훈이 있다. 가난하면 주어지는 부정적인 삶에 대한 모습을 살펴보자. 가난하면 망할 수 있고(잠10/15) 시험이나 위험을 초래할 수도 있다. 고생도 하게 된다. 그래서 사람들은 가난을 싫어한다.

그러나 가난의 유익함도 있다. 가난은 미련보다 낫고(잠19/1) 거짓보다 나으며(잠19/1), 죄보다 낫다.(잠28/6) 가난의 원인에 대해서도 다양한 설명이 성경에는 기록되어 있다. 게으름 때문에(잠6/6-11), 쾌락을 즐겨하기 때문에(잠21/17), 훈계를 외면했기 때문에(잠13/18) 인간은 가난해 진다. 특히 인간은 하나님의 주권으로 인해 가난해 지는 경우도 있다.(삼상2/7) 이는 하나님의 절대 주권에 의해 인간은 가난해 질 수 있다는 뜻이다.

그런데 가난은 불편한 삶을 사는 원인이 되기는 하지만 가난하다고 해서 불행하게 되는 것은 아니다. 예수님은 가난하셨지만 불행하지 않았다. 가난한 자들을 위한 다양한 교훈도 있다. 하나님께서는 가난한 자들을 구원하시고(시109/31) 그 영혼을 만족하게 하신다.(시107/9) 가난한 자들도 그 삶이 향상될 수 있다. 지위가 향상될 수 있고(삼상2/8) 고난 중에도 그를 높이신다.(시107/41) 기도를 들어 주시며(시34/6) 그 억울함을 풀어 주신다.(욥36/6) 한마디로 가난한 자에게 희망이 있다는 것이다.(욥5/16)

오늘날 복지 제도는 성경에 그 근거를 두고 있다. 모세는 그 율법을 통해 가난한 자들에 대한 특별한 배려를 명시하고 있다. 제물을 값싼 것으로 드릴 수 있도록 했고(레14/21-23) 이자를 받지 못하도록 했으며(출22/25) 일당을 당일 지급하도록 했다.(신24/15) 3년마다 십일조로 가난한 자를 구제하도록 했다.(신14/28) 추수할 때 가난한 자를 위해 곡식을 남겨두도록 했고(레19/9), 안식년에는 노예 상태에서 해방시키도록 했으며(신15/12) 희년에는 그 토지를 돌려주도록 했다.(레25/39-41) 대단한 복지 명령이다. 가난한 자도 충분히 살 수가 있도록 했다.

성경에는 부자에 대한 이야기가 많다. 족장들은 다 부자였다. 축복의 상징은 부자가 되는 것이었다. 그런데 놀랍게도 부자에 대한 경고가 더 많다. 이는 부자에 대한 부정적 면을 강조하면서 부자가 된다고 해서 반드시 행복한 것이 아님을 강조하는 것이기도 하다. 일반적인 경고이기는 하지만 부자는 악하고(시73/4-9) 방탕하며(렘5/7-8) 자만해 지고(잠28/11) 남을 억압하기도 하며(약2/6) 잔인하고(잠18/23) 무도란 방법을 사용한다.(렘5/26-28) 그래서 탄핵을 당하기도 한다.(사5/8) 하나님께서는 가난한 자에게는 격려를 하시지만 부자에게는 경고를 하면서 특별한 당부를 하신다. 더 부자가 되기 위해 인색하지 말 것이고(잠11/24) 돈을 자랑하지 말 것이고(렘9/23) 부를 믿지 말라고 하셨다.(시49/16-17)

가난한 자에게 자비를 베풀고(잠11/24-25) 무엇보다도 부자가 되는 것은 하나님의 축복이라는 사실을 늘 명심하라고 하셨고(전5/19-20) 부자는 천국에 들어가기 어렵다는 사실을 명심해서 선한 일을 하라고 권고 하셨다.(마19/24) 현대인들은 부자가 되기를 원한다. 심지어 예수를 잘 믿으면 부자가 된다는 것을 강조하기도 한다.

그러나 명심할 것은 모두가 부자가 되는 것은 아니다. 부자가 되는 것은 자신의 노력과 하나님의 축복이 조화를 이루어야 한다. 부자가 되는 것, 가난한 자가 되는 것, 그것은 하나님의 축복 여부, 자신의 노력 여부 그리고 환경, 이 세 가지에 의해 결정된다. 그러나 중요한 것은 부자가 된다고 해서 반드시 행복해지는 것도 아니고, 가난한 자가 된다고 해서 불행해지는 것도 아니라는 것이다.

명심해야 할 것은 부자가 되고 싶어하거나 가난을 싫어하는 것이 아니라 삶을 종합적으로 이해하고, 그 삶에 적응하면서 자신의 삶을 충실하게 살아가야 하는 것이다. 행복이란 소유에 있는 것이 아니라 깨달음에 있다. 그리고 삶의 흐름 속에서 내가 어떤 가치를 중하게 여기고 그 가치에 얼마나 충실 하느냐에 달려 있다. 누구나 행복해질 수도 있고, 누구나 불행해질 수도 있다. 하나님께서는 누구에게나 공평하신 분이시다.

현대인들은 다 부자가 되려고 무진 애를 쓴다. 당연하다. 그러나 누구나 다 부자가 되는 것도 아니고 가난한 자가 되지 않으려고 온갖 노력을 다 하지만 여전히 가난하게 살 수 밖에 없는 현실도 엄연히 존재한다. 그러기에 자족하는 여유, 그것이 먼저 주어져야 한다는 것을 명심해야 한다.

가르치고 배우는 인간

칸트는 인간은 교육을 통해서 인간이 된다고 했다. 인간은 태어날 때부터 인간이지만 그 인간이 인간 구실을 하기 위해서는 반드시 교육을 받아야 한다는 의미이다. 그래서 우리나라 헌법은 교육의 의무를 명시하고 있다. 그런데 누구나 다 남을 가르칠 수 있는 존재는 아니다. 전문성이 있어야 한다. 전문성이란 그 분야의 지식과 경험이 있는 것을 말한다. 가장 전문성이 있는 분은 단연 하나님이시다.

하나님은 창조주시다. 하나님의 창조는 그 분의 말씀과 그 분의 솜씨를 결합한 능력이다. 하나님께서는 말씀으로 천지를 창조하셨고, 직접 손으로 인간은 만드셨다. 말씀은 지식이고, 솜씨는 경험이다. 부모도 가르칠 수 있는 분이시다.(신11/19) 부모는 누군가의 자식이었고, 자식을 낳아 기른 자이다. 적어도 자식에 대해서는 전문성이 있다. 나이 많은 자도 남을 가르칠 수 있는 자이다.(욥32/7) 오랜 세월을 살아오면서 많은 것을 배웠고 경험했다. 특히 다양한 경험은 살아있는 지식이다. 성경에는 제사장들, 사도들, 교회지도자들이 남을 가르칠 수 있는 자격을 지녔다고 강조한다.(레10/11. 행2/42. 딤전3/2) 그들은 영적인 지식과 경험을 지닌 전문가들이기 때문이다. 가르친다는 것은 아무 것이나 불필요한 것들, 악한 것들을 가르치는 것은 아니다. 그러기에 가르치는 자들도 중요하지만 가르치는 내용도 중요하다. 성경은 율법(출18/20) 하나님을 경외하는 법(신4/10) 판단하는 법(신17/9-11) 병에 대한 것(신24/8) 선한 길(왕상8/36) 지혜(욥32/7) 가야할 길(시32/8) 정의(사40/14) 말씀(행15/35) 기도(눅11/9-12) 등을 가르치라고 강조하고 있다. 특히 노래를 가르치라고 명시하고 있는 데(신31/19) 여기서 노래는 단순히 음악만을 의미하지 않는다. 넓은 의미에서 예술을 의미한다.

물론 가르치지 말아야 할 것들도 있다. 이교적인 것, 거짓말, 헛된 일들, 음행, 악한 것들을 가르치지 말아야 한다. 가르치는 데는 그 목적이 분명해야 한다. 인간은 인간으로서 가야할 길이 있고, 진리를 알아야 하며, 악을 피하기 위해서, 주의 뜻을 행하기 위해서, 지혜를 얻기 위해서, 신앙생활을 온전히 하기 위해서 인간들을 가르쳐야 한다. 무엇보다도 늙어서도 참된 길을 떠나지 않기 위해서(잠22/6) 성장을 위해서(엡4/13-16) 자신의 유익을 위해서(행20/20) 가르쳐야 한다. 유혹에 넘어가지 않기 위해서 가르쳐야 한다.(엡4/14) 가르치는 데 있어서 가장 중요한 것은 배우는 자의 자세이다. 아무리 가르치는 자와 내용이 좋다 해도 배우는 자가 거부하거나 잘못된 자세로 배우면 소용이 없다. 이럴 경우 가르치는 것은 일종의 고역이다. 배우는 자가 중요하다. 일단 배우는 자는 겸손해야 한다.(마11/29) 배우는 자가 겸손해야 가르치는 자가 의욕이 생기고, 준비를 더 철저하게 잘 한다.

겸손은 경청을 뜻한다. 잘 들어야 잘 배울 수가 있다. 비판적인 자세로 경청해야 한다. 비판이란 가르치는 자를 능멸하는 것이 아니라 그 내용에 대해 맹목적이지 않고 자기주장을 하면서 경청하라는 뜻이다. 가르치는 내용은 절대적인 것이 아니다. 이 세상에 절대적인 진리는 오직 하나, 예수 그리스도뿐이다. 그 외는 상대적인 것이고, 시대적인 것이며, 심지어는 오류도 있을 수 있다. 지식은 발전한다. 그리고 그 발전은 비판적 사고를 통해 가능해 진다. 가르치는 자와 배우는 자는 인격적인 관계 속에 신뢰가 있어야 한다. 그래야 창의적인 비판이 가능해 진다. 이퇴계와 이율곡의 주자학 논쟁이 그 예가 될 것이다. 율곡은 퇴계에게서 배웠지만 퇴계의 주장을 그대로 승계하지 않고 독자적인 학설을 만들었다. 그들은 서로 비판하면서 논쟁했지만 그들의 인격적 관계는 더 깊어갔다.

오늘날 우리 시대에는 이런 감동적인 논쟁을 볼 수가 없다. 작금의 보수와 진보의 논쟁이 그 예가 될 것이다. 보수나 진보의 이론은 상호보완적이다. 그런데 비판을 넘어 상호비난을 하고 있고, 서로를 적으로 매도하고 있다. 슬픈 일이요, 어리석은 일이다. 인간은 배워야 인간이 될 수 있다. 죽는 날까지 배워야 할 것이다. 인간이 되기란 그리 쉽지가 않다.

인류 역사는 의무와 권리의 충돌을 기록한 삶의 흔적이다. 키케로는 그의 명저 의무론에서 의무가 먼저이고 권리는 나중이라고 강조 했다. 의무에 충실한 자가 권리를 주장할 때, 역사는 발전한다고 주장했다. 가르치는 것, 그것은 의무이다.

간사한 인간

사람을 부정적으로 표현하는 말 중에 간사하다는 말이 있다. 간사는 간교하다는 뜻이 포함되어 있다. 간교라는 말, 즉 간사라는 말은 사탄을 지칭하는 말로 처음 사용되었다.(창3/1) 간사, 간교라는 단어의 뜻은 자기 이익을 위해 나쁜 꾀를 부리는 것, 원칙에 따르지 않고 자기 이익에 따라 마음이 변하는 것을 뜻한다. 간사, 간교는 사탄에게만 해당되지 않는다. 인간에게도 해당된다. 야곱(창25/31-33) 기브온 사람들(수9/3-15) 유대인들(마22/15-17)도 간사, 간교한 사람이라고 성경은 말하고 있다. 성경은 간사한 사람의 행동에 대해 아주 구체적으로 기록하고 있다.

간사한 사람의 혀는 날카로운 삭도와 같다.(시59/7) 이는 간사한 자는 자신의 이익을 위해 말로 남을 쳐낸다는 뜻이다. 간사한 자는 자신의 이익을 위해 남을 유혹하려고 음식으로, 칭찬하는 말로 그 간사함을 드러낸다. 간사한 자는 선보다 악을 좋아하고 의를 말하기보다는 거짓을 말하며, 탐욕적인 생각을 늘 한다. 간사한 자는 결국 망한다. 하나님께서 그 계획을 무너지게 하며(욥5/12) 흑암을 만나 스스로 무너지기도 하고(욥

5/14) 자기 계획에 자기가 빠져 멸망을 자초하기도 한다.(고전3/19) 간사함
으로 얻은 야곱의 재산은 결국 다 없어져 그는 굶어 죽을 뻔했고, 그래서
그는 지나간 세월을 회고하면서 험악한 세월이었다고 술회했다. 산발랏
도 간사하게 느헤미야를 속였지만 허사였고, 유대인들도 간사한 계획으
로 주님을 괴롭혔으나 다 실패했다. 파우스트 박사를 속인 악마 메피스
토펠레스도 결국 파우스트의 영혼을 얻지 못했고, 주홍글씨에 등장하는
칠링워드로 뎀스필드 목사에게 복수를 하지 못했다.

　간사한 자의 성공은 일시적이다. 그런데 문제는 간사한 자의 성공이
비록 일시적이라고 해도 그 대상은 평생 고통을 당하면서 사는 경우도
있고, 비록 일시적이라고 해도 간사한 자는 부귀를 누리면서 살아간다
는 것이다. 그래서 공평하지 못하다는 생각도 하게 되고, 억울한 일도 생
기며, 약자를 위한 정의가 세워져야 한다는 주장이 설득력을 얻게 된다.
결국 양비론으로 이 문제를 해결할 수밖에 없다. 간사한 자에게는 심판
을 내리고, 간사한 자에게 넘어가지 않는 지혜가 선한 자에게 필요하다
는 것이다. 간사한 자도, 그 간사함에 넘어가는 자도 다 책임이 있다는
주장이다.

　세상에는 간사함이 없는 자도 있다. 성경을 보면 나다나엘은 간사함
이 없다고 했다.(요1/47) 인격 교육이란 간사함을 이기도록 품성을 기르
는 것이다. 인간은 간사한 존재지만 신앙으로, 교육으로 그 간사함을
극복할 수가 있다. 간사한 자에게는 엄중한 벌이 있어야 하지만 정말
중요한 것은 간사함에 속아 넘어가지 않도록 스스로를 경계하는 것이
다. 사탄은 간사함으로 아담과 하와를 속였고, 그 결과, 아담과 하와

는 고통스러운 삶을 살게 되었다. 물론 최후의 심판 때에 사탄도 처벌을 받게 되지만 사탄이 받은 고통보다 인간이 받는 고통이 더 중하다. 그러기에 간사함에 속아 넘어가기 않도록 지혜로운 자가 되는 것이 중요하다.

성경을 보면 간사함에 넘어가지 않기 위해 인간이 특별히 해야 할 것들이 3가지가 있다.

첫째는 남의 칭찬을 탐하거나 칭찬을 받으려고 하지 말아야 한다는 것이다.(눅:26) 간사한 자는 자신의 악한 계획을 이루기 위해 상대를 칭찬한다. 남에게 칭찬을 받으려고 하는 것은 매우 위험하다. 물론 칭찬을 굳이 부인할 필요는 없다. 그러나 칭찬을 받을 때는 조심해야 한다. 칭찬은 객관적인 기준에 합당해야 정당한 것이다. 이럴 경우에도 조심해야 한다. 넘어질 수 있기 때문이다. 칭찬을 받으면 한 번 웃고 잊어버려야 한다.

둘째는 기도해야 한다.(시43/1) 기도는 자기성찰의 과정이다. 기도는 하나님과의 대화이면서 동시에 자기와의 대화이다. 기도하는 자는 안전하다. 왜냐하면 기도는 불순물을 제거하는 용광로이기 때문이다.

셋째는 영적으로 성장해야 한다.(엡4/14) 영적 성장이란 하나님의 말씀을 통해 자기를 아는 것이고, 자기를 통제하는 것이며, 하나님의 뜻을 따르는 행동이다. 영적으로 성장하는 자에게는 간사한 자를 분별하는 능력이 있다.

인간은 간사한 존재이다. 스스로 간사한 자가 되지 않도록 부단히 노력해야 하며 간사한 자에게 넘어가지도 않도록 신중한 삶을 살아야 한다. 자신과 주변을 살피면서 지혜롭게 살아야 한다.

갈등을 겪는 인간

갈등은 인간의 실존이다. 모든 인간은 갈등을 겪으면서 살아간다. 창
세기를 보라. 아담과 하와는 선악과를 먹으면서 갈등을 겪었다. 물론 성
경에는 구체적으로 그가 갈등을 겪었다는 구절이 없다. 그러나 문학적 상
상력을 동원해서 살펴보면 갈등은 당연했다. 그를 만드신 하나님은 선악
과를 먹지 말라고 명령했고 사탄은 먹어야 한다고 유혹했다. 명령과 유
혹, 이것 때문에 인간은 갈등을 겪는다. 명령이란 인간이 당연히 실천해야
할 명제에 대한 명령이다. 책임이라고 표현해도 되고, 양심이라고 해도 되
고, 도리라고 해도 된다. 그런데 유혹은 그 명령을 파괴하라는 달콤함이
다. 모든 유혹은 이기심을 건드린다. 사탄은 아담을 유혹하면서 선악과
를 먹어도 죽지 않으며 오히려 하나님과 같은 존재가 된다고 말한다. 일
종의 신분 상승을 암시하는 것이다. 유혹은 이처럼 인간 본성을 건드리기
때문에 극복하기가 어렵다. 이러한 갈등은 성경 도처에 매복되어 있다.

최초의 살인 사건, 형이 아우를 죽이는 사건에서도 형은 갈등을 겪었
다. 형이 동생을 죽이는데 어찌 갈등이 없었겠는가? 아브라함이 가나안

땅으로 갈 때, 하나님께서는 아브라함에게 친척을 버리고 떠나라고 명령하셨다. 그는 하나님의 명령과 삼촌으로서의 도리 간에 갈등을 겪다가 결국 조카를 대동하고 가나안으로 떠났다. 이로 인해 나중에 그는 조카 때문에 상당한 고난을 당했다. 야곱이 아버지 이삭을 속일 때, 형에게 장자의 권한을 양도받을 때, 그는 갈등을 겪었다. 베드로가 주님을 배신할 때, 이방인들과 식사를 하면서 유대인의 전통과 주님의 가르침 사이에서 그는 갈등을 겪었다. 갈등은 그 자체가 선도 악도 아니다. 갈등은 실존이다. 갈등 그 자체가 죄가 되는 것이 아니라 갈등의 결과가 죄도 되고 의도 된다. 갈등을 극복하면 의요, 갈등을 극복하지 못하면 죄이다. 갈등 없는 선은 기계적인 선이기에 남에게 감동을 주지 못하고, 갈등 없는 죄는 용서받기 어려운 죄요, 잔인함이다. 다윗은 갈등을 극복한 사람이다. 그는 사울 왕에게 핍박을 받았기에 그에게 적개심을 갖고 있었다. 그에게 사울 왕을 죽일 기회가 주어졌을 때, 주변 사람들이 왕을 죽이라고 권하였고, 그래서 죽이고 싶었지만 그는 결국 죽이지 않았다. 하나님께서 세운 왕을 인간이 죽일 수가 없다고 깨달았기 때문이다. 갈등을 이기려면 다윗처럼 삶의 이치, 이성과 신앙에서 오는 깨달음이 있어야 한다.

인간은 이성과 신앙을 통해 다음 몇 가지를 성찰해야 한다.

첫째, 하나님께서 원하시는 것이 무엇인가에 대한 성찰이다. 인간은 하나님의 뜻을 알려고 하는 성찰이 필요하다. 주님은 십자가를 지실 때 갈등을 겪으셨지만 하나님의 뜻을 우선하여 그 갈등을 극복하셨다. '내 뜻대로 마옵시고 아버지의 뜻대로 하옵소서.' 그리 기도하신 것을 보아 이것을 알 수 있다.

둘째, 갈등의 원인을 규명하는 성찰이다. 갈등을 겪는 것이 분명한데 그 원인이 무엇인지 확실하게 알지 못하는 경우가 많다. 갈등은 감정의 혼란도 가져 오고, 판단의 흔들림도 가져 온다. 일반적으로 갈등을 겪을 때 감정적인 면만 느끼다 보면 갈등의 원인을 분명하게 알지 못하는 경우가 생긴다. 감정은 갈등의 결과이지 원인이 아니다. 원인을 규명하려면 이성적인 성찰이 필요하다.

셋째, 선택에 대한 성찰이다. 이것이냐 저것이냐가 갈등의 핵심인 것이다. 그러기에 이것을 선택했을 때와 저것을 선택했을 때 주어지는 이해득실을 정확하게 살펴보아야 한다. 인간은 이기심 때문에 갈등을 겪고, 그 이기심 때문에 갈등을 극복한다. 어느 쪽이 더 유익한가를 성찰하는 것은 매우 중요하다. 이해득실을 계산하는 법은 매우 복잡하다. 현재의 이익이 미래에는 손해로 주어질 수도 있고 그 반대의 경우도 생길 수 있다. 현재의 작은 손해가 장차 큰 유익이 될 수도 있으며, 역시 그 반대의 경우도 있을 수 있다. 이 경우 가장 상식적인 답이 '소탐대실 하지 말라'는 격언이다. 작은 것을 탐내다가 큰 것을 잃어버리지 말라는 뜻이다.

넷째, 그 시기에 대한 성찰이다. 갈등은 소위 타이밍이라는 것이 중요하다. 그 때에 그 갈등이 해결 되어야 한다. 갈등을 견디다 못해 경솔하게 해결해 버리거나 결단성이 없어 시기를 놓쳐 미루다 보면 갈등은 나쁜 결과를 낳게 된다. 인간의 갈등은 인간의 실존이다. 갈등 없는 인생은 존재하지 않는다. 인간은 갈등을 극복하면서 성숙해지고 판단력과 통찰력을 얻게 된다. 갈등을 두려워할 것도 없고, 그렇다고 갈등을 무시해서도 안된다. 갈등을 성숙과 성화의 기회로 삼아야 한다.

감동하는 인간

인간은 기계가 아니다. 제아무리 기계 문명이 발달해서 기계가 인간이 하는 모든 것을 대신한다 해도 기계는 인간처럼 감동하지 않는다. 인공지능이 극도로 발달해서 기계가 눈물을 흘리고 웃는다 해도 그것은 어디까지나 조작에 지나지 않는다. 자연스럽지 않은 것은 순수하지가 않다. 인간은 순수하게 자연스럽게 감동을 받는다. 물론 삶이 척박해고 인간이 냉혹해지면서 예전처럼 감동을 못 받을 수도 있을 것이다. 그러나 인간으로 사는 동안 한두 번, 아니 더 많이 감동을 받는다. 인간으로 산다는 것은 감동을 받으면서 산다는 뜻이다.

감동이란 무엇인가? 감동은 단순한 감정이 아니다. 감정에는 빛과 그림자가 있다. 부정적인 감정도 있고 긍정적인 감정도 있다. 그러나 감동은 항상 빛이고 긍정적이다. 감동은 어떤 사물을 통해 마음이 움직이는 것이다. 잔잔할 수도 있고 충격적일 수도 있다. 감동은 감정의 느낌이긴 하나 감정으로 끝나지 않는다. 감동은 진화한다. 감동이 생겨나면 그 다음 이성이 작동한다. 충분히 설명할 수는 없고 그래서 감동은 신비지만 인간은 이성이 작동하면서 그 감동의 본질이 무엇인지를 탐색하게 된다. 그래서 감동의 실체를 알게 된다. 아 그렇구나! 하는 발견이 이루어진다는 것이다. 감동의 원인을 알게 되면 감동은 더 진화한다. 행동으로 표현된다. 가장 대표적인 것이 눈물이고 외침이며 참여이다. 그래서 감동은 개인의 삶을 변화시키고 역사를 창조한다. 감동은 순수하다. 그래서 무섭다. 인간은 감동을 받는 존재이다.

그렇다면 인간은 그 무엇에 감동을 받는가?

첫째로 인간은 이성의 아름다움에 감동을 받는다. 아담은 하와를 보면서 "뼈 중에 뼈요 살 중에 살"이라고 외쳤다. 가장 원초적인 감동이다. 남녀 간은 어떤 형태로든지 서로에게 감동을 줄 수 있어야 한다. 그래야 관계가 친밀해지고 오래 간다. 사랑이 식는다는 것은 서로에게 감동을 줄 수 없는 상태가 되었다는 뜻이다.

둘째, 인간은 순종 때문에 감동 받는다. 아브라함은 백 세에 낳은 아들, 이삭을 모리아산에서 번제로 하나님께 드리려고 했다. 실존주의 철학자 케에르케골은 이 장면에서 하나님께서 울었다고 표현했다. 물론 이삭의 순종에 아버지 아브라함도 울었다.

셋째, 인간은 사랑 때문에 감동 받는다. 사울 왕에게는 리스바라는 첩이 있었다. 사울이 전쟁에 패해 자결하자 불레셋 왕은 그의 시체를 바위 벽에 박아 독수리들이 그 시신을 쪼아 먹게 내버려 뒀다. 그러자 그의 첩 리스바는 산에서 독수리를 쫓아내는 눈물겨운 혈투를 했다. 이 소식을 들은 다윗왕은 감동을 받아 시신을 거둬 장례를 치뤄 주었다. 이런 사랑은 인간을 감동시킨다.

넷째, 인간은 하나님의 말씀 때문에 감동 받는다. 요시아 왕은 제사장이 율법을 읽을 때, 감동을 받았다. 옷을 찢을 정도였다. 요시아 왕의 감동은 결국 회개를 만들어 냈다.

다섯째, 인간은 거룩한 포기를 볼 때 감동 받는다. 모세는 일생을 고난 당하면서 이스라엘 백성들을 섬겼다. 그러나 그는 가나안 땅에 들어가지 못했다. 하나님께서 거부했기 때문이다. 모세는 반항하지도 않았고 항변하지도 않았다. 그토록 가고 싶은 가나안 땅을 포기했다. 하나님과 백성들을 위해 기득권을 내려놓은 이 모세의 행동에 인간은 물론, 하나님께서도 감동 받으셨다.

여섯째, 선한 나눔을 통해 감동 받는다. 삭개오는 그리스도를 만나 새 사람이 된 후, 그의 재산 절반을 이웃들에게 나누어 주었다. 그리하지도 않아도 될 일이지만, 자신의 과오를 인정하고 그리스도에게서 받은 감동을 이웃에게 실천하여 이웃을 감동시켰다. 우리는 우선 그리스도에게서 감동을 받아야 한다. 그래야 남을 감동시키는 행동을 할 수가 있다.

마지막으로 인간은 아름다운 이별을 통해 감동 받는다. 고린도교회에서 목회를 하던 바울은 또 다른 선교를 하기 위해 고린도교회를 떠나야 했다. 바울과 장로들은 항구에서 서로 울었다. 이별은 아름다워야 한다. 그래야 서로에게 감동을 준다.

인간은 감동을 받는 존재이며 동시에 감동을 줄 수 있는 존재이다. 불행한 삶이란 감동을 받지도, 감동을 주지도 못하면서 기계처럼 인생을 사는 삶이다.

감사해야 하는 인간

인간은 감사해야 하는 존재이다. 구원과 축복을 주시는 하나님께 감사해야 하는 존재이다. 인간은 이기적 존재이기 때문에 스스로 하나님께 감사할 수 있는 존재는 아니다. 그래서 하나님께서는 인간에게 감사를 명령하셨다. 감사는 인간 스스로 하는 행위이기 보다는 학습되어 행하는 행동이다.

성경을 보면 누가 최초로 하나님께 감사했는지 명시적으로 기록된 것이 없다. 아담이 에덴동산에 살면서 감사했을까? 하와가 죽은 아들 아벨 대신 셋을 주었을 때 감사했을까? 아브라함이 아들을 준다는 하나님의 약속을 믿고 가나안 땅으로 떠나면서 감사했을까? 성경은 이 점에 대해 침묵하고 있다. 나는 그들이 감사하지 않았다고 생각한다. 감사는 가장 중요한 인간 행동이지만 가장 하기 어려운 인간 행동이기도 하다. 아담, 하와, 아브라함 조차도 아직은 이기심으로 행동하는 존재이지 신앙으로 살아가는 사람들은 아니었다.

인간은 바른 신앙이 없는 한 감사하는 행동을 하기가 쉽지 않다.

감사는 가르쳐야 할 수 있는 행동이다. 그래서 하나님께서는 야곱에게 감사를 가르쳤다. 야곱이 그 아들 레위와 시므온의 잔인한 행동 때문에 이방 사람들에게 죽임을 당하게 되는 어려운 상황에 처하게 되자, 하나님께서는 하나님의 은혜를 처음 체험한 벧엘로 올라가서 제단을 쌓으라고 명령하셨다. 이는 하나님의 축복을 상기시켜 야곱을 평안하게 하시려는 의도요, 하나님의 은혜를 기억하게 함으로 하나님께 감사하도록 하기 위함이었다. 성경을 보면 스스로 감사하는 사람은 적고 감사를 가르치는 하나님의 말씀은 참으로 많다. 이는 감사가 스스로 할 수 있는 행동이 아니라 학습되는 행동임을 증명하는 것이다.

그렇다면 하나님께서는 인간에게 왜 감사를 가르치시는 것일까? 감사해야 다른 존재와 더욱 깊고 좋은 관계를 맺을 수 있기 때문이다. 인간은 관계적 존재이다. 하나님과 관계를 맺으며, 다른 인간과 관계를 맺고 산다. 감사해야 그 관계는 우호적이고 긴밀해져 더 좋은 것을 주고받으면서 행복한 삶을 살 수가 있다. 감사는 행복의 기본 요소이다. 감사 없이 인간은 행복해질 수가 없다.

그러면 인간은 어떻게 감사하는 삶을 살 수가 있는가? 앞에서 언급한 것처럼 감사는 학습되는 것이다. 감사를 가르치지 않으면 인간은 감사하는 삶을 살 수가 없다. 그런데 감사를 가르친다는 것은 어려운 일이다. 상대의 마음을 상하게 할 염려가 있기 때문이다. 그러나 감사는 가르쳐야 한다. 우선 감사의 유익함부터 체계적으로 가르쳐야 한다. 그리고 감사해야 할 사안에 대해서 구체적으로 가르쳐야 한다. 성경은 이 점에 대해 아주 상세하다. 구원을 감사하는 절기를 지키라! 과실을 심어 열매를 맺을 때, 첫 열매는 감사의 제물로 드리라! 곡식을 추수할 때, 먹기 전에 감사의 예물로 드리라! 일을 시작할 때, 일을 마칠 때, 직분을 받을 때, 음식을 먹을 때, 심지어 핍박을 받을 때도 감사하라고 가르친다. 그래서 범사에 감사하라는 말이 나온 것이다.

감사하는 방법도 가르쳐야 한다. 방법을 모르면 감사하기가 어렵다. 그래서 성경은 감사의 방법을 구체적으로 가르친다. 가장 일반적인 감사 방법이 예물을 드리는 것이다. 감사 헌금이 그 좋은 예이다. 그 외에도 감사의 방법은 많다. 즐거워하는 것, 선포하는 것, 찬송하는 것, 기도하는 것, 예배드리는 것 등이 다 감사의 방법이다. 물론 감사는 정성이 있어야 하고 진정성이 있어야 한다. 형식적인 감사는 하나님께서 받지 않으신다. 인간 역시 가식적인 감사를 원치 않는다. 감사는 하나님께만 하는 것이 아니다. 인간에게도 감사해야 한다. 인간은 감사해야 하는 존재이다.

하나님과 인간에게 감사하는 것은 지혜요, 도덕이다. 그리고 감사할 줄 안다는 것은 일종의 능력이다. 돈이나 건강, 지식, 권력 등이 능력이지만 감사도 능력이다. 능력이란 할 수 없는 것을 하게 만드는 동력인데, 감사는 행복을 만들어 내고 좋은 관계를 만들어 내며 그래서 보람을 얻게 하는 것이기에 인간이 지녀야 할 진정한 능력이다. 인간은 감사하는 존재라기보다는 감사해야 하는 존재이다.

감정적이면서도 이성적인 인간

합리주의자들은 이성을 강조하고 낭만주의자들은 감정을 우선 한다. 성경은 인간은 감정적이긴 하나 동시에 이성적 존재라고 강조 한다. 인간의 첫 언어는 감정 속에 이성이 결합된 복합적 언어였다. 아담이 하와에게 한 최초의 고백, "내 뼈 중에 뼈요 내 살 중에 살"이라는 이 언어는 전체 문장은 감탄문이기에 감정적인 언어지만 그 속에 내 뼈, 내 살이라는 표현은 분명 이성적인 언어이다. 왜냐하면 이는 판단이기 때문이다.

이처럼 인간의 언어는 감정 속에 이성이 숨어 있다. 아담이 선악과를 먹는 장면은 반대의 구조를 지니고 있다. 사탄이 유혹하는 말은 이성적이다. 선악과를 먹으면 하나님과 같이 된다는 말은 이성적인 말이다. 그런데 이성적인 말은 감정을 만들어낸다. 그 말을 들은 아담과 하와는 선악과를 이성적이면서도 감정적으로 대응했다. 먹음직도 하고 보암직도 하다고 반응한 것을 보아 이를 알 수 있다. 이처럼 인간의 언어는 감정 속에 이성이, 이성 속에 감정이 담겨져 있다. 이는 인간은 감정적이면서 이성적인 존재이라는 뜻이다.

감정이란 느낌이다. 회개, 낙담, 근심, 혐오, 시기, 공포, 미움, 기쁨, 후회, 사랑, 원한, 슬픔 등이 다 감정이다. 감정이란 외부에서 오는 작용에 대한 인간의 반응이다. 예를 들면, 신성한 것에 대한 반응(레3/17) 예술적인 것에 대한 반응(시137: 3-4) 자연에 대한 반응(롬1/20) 성전, 즉 건물에 대한 반응(스3/12-13) 말씀에 대한 반응(삼상19/20-22) 사람에 대한 반응(마28/7-8) 환상, 즉 꿈에 대한 반응(계1/17) 등이 여기에 속한다.

성경은 감정에 대해 특별히 세 가지를 강조한다.

첫째, 감정은 표현해야 한다는 것이다.(창:23) 감정 표현은 자연스러운 것이다. 지나치게 무감각한 것은 비인간적이다.

둘째, 감정은 조절해야 한다는 것이다.(창42/23-24) 감정은 자연스러운 것이기에 위험하다. 자제하지 못하면 그 결과는 파괴적이다. 성령의 열매 중 절제란 사실상 감정 조절 능력을 의미한다.

셋째, 감정은 변한다는 것이다.(눅15/11-19) 감정은 지속성이 없다. 환경이 변하거나 깨달음이 주어지면 감정은 사그라진다.

감정 표현은 언어로, 눈물로, 웃음으로, 소리로, 행동으로 표현된다. 감정에 대응하기 위해서는 일정한 시간이 흐르도록 내버려 두고 이성적인 깨달음이 있어야 한다. 그러나 쉽지가 않다. 이성이란 생각하여 분별하고(단4/36) 판단하며(고전10.15) 추리하고 체계를 세우며 논리를 전개한다.(벧전3/15) 특히 영적 이성은 하나님의 뜻을 알고, 구원을 준비하는 결단을 뜻한다.(사1/18)

그런데 이성은 역기능을 지니고 있다. 감정의 역기능은 파괴지만 이성의 역기능은 죄를 짓게 하는 것이다.(막11/31-33) 아담과 하와는 이성적 판단에 의해 선악과를 먹어 죄를 범했다. 이성은 진리에 대해 편견을 갖게 한다.(막2/6–8) 이성에 의해 진리를 찾기도 하지만 이성 때문에 진리를 오해하거나 왜곡한다. 이성은 한계가 있는 인간의 힘이기 때문이다. 이성에 의해 하나님을 알 수가 없고, 복음을 충분히 설명할 수가 없으며, 인간 문제에 대한 적절한 해결이나 안내를 할 수가 없다.(신12/8) 이성은 만능이 아니다. 특히 감정에 의해 통제되거나 감정의 도구가 될 때, 인간의 이성은 무기력하게 된다. 이성이 파괴되는 것은 지나친 욕심, 즉 무리수를 두려고 하기 때문이다.(행25/27) 욕심이 작동하면 이성은 욕심의 노예가 되기 때문에 무기력할 뿐 아니라 인간을 파괴하는 악이 된다.

정욕에 빠져도 이성은 무기력하게 된다.(벧후2/12) 이성은 본능을 제어하는 힘이기도 하지만 그 본능이 정욕으로 변할 때, 이성은 정욕의 도구가 된다. 여기서 정욕이란 불의한 본능을 뜻한다. 즉 죄를 짓는 본능이다. 본능은 강한 힘을 지니고 있어 이성도 무기력하게 된다. 다윗의 밧세바를 취하는 장면이 이를 극명하게 보여 준다. 다윗은 정욕을 이기지 못해 이성이 마비되고 결국 친구인 우리아를 죽게 했다. 인간은 이중적 존재이다. 그 마음속에 감정과 이성이 복합적으로 때로는 일치되고, 때로는 대립되면서 살아가는 존재이기 때문이다.

기독교는 이성과 감성을 통제하는 영성이란 제3의 힘을 강조한다. 영성이란 하나님과의 대화를 통해서 얻어지는 신비한 힘이다. 영성의 통제 아래 있는 이성과 감정이야말로 최고의 창조적 힘이다. 신앙이란 결국 영성을 통해 이성과 감정을 통제하려는 지혜로운 행동이다.

거듭나는 인간

　인간에게 희망이 있는가? 이처럼 살기가 어렵고 온통 악한 것이 판을 치는 이 어두운 시대를 사는 인간에게 과연 희망은 있는가? 있다. 인간이 지닌 하나님의 형상이 비록 죄악으로 인해 더러워졌지만 그래도 인간에게는 희망이 있다. 왜냐하면 인간은 거듭나는 존재이기 때문이다. 그래서 성경은 인간에게 희망을 주는 책이다. 거듭난다는 것은 새로운 창조를 뜻한다. (고후5/17) 옛 창조물인 인간은 이제 죄인이 되었다. 그러나 죄인도 새롭게 창조될 수 있다. 거듭남이란 사망에서 생명으로 전이 되는 신비한 현상이다. (엡2/1-5) 거듭남이란 하나님의 성품에 참여하는 것이고(벧후4/1/4) 새 마음이 생겨난 것이다. 거듭남이란 성인이 된 것이 아니라 오직 하나님의 자녀가 되는 것이다.

　왜 인간은 거듭나야 하는가? 선한 일을 하기 위함이다. (마12/33-35) 인간은 이기적인 존재이기에 선을 행하기가 어렵다. 물론 거듭나지 않은 자도 선을 행한다. 그러나 그 선행은 계산적이고 지속성이 없다. 순수하지 못하다. 인간은 거듭나야 하나님 나라를 체험할 수가 있다. (요3/3) 하나님 나라는 신앙의 궁극적 목표이다. 우리는 천당 가기 위해 거듭나는 것이 아니다. 잘 살기 위해 거듭나는 것도 아니다. 오직 하나님 나라를 소유하고 체험하고 완성하기 위해 신앙생활을 하는 것이다. 하나님 나라는 의와 평강과 기쁨이다. 우리는 주변에 있는 모든 것, 하나님, 이웃, 자연, 환경, 자기 자신에 대해 바른 관계를 맺으며 살아야 한다. 그것이 의다. 평강 즉 평안은 마음의 상태이다. 어떤 환경 속에서도 마음이 안정을 얻어 살아가는 상태이다. 세상 살기가 어렵다. 신앙생활을 한다고 해서 모두 다 부자가 되는 것도 아니고, 모든 병을 고치는 것도 아니며 세속적인 행복을 누리는 것도 아니다. 그러나 마음은 항상 안정되어 평안해진다. 죽음의 공포, 막연 것에 대한 불안을 이길 수가 있다. 거듭나면 즐겁게 살 수 있다. 인간은 즐겁게 살아야 한다. 그런데 이 즐거움은 환경에 영향을 받는 경우가 허다하다. 조건적인 즐거움이 태반이다. 그러나 거듭난 사람은 환경을 초월한다. 우리는 초대 교회 순교자들의 삶을 통해 이를 증명할 수 있다.

이 거듭남이란 쉽지는 않다. 돈, 지식, 명예, 권력, 사랑, 그 어떤 것으로도 인간은 거듭날 수가 없다. 오직 하나님에 의해서만 인간은 거듭날 수가 있다.(요1/4.12) 하나님께서는 예수 그리스도를 믿는 자에게 이 특권을 주신다.(벧전1/3) 그러기에 인간이 거듭나기 위해서는 예수 그리스도를 바로 알아야 하고, 바로 믿어야 한다. 그리스도를 아는 것은 지적영역이다. 우리는 성경을 통해서 예수 그리스도를 바로, 충분히 알 수가 있다. 그러나 믿음은 지적 영역이면서 동시에 행동 영역이다.

알고 행하는 것이 믿음이다. 그래서 어렵다. 믿음은 죽을 수도 있고, 퇴

보할 수도 있으며 제자리걸음을 할 수도 있다. 믿음은 성장해야 한다. 그래서 거듭난다는 것은 어렵다. 거듭난 자는 아름다운 결과를 만들어 낸다. 죄를 범하기도 하고 죄책감이 있기도 하지만 죄의 법에서 해방이 된 다.(롬8/2) 지식이 새로워진다.(골3/10) 지금까지 알고 있는 지식의 허구를 알게 되고 참 지식을 얻게 된다. 내적, 외적 성장이 이루어진다.(벧전2/2) 판 단과 분별이 바로 되고, 이웃을 사랑하게 되며, 소유욕에서 해방되게 된 다. 세상의 가치를 무시하지는 않지만 그것에 얽매이지 않게 된다. 여유 가 생기고 세련되며 관용심이 생긴다. 세상 속에 있지만 세상에 큰 영향 을 받지 않는다. 거룩해지는 것이다. 무엇보다도 세상과의 싸움에서 이 길 수가 있다. 여기서 이긴다는 것은 물들지 않으며 속지 않는다는 것이 다.

거듭나면 과거와 단절된다.(고후5/17) 과거에 얽매이지 않고, 과거의 죄 에 대해 자유로우며, 과거를 통해 배우고 그 과거를 미래의 희망으로 재 해석 한다. 인간은 거듭나는 존재이다. 그러기에 어떤 경우에도 절망하면 안된다. 우리가 사는 이 시대는 절망의 시대이다. 우리는 외쳐야 한다. 그리스도 안에 희망은 있다고,. 거듭날 수 있다고. 대부분의 예술가들은 절망을 노래한다. 그것이 실존이라고 외친다. 그들은 아름다움을 이야기 하지만 우리는 거듭남을 이야기해야 한다.

예술적 아름다움은 독이 있는 꿀이 될 소도 있지만 신앙적 아름다움, 즉 거듭남은 오직 꿀만 있는 달콤함이다.

겉과 속이 다른 인간

　인간은 양면성이 있는 존재이다. 겉과 속이 다른 존재인 것이다. 열길 물속은 알아도 한 길, 인간의 마음은 알 수가 없다는 속담도 이런 인간의 모습을 증명하는 경구이다. 가장 가까운 사람에게 배신을 당하는 경우도 많은데, 이는 그 사람의 겉만 알았지 속은 몰랐기 때문에 생기는 현상이다. 왜 인간은 겉과 속이 다른가? 인간에게는 본성이 있고, 인간의 본성 중에는 시기와 질투가 있다. 인간은 이기심을 바탕으로 한 이런 본성이 있기에 심지어 형제지간에도 시기와 질투가 존재한다. 가인은 동생 아벨을 시기해서 살인을 했다. 인간이 인간에게 지은 최초의 범죄는 시기심에서 나온 형제간의 살인 사건이었다. "사촌이 땅을 사면 배가 아프다"라는 말은 이런 것을 확인하는 속담이다. 사울 왕과 다윗의 관계가 이를 증명한다. 사울은 다윗을 사위로 삼았다. 그것도 다윗을 싫어하는 딸, 미갈을 설득해서 일종의 정략결혼을 해서 사위로 삼았다. 사울은 다윗이 미갈을 사모하는 것을 알았기 때문이다. 사울이 다윗을 사위로 삼은 것은 다윗을 이용하기 위해서 였다. 다윗은 용맹한 장수요, 그가 있음으로 블레셋 군대의 침략을 막아 나라를 안정적으로 경영할 수가 있었기 때문이다. 다윗은 이런 사울의 배려에 감격해서 지성으로 사울 왕을 섬겼다.

그러나 다윗의 인기가 점점 높아지자 사울은 당황했다. 행여 다윗이 왕의 자리를 빼앗아 갈 염려가 있다고 생각했기 때문이다. 이때부터 사울은 다윗을 대할 때, 겉과 속이 다른 태도를 취하게 된다. 다윗에게는 잘 대해 주면서 측근들에게는 다윗을 죽일 음모를 꾸미라고 명령을 했다. 이런 겉과 속이 다른 태도는 개종하기 전 사울, 즉 바울과 스데반 사이에서도 있었다고 주장하는 일부 학자들도 있다. 스데반은 당대 최고의 지식인 중에 한 명이고 성경에 통달한 인재였다. 사도행전에 기록된 스데반의 설교를 읽어보면 이를 알 수가 있다. 바울은 이런 스데반을 시기하고 질투해서 유대교를 지킨다는 명분으로 스데반을 죽이는 일에 관여했다는 것이다. 겉에 드러난 명분은 그럴 듯하지만 속은 사실상 시기심이 가득해서 그런 일을 자행했다는 해석이다. 설득력이 있는 주장이다. 인간은 명분을 내세워 자기 이익을 취하고 명분을 내세워 타인이 잘 되는 것을 막으려고 한다. 마땅히 해야 할 것은 어려운 상황이 주어져도 그 일은 행해야 한다. 그것이 인격이고 인간의 도리이다. 그런데 사람들은 마땅히 해야 할 일이라도 상황이 어려우면 상황 탓을 하면서 인간의 도리를 외면한다. 상황에 대한 해석은 주관적이고, 인간의 도리로 마땅히 해야 할 일은 객관적인 것이다. 도리가 먼저이고 상황은 나중이다. 상황을 내세워 도리를 외면하는 것도 겉과 속이 다른 인간의 행태이다. 주님은 바리새인들을 책망할 때, 회칠한 무덤 같다고 하셨다. 무덤은 겉과 속이 다른 가장 극명한 사물이다. 유대인들은 우리처럼 매장이나 화장을 하지 않고 원칙적으로 동굴에 시신을 안치한다. 그러기에 유대인의 무덤에는 문이 있다. 그들은 그 문에 각종 색칠을 했고, 그래서 무덤 문은 아름답다. 그러나 무덤 속에는 시체가 있다. 겉은 아름다우나 속에 추악하고 썩은 시체가 있다. 바리새인들이 그런 삶을 살고 있다고 주님은 그들을 책망한 것이다.

이처럼 인간은 속과 겉이 다른 존재이다. 그러나 극복의 길도 있다. 주님은 나눔과 섬김의 삶을 살면 겉과 속이 다른 이중성을 극복할 수가 있다고 하셨다. 사실 나눔과 섬김은 처음 시작할 때, 상당한 본성의 저항을 받는다. 인간은 이기적 존재이고 나눔과 섬김은 자신이 가지고 있는 것을 남에게 주는 행위이기에 자연스럽게 되지 않는다. 그러나 이런 이기적 본성을 극복하고 나눔과 섬김의 삶을 살면, 어느 시점에 서면 자연스럽게 그런 행동을 하게 되면서 겉과 속이 다른 이중성을 극복할 수가 있다. 겉과 속이 다른 이중성을 극복하는 데 큰 영향을 미치는 것이 이성적 판단이다. 겉과 속이 다른 인간의 행동은 언젠가는 반드시 발각 된다. 그러기에 이성적 판단을 하는 사람은 겉과 속이 다른 행동을 계속하는 것이 자신에게 손해가 된다는 것을 잘 안다. 그러므로 가능하면 겉과 속이 다른 삶을 살기보다는 일치되는 삶을 살려고 노력하게 되면서 상당한 성과도 얻게 된다.

인간이 겉과 속이 다른 행동을 하는 이유는 이기심 때문이고 그 이기심 중의 핵심은 자기 방어 본능이다. 약한 존재이기에 겉과 속이 다른 행동을 하게 된다. 그런 점에서 인간은 슬픈 존재이다. 시인 노천명은 사슴은 목이 길어 슬픈 존재라고 노래했지만 인간은 겉과 속이 다르기에 슬픈 존재일 것이다.

결단하는 인간

결국 인간은 결단을 통해 자신의 운명을 스스로 결정한다. 생각은 그 자체가 운명을 결정하는 치명적인 요소는 아니다. 생각은 마음속에서 하는 것이기 때문에 남들은 모른다. 그런데 갈등을 끝내고 생각을 정리한 후 결단을 내리면 이제 행동으로 나타나기 때문에 사람들은 결단을 내린 사람에 대해 알아가기 시작한다. 인간은 생각, 갈등, 다시 생각, 결단, 행동으로 자신의 삶을 선택함으로 하나의 운명을 만든다.

결단이란 무엇인가? 한 인간이 어떤 사물과 일에 대해 결정적인 판단을 내리면 그것을 결단이라고 한다. 즉 결단은 단정을 내리는 것이다. 태초에 하나님은 천지를 창조하기로, 골치 아픈 인간을 창조하기로 결단을 내렸다. 그 하나님이 창조한 아담과 하와 즉, 인간도 결단해서 선악과를 따 먹었다. 그 이후로 많은 사람들은 결단을 통해 어떤 행동을 했다. 순종은 결단의 결과이다. 노아, 모세, 아브라함, 다윗, 그리스도, 사도들, 순교자들 등 모든 성경적 위인들은 결단을 통해 그 명예를 얻었다. 그런데 인간은 감정으로 결단해서는 안된다. 억압에 의해서 결단해서도 안된다. 결단할 때는 상황을 냉철하게 분석하고, 그 결과를 종합하고, 그 결단 이후에 생길 수 있는 모든 일에 대해 냉철한 각오를 한 후에 결단해야 한다. 결단은 고통을 동반한다. 결단 이후의 상황에 대한 확신이 없어 망설여지기 때문이다. 결단은 중간 지대가 없다. 흥과 망이 있을 뿐이다. 그런데 결단을 반드시 해야 할 때가 있다. 결단하지 않으면 망할 수밖에 없는 경우이다. 결단하지 못해 주저주저 하다가 시기를 놓쳐 무너지기 때문이다. 셰익스피어는 햄릿이라는 그의 작품에서 햄릿의 비극은 우유부단한 성격, 즉 결단하지 못하는 그 나약함에 원인이 있다고 표현했다. 그래서 아무것도 결단하지 못하는 것이 최악의 결단이라는 말이 생겨난 것이다.

동시대 사람인 세르반데스는 돈키호테라는 작품에서 정 반대의 인간, 즉 돈키호테는 상황에 대한 냉철한 분석 없이 충동적으로 결단해서 사람들에게 조롱거리가 되었다고 표현하고 있다. 즉흥적인 결단이 갖는 부정적인 면을 보여주고 있다. 지도자는 공동체를 이끌기 위해 결단해야 한다. 대중은 결단하기 어렵다. 결단의 결과에 대해 두렵기 때문이다. 그래서 대중은 지도자가 결단하기를 원한다. 지도자에 대한 신뢰가 있기 때문이기도 하고, 결단 이후에 생기는 부정적 결과에 대해 책임을 면하려고 하기 때문이다. 대중은 영악한 존재다. 그들은 책임지려고 하지 않는다. 결단도, 그 책임지는 것도 지도자의 몫이다. 그러기에 지도자는 그가 누리는 지위만큼 그 지위에 대한 위험도 크다.

그리스도는 결단하시는 분이시다. 복음 전파를 위해 가정을 떠나는 결단을 하셨고, 바리새인들의 잘못을 수정하기 위해 그들과 투쟁하기로 결단하셨다. 만민을 구원하기 위해 십자가를 선택하는 결단도 하셨다. 그러기에 주님은 제자들에게 결단을 요구하기도 하셨다. 자기를 부인하고 자기 십자가를 지고 나를 따르라고 명하셨다.

결단할 때, 인간은 모든 것을 동원한다. 지식, 경험은 물론 가족, 친구 스승, 목사, 심지어는 점쟁이도 동원하고, 작정 기도도 한다. 그런데 작은 것은 사람들과 의논해서 결단하지만 큰 것은 혼자 결단해야 한다. 일이 너무 크면 사람들의 의견이 각각 다르기 때문이다. 결국 혼자 결단해야 한다. 그래서 결단은 고독을 동반한다. 고독에 익숙하지 못한 사람은 큰 결단을 내릴 수 없다. 그리스도의 결단은 그 분이 하나님이시기 때문이기도 하지만 인간으로서 고독에 익숙한 분이셨기 때문이다.

대중을 지도하는 사람은 대중과 일정한 한 거리를 둬야 한다. 목사는 특히 고독해야 한다. 목사에게 있어서 고독은 자기를 살피는 투명한 거울이다. 결단과 신념은 다르다. 결단은 신념의 결과이지 신념 그 자체는 아니다. 결단과 고집은 다르다. 고집은 폐쇄적이지만 결단은 열려진 상태에서 선택을 하는 것이다. 인간은 결단하는 존재이다. 결단하지 못하면 망하고, 결단하면 흥할 수 있으며, 바른 결단을 하면 확실하게 자신도 공동체도 살려 낸다. 우리는 결단할 때, 말씀을 더 깊이 묵상해야 한다. 말씀은 영원한 진리이기 때문이다.

가장 어려운 결단은 믿음에 대한 결단이다. 하나님을 온전히 이해하는 것은 불가능하다. 그래서 하나님을 믿느냐 못믿느냐에 대한 결단을 삶 전체를 걸고 하는 결단이다.

결혼하는 인간

인간은 결혼해야 한다. 하나님께서 결혼 제도를 만드셨기 때문이다. 물론 특별한 사람들은 결혼하지 않아도 된다고 바울은 가르쳤다. 여기서 말하는 특별한 사람들이란 하나님을 위해 일하는 사람들과 선천적인 질병이 있는 사람들을 뜻한다. 결혼은 가정을 세우기 위한 제도이고, 가정은 모든 것의 근간이다. 그런데 이 결혼은 당사자는 물론 그 부모와 자녀들의 행복과 불행에 결정적인 영향을 끼친다. 그래서 인간은 결혼을 잘해야 하고 바로 해야 한다. 하나님께서는 이삭의 결혼을 통해 가장 이상적인 결혼에 대한 지혜를 가르쳐 주셨다. 이삭은 구약 성경 전체를 통해 볼 때, 오직 한 여자 리브가를 아내로 맞이하여 평생을 리브가와 산 사람이다. 이는 특이한 형상이다. 일부다처가 사회 습관이었던 구약시대에 일부일처의 삶을 살았기 때문이다. 이삭과 리브가의 결혼은 성경이 가르치는 결혼에 대한 중요한 정보를 제공해 준다.

그들의 결혼은 다음 몇 가지의 특징이 있었다.

첫째, 신앙이다. 이삭은 동족인 리브가를 아내로 택했다. 이방 여자를 택하지 않았다. 이방 여자는 생활 습관이나 가치관이 다를 수밖에 없고 이는 결혼 생활을 하는데 상당한 갈등을 만들어 낼 소지가 있었다. 특히 신앙을 가진 이삭으로서는 동족 여자가 절대 필요했다. 동족 여자라야 함께 신앙생활을 할 수가 있기 때문이다.

둘째, 인격이다. 결혼은 함께 사는 것이고, 사는 동안 상당한 충돌이 예상되는 일종의 여행이다. 충돌을 서로 피해야 하고, 충돌이 생기면 이를 잘 해결해야 한다. 이 경우 서로에게 필요한 것은 인격이다. 서로가 인격적으로 대해야 결혼은 유지된다. 리브가는 종들이나 동물들에게도 자신처럼 목마를 때 물을 주었다. 그녀에게는 공존하려는 인품이 있었다. 리브가는 마음이 따뜻한 여자였다. 지나치게 이기적인 여자가 아니었다.

셋째, 성격이다. 성격과 인격은 다르다. 성격은 그 환경과 유전에 의해서 만들어진 일종의 천성이고, 인격은 배우고 깨달아서 얻어진 일종의 가치관이다. 인격보다 성격이 더 강력한 힘을 갖는다. 성격은 일종의 본능과 같기 때문이다. 리브가는 적극적인 성격을 지닌 여자였다. 그녀는 자기표현을 잘 했고, 일을 즐기는 여자였다. 낙천적이고 긍정적인 성격의 여자였다.

넷째, 용모이다. 성경은 리브가가 아름다운 용모를 지녔다고 명시했다. 여기서 말하는 아름다움은 그 몸이 조화를 이루었다는 뜻이고, 그것은 인간이 지닌 내면과 외면이 조화를 이루고, 몸이 건강하다는 뜻이다. 얼굴에 요기가 없었고, 야하지 않았으며, 개성이 있었다. 결혼 생활을 유지하려면 서로 건강에 유의해야 하며, 내면의 아름다움과 외모의 아름다움이 조화를 이룰 수 있도록 노력해야 한다.

다섯째, 지혜이다. 리브가는 지혜로운 여자였다. 그녀는 이삭의 배우자를 택하기 위해 보낸 아브라함의 종을 대접할 때, 지혜롭게 대접했다. 목이 말라 물을 청하는 아브라함의 종에게 동시에 많은 물을 주기 보다는 적은 물을 자주 주어 물에 체하지 않게 했다. 지혜는 중요하다. 결혼 생활은 함께 다양한 문제를 풀어내는 과정이다. 지혜롭지 못하면 결혼 자체가 고통일 수가 있다.

마지막으로 사회적 공감이다. 이삭은 자신의 부모는 물론 리브가의 부모와 리브가의 허락을 받고 결혼했다. 결혼은 당사자들만의 문제가 아니다. 가족들과 주변 사람들에게 공감을 얻어야 한다. 부모 허락 없이 결혼하거나 상대의 의사를 무시하고 강제로 결혼하는 것은 성경적이 아니다.

인간은 결혼하는 존재이다. 자신의 이익을 위해 결혼을 피하는 것은 옳지 않다. 결혼을 두려워 할 필요도 없다. 인생에 대한 두려움은 결혼하지 않아도 상존한다. 결혼은 인생을 살면서 당하는 인간들의 모든 문제를 함께 푸는 것이기 때문에 혼자 사는 것보다 함께 사는 것이 더 중요하다. 결혼은 남자와 여자가 하는 것이다. 남자와 여자가 갖고 있는 좋은 점을 합할 수 있는 기회가 주어지는 것이 결혼이다. 이 기회를 선용하는 것이 지혜로운 사람이다. 물론 결혼함으로 얻어지는 부정적인 면도 있다. 그러나 분명한 것은 부정적인 면보다는 긍정적인 면이 더 많다.

경쟁하는 인간

인간은 승리를 원한다. 승리는 세속적인 만족감을 주고, 그 대가도 상당하다. 홉스는 '인간의 삶은 만인이 만인을 위한 투쟁'이라고 설명했다. 경쟁은 본성이다. 창세기를 보라. 놀랍게도 인간은 창조주 하나님과 경쟁하기 위해 선악과를 따 먹었다. 사탄은 선악과를 먹으면 하나님과 동등하게 될 것이라고 유혹했고 어리석게도 인간은 그 말을 믿었다. 바벨탑 사건을 보면 인간 집단이 하나님과 경쟁하고 있다. 경쟁은 상대에 도전함으로 구체화 된다. 이제 인간은 탑을 통해 하나님께 도전하고 있는 것이다. 사도들도 누가 더 크냐 하는 문제로 서로 경쟁했다.(눅22/24)

인간은 무모한 경쟁을 하는 사람들에게 열광한다. 그래서 영웅이라는 칭호를 주기도 한다. 니므롯은 최초의 영웅이었다.(창10/9) 사울은 다윗과 경쟁했고, 바울은 바나바와 경쟁했다. 경쟁이란 어떤 목표를 누가 먼저 이루느냐하는데서 시작하여 누가 더 유명하냐? 누가 더 부자냐? 누가 더 아름다우냐? 등 모든 분야에서 이루어진다. 경쟁은 서열을 만들고 승자와 패자를 가른다. 이긴 자는 모든 것을 갖고 진 자는 모든 것을 잃는다. 그러기에 경쟁은 비도덕적, 반사회적 방법을 동원하기가 쉽다. 공평한 경쟁이 아니라 불공평한 경쟁이 되기 쉽다. 경쟁은 결국 불평등을 만들어 낸다. 그래서 사회주의 국가는 경쟁을 부도덕하게 여긴다. 경쟁 없는 평등을 꿈꾼다. 그러나 경쟁의 유익도 있다. 경쟁을 해야 진보와 발전이 이루어진다. 역사는 경쟁을 통해 발전해 왔다. 공산주의와 자본주의는 그 동안 치열하게 경쟁해 왔다. 공산주의는 패했고 자본주의는 승리했다. 그래서 이 정도 잘 사는 사회가 되었다.

그런데 경쟁은 공정해야 하는 데 역사상 그 어떤 개인도 공정한 경쟁을 할 수가 없었다. 태어날 때부터 공정하지 못한 조건이 주어졌기 때문이다. 국가가 공정한 조건 속에서 경쟁하도록 유도를 하기는 했지만 그 결과는 미미했다. 국가도 어쩔 수 없는 여건들이 많기 때문이다. 경쟁은 인간의 본성이기에 막을 길은 없다. 그러기에 경쟁을 막기보다는 공정한 조건 속에서 경쟁하도록 서로 약속을 해야 하고 국가는 이를 잘 관리해야 한다. 무엇보다도 중요한 것은 경쟁에 이긴 자와 패한 자가 함께 공존할 수 있는 사회 분위기를 만들고 그것을 법제화하는 일이다. 이긴 자가 다 갖지 못하도록 하고, 패한 자가 다 잃지 않도록 해야 한다. 그래야 함께 공존할 수가 있다. 그리고 경쟁의 상대를 하나님이나 이웃으로 정하지 말고 자기 자신으로 정해야 한다. 자기를 이기는 자가 가장 큰 승자임을 깨닫게 해 주어야 한다. 또한 필요 이상으로 남과 경쟁하지 않도록 자신의 정체성을 분명하게 갖도록 교육해야 한다.

구운몽이란 소설을 보면 양소유는 여러 여자들을 처첩으로 삼아 같이 사는데, 여인들이 서로 경쟁을 하지 않고 평화롭게 한 남자를 중심으로 잘 살아가는 장면이 나온다. 왜 그럴까? 여인들은 모두 남이 갖지 못한 자기만의 특별한 재주를 갖고 살아간다. 어떤 여인은 시를 잘 짓고, 어느 여인은 그림을 잘 그리며, 어느 여인은 노래를 잘 하고 그녀들은 다른 여인과 자신을 비교 하지 않는다. 경쟁할 필요가 없게 된다. 인간이 남과 경쟁하는 것은 자신만의 정체성, 자기가 갖고 있는 것에 대한 가치를 모르기 때문이다. 남이 갖고 있는 것이 더 좋다는 생각이 경쟁을 더 치열하게 한다.

성경은 경쟁한 사람들끼리의 화해를 아름답게 기록하고 있다. 요나단과 다윗은 경쟁할 수 있는 위치에 있었지만 경쟁하지 않았고, 에서와 야곱은 긴 세월 경쟁했지만 에서의 아량으로 화해를 했고, 바울과 바나바는 경쟁자로서 마가 청년으로 인해 다투고 이별해서 평생 만나지는 않았으나 서로 비난하지는 않았다.

경쟁에도 미덕이 있다. 공정, 공존, 승복이다. 패자는 승자에게 자신이 패했음을 인정하고, 승자는 패자의 자존감을 지켜주는 겸손이 있어야 한다. 오늘의 승자가 내일에는 패자가 될 수 있고, 오늘의 패자가 내일 승자가 될 수 있음을 역사는 증명하고 있다. 경쟁은 창조를 위한 것이라야 하며, 공존의 미덕 속에서 이루어져야 하고 결국 그 누구도 패자가 아닌 모두 승자인 경쟁을 해야 한다.

모두에게 주어지는 승리로써의 경쟁을 하려면 경쟁자들이 인격적으로 성숙한 사람이라야 한다. 경쟁이전에 인격을 수양하는 자세가 있어야 한다.

고난당하는 인간

　인간은 고난을 당하면서 살아가는 존재이다. 여기서 고난이란 고통, 고민, 고뇌를 포함한 정신적, 영적, 육체적 아픔을 말한다. 왜 인간은 고난을 당하는가? 성경은 이 점에 대해서 다양한 의견을 내 놓는다. 가장 일반적인 의견은 죄 때문에 인간은 고난을 받는다는 해석이다. 인간은 죄 때문에 에덴동산에서 추방을 당했다. 에덴에서의 추방은 그 자체가 고난이다. 인간은 가장 살기 좋은 환경에서 추방을 당했다. 죄책감을 갖고 추방을 당했다. 두려움과 부끄러움을 당하면서 추방당했다. 총체적인 고난이 인간에게 주어진 것이다. 때로는 질병도 죄로 인해 생기는 고난이라고 주님은 말씀하셨다. 그래서 병자들을 치유해 주면서 다시는 죄를 짓지 말라고 경고하신 것이다.

　환경에서 오는 고난도 있다. 어려운 환경에 처해 있게 되면 인간은 고통을 당하게 되고 고민하게 되며 고독하게 된다. 순교자들이 당하는 고난이 그 예가 될 것이다. 인간이 처한 환경에는 다양한 종류가 있다. 자연적인 환경도 있고 사회적인 환경도 있으며 인간관계에서 오는 환경도 있다. 지진이나 홍수 등에서 오는 고난은 자연적인 환경에서 오는 고난이고, 경쟁에 살아남기 위해서 당하는 고난은 사회적인 환경에서 오는 고난이며, 배신당해서 오는 고난은 인간관계에서 오는 고난이다. 자신과의 관계에서 오는 고난도 있다. 질병을 이기지 못해서 오는 고난, 열등감에서 오는 고난 등이 여기에 속한다. 고난 중에 가장 큰 고난은 고난의 원인을 알지 못한 채 당하는 고난이다. 인간은 이성적 존재이기 때문에 고난의 원인을 알면 이를 이길 수 있는 방법도 찾을 수 있고, 설령 찾지 못한다 해도 나름대로 자신을 위로 할 수가 있으며 경우에 따라 창조적인 체념도 할 수 있다. 그러나 고난의 원인을 알지 못하면 그 어떤 것도 창조적으로 할 수가 없다. 고난의 원인을 알지 못하고 그 원인을 수용하지 못하면 인간은 매우 도전적이 되며 불평과 불만을 하게 된다. 예를 들면 전쟁을 통해 무고한 민간인들이 학살을 당하게 되면서, 그런 악을 행하는 자들이 승승장구하는 모습을 보면 지성인들은 이에 대해 불합리하다고 불평한다. 욥기를 보면 이를 알 수가 있다. 욥은 매우 신앙심이 깊은 사람이다. 그는 자신이 고난당하는 그 자체에 대해서는 불평하지 않는다. 그는 인간이 살다보면 고난을 당한다는 것을 경험적으로 이성적으로 이미 이해한 사람이다. 그는 하나님께서 자신에게 고난을 주었다고 생각한다. 맞는 말이다. 그의 고난은 하나님의 허락 하에 주어진 고난이었다. 그가 가진 모든 것을 잃었을 때 그는 '주신 이도 하나님이시오! 가져가시는 분도 하나님이시라'는 아주 대범한 고백을 한다. 그러던 그가 하나님께 불평을 한다. 하나님께서 고난의 원인을 알려주지 않으시기 때문이다. 그는 집요하게 고난의 원인을 알려달라고 불경에 가깝게 하나님께 덤벼

든다. 그러나 하나님께서는 그에게 고난의 원인을 끝까지 알려 주지 않으신다. 하나님께서는 인간이 알아서는 안 되는, 인간이 알 수 없는 고난의 원인이 분명 있다는 것을 깨우쳐주시기 위해서였다. 결국 욥은 자신이 당하는 고난의 원인을 끝내 알지 못했다.

인간은 고난당하는 존재이다. 경우에 따라서는 그 원인을 알 수 없는, 고난의 원인을 알았다 해도 이성적으로 수긍하기 어려운 고난도 있다. 그래서 인생은 신비인 것이다. 그러나 분명한 것이 있다. 어떤 경우이든지 고난을 신앙적으로 해석하기만 하면 고난은 인간에게 유익을 준다는 것이다. 즉 고난은 축복의 씨앗이다. 성경은 모든 축복은 사실상 고난의 결과라고 가르친다. 주일을 지키는 일, 부모를 공경하는 일, 십일조 헌금을 드리는 일, 정직하게 사는 일 등 축복과 연관되어 있는 모든 명령은 하나같이 고난을 동반한 행동이다. 또한 성경은 인간이 당하는 고난은 그 해결 방법이 있다고 가르친다. 인내로 견디면 해결이 되고, 하나님이 주시는 지혜로 풀면 해결이 된다고 가르친다. 믿음이 있으면 고난을 즐길 수도 있다고 강조하신다. 그러나 가장 좋은 방법은 합력하여 선을 이루신다는 가르침을 믿는 것이다. 고난이 믿는 자들을 고통스럽게 만들고 고민하게 하며 고뇌하게 하지만 결국 시간이 지나면서 그 결말이 선으로 마무리가 된다는 뜻이다. 성경에 기록된 모든 고난당하는 자들의 결말을 보면 이를 알 수가 있다. 인간은 고난당하는 존재이다. 고난이 있기에 인간은 위대해지고 보람 있는 삶을 살게 된다. 기독교는 고난을 가르치는 종교이다. 고난을 가르치지 않으면 기독교는 생명력을 상실한다. 십자가의 신앙도 결국 고난의 신앙이다.

관계 속에서 사는 인간

　　인간은 홀로 살 수가 없다. 아리스토텔레스가 인간은 사회적 동물이라
고 말한 그대로이다. 창세기를 보면 하나님께서는 사람이 독처, 즉 혼자
사는 것이 좋지 않다고 하면서 아담의 짝인 하와를 창조하셨다. 이 내용
은 인간은 다른 사람과의 관계 속에서 살아가는 존재임을 증명하고 있
다. 또한, 인간은 하나님과의 관계 속에서 살아간다. 즉 인간은 종교적
존재라는 것이다. 하나님은 인간을 창조하신 분이시다. 인간과 하나님
의 관계는 조물주와 피조물주의 관계이다. 이 관계는 인간의 운명을 결정
하는 결정적인 관계이다. 성경은 이런 사실을 누누이 강조하고 있다. 인
간은 자연과 관계를 맺고 살아간다. 인간은 그 질료가 흙이다. 흙은 자
연을 뜻한다. 인간은 자연에서 나는 각종 식물과 동물을 먹이로 하여 살
아간다. 즉 인간은 생존에 필요한 의식주, 모든 것을 자연을 통해 공급받
는다. 그러므로 인간은 자연과의 좋은 관계를 맺고 살아야 한다. 자연을
파괴한다는 것은 인간에게 큰 재앙을 가져오는 어리석은 짓이다. 자연
파괴는 자원의 낭비, 왜곡, 변형, 조작 등 모든 것을 포함한다. 오래전에

미래학자들은 로마에 모여 환경오염, 자원의 낭비를 통해 인류는 멸망할 수 있다는 경고를 했다. 이를 '로마 선언'이라고 한다. 인간은 주어진 환경과 관계를 맺고 살아간다. 여기서 말하는 환경이란 현대적 표현을 빌리면 직장, 가정, 마을, 국가 사회를 뜻한다.

인간은 자가 자신과 관계를 맺고 살아간다. 즉 인간은 자아 개념이 있는 특수한 존재라는 것이다. 동물학자들은 인간도 동물이라는 주장들을 한다. 그러나 인간은 동물이 아니다. 동물에게는 자아 개념이 없다. 자아 개념은 오직 인간에게만 있다. 인간은 자가 자신과 관계를 맺는다. 자존감을 지닐 수도 있고, 자기학대를 할 수도 있다. 우울증은 자기와의 관계에서 부정적으로 작용하여 생긴 병이다. 이처럼 인간은 하나님, 자연, 환경, 다른 인간, 자기 자신과 관계를 맺고 살아가는 존재이다. 인간의 운명을 결정하는 것은 돈이나 지식 등이 아니라 이 다섯과의 관계를 어떻게 바로, 잘 맺느냐에 달려 있다. 현대인들은 인간이 관계 속에 사는 존재이지만, 그 인간의 행복은 이 관계를 어떻게 잘 맺고 사느냐에 달려 있다는 엄연한 사실을 망각하며 살아가고 있다. 이제 우리는 어떻게 하면 이 모든 관계를 정상적으로, 지혜롭게, 바로, 잘 할 수 있느냐를 진지하게 고민해야 한다.

이 모든 관계를 의롭게 하려면 다음 몇 가지를 늘 염두에 둬야 한다.

첫째, 인간은 서로 유익이 되도록 상대와 관계를 맺어야 한다. 모든 관계든 상호유익이 되어야 한다. 관계를 통해 어느 한쪽만 유익이 된다면 그 관계는 착취가 될 수 있다. 그래서 관계는 일종의 계약이다. 하나님과 인간의 관계를 단적으로 표현하는 단어가 계약이라는 말이다. 성경을 구약, 신약이라는 단어, 즉 옛 계약, 새 계약으로 표현하고 있음이 이를 증명한다. 모든 관계는 상호유익을 위한 것이고, 상호이익이란 그 관계를 통해 더 가까워지고, 더 성장하는 것을 의미한다.

둘째, 상호존중이다. 상호이익이 관계의 목표라면 상호존중은 방법에 대한 원칙이다. 상호이익을 위해서는 상호존중은 지켜져야 한다. 하나님께서는 인간을 존중했고 사랑했다. 하나님께서는 인간에게 복을 주셨고, 인간을 구원하기 위해 스스로 인간이 되어 이 땅에 오셨다. 인간은 자연을 존중해야 한다. 꽃을 귀하게 여겨야 하고, 석양을 보면서 울기도 해야 한다. 땅에서 나는 곡물을 먹으면서 감사해야 한다. 자기에 대해서 긍정적이어야 하고, 자기의 생계를 책임져 주는 직장을 존중해야 한다. 물론 다른 인간들의 성격, 목표, 사상 등도 존중해야 한다.

셋째, 상호인내이다. 관계를 바로, 잘 하는 것은 매우 어렵다. 갈등과 대립이 생길 수밖에 없다. 이럴 경우 상호인내를 하지 못하면 그 관계는 깨지고 만다. 상호인내는 결국 인격의 결과이다. 관계의 지속은 인내를 통해서만 가능하다. 대부분의 사람들이 관계를 바로, 잘 하지 못하는 것은 상호인내를 하지 못하는데서 온다. 인간은 관계 속에서 살아간다. 관계야말로 인간의 숙명이고 행복이란 그 관계 속에서 얻어진 열매이다.

마지막으로 상호협력이다. 관계는 일방적이 아니라 쌍방통행이어야 한다. 합의된 목표가 이루어지도록 서로 적극 협력해야 한다.

서로 관계를 맺으려는 노력이 있어야 인간관계는 성숙된다.

구원 받는 인간

기독교를 '구원의 종교'라고 한다. 흔히 '사랑의 종교'라고도 말하지만 엄밀한 의미에서 기독교는 구원의 종교이다. 구원받은 사람들의 삶이 사랑이기 때문이다. 기독교는 구원받아야 진정한 사랑을 실천할 수 있다고 가르친다.

그렇다면 구원이란 무엇인가? 성경은 구원을 다의적인 의미로 사용한다. 예를 들면 죄 사함 받은 것을 구원이라고 부르기도 하고, 하나님의 자녀가 된 것을 구원이라고 부르기도 한다. 병을 고치는 것, 전쟁에 승리하는 것, 문제가 해결되는 것도 구원이라고 부른다. 구원이란 한마디로 말하면 인간을 괴롭히는 모든 것에서 벗어나 자유를 얻은 상태를 말한다. 그러기에 죽음의 공포에서 벗어나는 것도 구원이요, 인간을 힘들게 하는 모든 불안, 초조에서 벗어나는 것도 구원이다.

인간 구원을 말할 때 가장 분명한 것은 다음 네 가지이다.

첫째, 인간은 구원 받아야만 하는 존재라는 것이다. 인간은 문제적 존재이다. 특히 죄, 죽음, 무능력은 인간이 지닌 가장 원초적인 문제이다. 모든 불안, 초조, 공포 등은 다 여기서 온다. 이것을 해결하지 않는 한 인간은 행복해 질 수도 없고 인간다워질 수도 없다.

둘째, 인간 구원은 하나님의 은혜로만 이루어진다는 것이다. 인간은 위대한 존재일 수도 있지만 그렇다고 인간 스스로가 구원을 이룰 수는 없다. 구원은 하나님께서 우리에게 은혜를 베풀 때 이루어지고 그 은혜의 정점은 예수 그리스도를 믿는 것이다. 구원은 예수 그리스도를 믿음으로 얻어지는 하나님의 은혜이다.

셋째, 구원은 지금 일어나는 것임과 동시에 미래에 완성되는 최고의 삶이라는 것이다. 예수를 믿는 순간 구원은 시작된다. 죄는 용서를 받고 다양한 원인에서 생기는 불안과 공포는 서서히 걷어진다. 믿음의 분량만큼 불안과 초조, 공포는 걷어진다. 구원은 주님이 재림할 때 완성된다. 그러기에 인간은 이 세상에 있는 한 완전한 자유, 평화를 누릴 수는 없다.

넷째, 구원을 이야기할 때 우리가 분명히 알아야 할 것이 있다. 인간은 구원을 받지만 모든 인간이 구원을 받는 것은 아니라는 것이다. 기독교 초기에 '오리겐'이라는 신학자는 하나님은 사랑이시기에 결국 모든 인간은 구원을 받는다고 가르쳤지만, 이단으로 정죄 되어 그 사상은 사라졌다. 성경은 분명히 가르친다. 예수를 믿는 자만이 구원을 얻는다고! 그래서 어려운 문제도 생겼다. 예수 그리스도가 태어나기 전에 살았던 사람들은 구원을 어떻게 받느냐는 것이다. 이 문제를 해결하기 위해 두 가지 이론이 생겼다. 그들은 행위로 구원을 얻거나 연옥에서 그리스도를 믿어 구원을 얻는다는 주장이 그것이다. 이 문제에 대해 성경은 해답을 분명하게 내놓지 않는다. 성경은 모든 문제에 해답을 제시하는 거룩한 책이 아니다. 모르는 것은 그냥 모른 채 넘어가는 것이 겸손이다.

마지막으로 믿는 자에게는 구원의 확신이 반드시 있어야 한다는 것이다. 구원은 아는 것임과 동시에 확신하는 것이다. 그래야 체험이 된다. 확신이 없으면 아는 것도 흔들리고 결국 무너진다. 확신이 없으면 체험도 어렵다. 체험이 된다 해도 그것이 하나님의 은혜로 된 구원임을 인정하기가 어렵고 스스로의 노력이나 우연에 의해서 구원이 주어졌다고 오판하기가 쉽다.

인간은 구원받는 존재이다. 만약 인간에게 구원이 없다면 인간은 이 세상에서 가장 불쌍하고 불행한 존재가 될 뿐이다. 구원을 받지 못한다면 하나님의 형상을 닮은 존재라든가, 이상을 추구하는 존재라든가, 사랑하는 존재라든가 하는 것들은 구호에 지나지 않는다. 그래서 성경은 '주 예수를 믿어 구원을 받으라'고 외치는 것이다. 구원은 신앙생활의 시작이고 끝이다. 가장 이상적인 신앙생활은 구원의 확신을 갖도록 노력하는 신앙생활이다. 예배, 기도, 헌금, 선교, 봉사 등은 구원의 확신을 가진 사람들이 할 수 있는 행동이고, 구원의 확신을 더 갖도록 하기 위해 필수적으로 해야 하는 행동이기도 하다. 예배, 기도, 헌금, 선교, 봉사 등을 하지 않으면 구원의 확신을 가질 수 없고, 가졌다 해도 사상누각에 지나지 않는다. 인간에게 희망이 있는가? 희망이 있다. 인간은 구원받는 존재이기 때문이다.

기다리는 인간

노벨 문학상을 받은 사무엘 베케트의 작품, '고도를 기다리며'라는 연극이 있다. 이 작품은 기다림이야말로 인간의 존재 양식임을 밝히는 명작이다. 이 작품은 고도라는 사람을 기다리는 사람들의 이야기이다. 고도가 누구인지, 고도가 언제 나타나려는지도 모른 체 그냥 무작정 기다리는 인간들의 모습을 그 내용으로 하고 있다. 결국 고도는 나타나지 않는다. 그래도 사람들은 나타나지도 않는 고도를 기다리면서 연극은 끝난다. 그래서 사람들은 이 연극을 '부조리의 연극'이라고 부른다.

성경을 보아도 인간은 기다리는 존재이다. 아브라함은 아들을 얻기 위해 25년을 기다리며, 야곱은 사랑하는 여자와 결혼하기 위해 14년을 기다리고, 모세는 40년을 기다려서 하나님의 주신 사명을 얻는다. 이스라엘 백성들은 430년을 기다리다가 애굽에서 해방이 되었으며, 유대 백성들은 70년을 기다려서 바벨론 포로에서 벗어나 고향으로 돌아왔다. 주님도 30년을 기다려서 메시아의 사명을 감당했고, 죽은 후 3일을 기다려서 부활하셨다. 인간들 이야기를 해보자. 병원에 입원한 환자는 퇴원할 날을 기다리며, 대학을 졸업한 사람은 출근할 날을 기다리며 산다. 남자는 사랑하는 여자를 만나는 날을 기다리며 살고, 비를 좋아하는 사람은 장마철을 기다리며 산다. 생각해 보라! 기다림이 없이 되는 일이 있는가? 농부는 가을이 되기를 기다려야 알곡을 얻고, 대기실에 앉아 있는 환자는 기다려야 의사를 만나 병을 고칠 수가 있다. 그러나 기다린다는 것은 쉬운 일이 아니다. 기다림에는 고독과 의심, 권태와 무료함이 동반 된다. 무엇보다도 기다림에는 인내가 필요하다, 인내심이 없는 자는 기다릴 수가 없다.

인간은 기다리기 위해 알아야 할 것들이 있다.

첫째는 일하는 것이다. 일이 없는 사람은 기다릴 수가 없다. 기다림 자체는 처음에는 흥분이요, 기쁨이지만 중간쯤 와서는 무료함이요, 의심이고, 그 기다림이 열매가 없으면 분노와 짜증이 남는다. 그러기에 인간은 일하면서 기다려야 한다. 신문을 보면서 기다리는 사람도 있고, 음악을 들으면서 기다리는 사람도 있으며, 잡담을 하면서 기다리는 사람도 있다. 일이 있어야 끝까지 기다릴 수가 있다.

둘째는 가치 있는 일을 기다려야 한다. 인간은 기다려야할 것을 기다리면서 살아야 한다. 무가치한 것을 기다리면 오래 기다릴 수가 없다. 그렇다면 무엇이 가치 있는 일인가? 자신에게 반드시 필요한 것, 많은 사람들에게 유익한 것, 그리스도인 입장에서 보면 하나님께 영광을 돌리는 것, 그것이 가치 있는 일이다. 그러기에 인간은 자신이 기다리는 것이 과연 가치가 있는 것인지를 늘 생각해야 한다. 무가치한 것을 기다리는 행동이야말로 세월을 낭비하는 것이고, 자신을 파멸시키는 어리석은 행동이다.

셋째, 언제까지 기다려야 하는지를 아는 것이다. 베케트의 연극은 기다림이란 인간의 존재 양식임을 강조하는 연극이지, 그 무엇이든 무작정 기다리며 살아가라는 내용을 강조하는 연극은 아니다. 무작정 기다리는 것은 지혜가 아니다. 그러나 인간은 기다림의 종점을 알지 못한다. 그 기다림의 끝을 아시는 분은 하나님 한 분 뿐이시다. 하나님은 인간에게 언제까지 기다려야 하는지를 말씀으로 계시하신다. 하나님께서는 430년을 기다려야 하신다고 말씀하셨고 70년을 기다려야 한다고 예언하셨다. 하나님의 약속은 반드시 이루어진다. 그러므로 인간은 그 약속이 이루어질 때까지 기다려야 한다. 약속이 이루어지는 그 날이 바로 기다려야 할 그 날이다.

마지막으로 기다린 결과를 상상하는 훈련이 필요하다. 기다림이 인내라면 인간에게는 인내할 수 있는 힘이 있어야 한다. 그 힘은 바로 기다림 이후에 주어지는 상황에 대한 즐거운 상상이다. 환자는 퇴원하기 전에 퇴원 한 후 그에게 주어지는 즐거운 일을 상상할 수 있어야 한다. 연인을 만나고, 운동을 하는 그 즐거운 삶을 상상할 때, 환자는 퇴원할 날을 기다리며 인내할 수 있다. 상상은 힘이다. 아직 현실화되지는 않았지만 상상을 통해 인간은 현실의 절반은 체험할 수가 있다. 예술가들은 상상을 통해 예술이 주는 즐거움을 지금 이 현실 속에서 체험한다.

인간은 기다리는 존재이다. 인간은 기다릴 수 있어야 좋은 것을 얻을 수 있다. 기다릴 수 있는 사람은 무엇이든지 할 수 있는 가능성이 있는 사람이다. 인간 뿐 아니라 하나님께서도 기다리신다. 하나님께서는 인간들이 하나님 품으로 돌아오기를 기다리신다. 기다림이야말로 실로 만물의 법칙이다.

기도하는 인간

　인간은 기도하는 존재이다. 그 이유는 자명하다. 인간은 하나님에 의해서 창조된 존재이기 때문이다. 인간이 자신을 창조한 하나님께 기도하는 것은 일종의 본능이고 거룩한 임무이다. 인간은 기도를 통해서 하나님과 관계를 맺는다. 인간이 하나님과 만나는 방법은 여러 가지이다. 자연을 관조하면서, 그 이치, 그 변화, 그 아름다움에 감격함으로 하나님과 만날 수 있다. 인간은 성경을 통해 하나님을 만날 수 있다. 성경은 하나님의 계시이다. 인간은 성경 안으로 들어가서 하나님을 만날 수 있다. 그러나 가장 일차적으로 하나님을 만나는 행위는 기도이다. 그래서 인간은 대부분 기도를 시작할 때 하나님의 이름을 부른다. 기도는 하나님을 통해 자기에게로의 돌아오는 여행이다.

　인간은 기도를 통해서 자신을 이해한다. 자신이 무엇을 원하고 있는지, 자신에게 주어진 해결해야 할 절박한 문제가 무엇인지를 안다. 인간은 기도를 통해서 자신의 죄를 알게 되고 자신이 얼마나 나약한 존재인가를 안다. 그러기에 기도하지 않는 자는 자신을 모르는 자이다. 기도는 자신의 신앙을 성장시키는 의미 있는 행동이다. 인간의 신앙은 세월이 흐르면서 저절로 자라지 않는다. 모든 식물이 물과 태양을 먹고 자라듯 인간의 신앙은 기도와 말씀을 먹고 자란다.

이처럼 기도는 신앙생활을 하는 사람에게는 필수적인 영적 행동이다. 성경을 보면 이를 명확하게 알 수가 있다. 인류 역사상 처음으로 공적 기도를 한 사람은 아담의 손자 에노스이다. 에노스라는 말은 '나약한 존재'라는 뜻이다. 그렇다. 나약한 존재는 기도해야 되고, 기도를 통해서 강한 존재가 된다. 그런데 에노스 때에 비로소 여호와의 이름을 불렀다는 성경의 기록은 에노스 때 처음 인간이 기도 생활을 시작했다는 뜻이 아니라, 개인적으로는 이미 하나님의 이름을 부르면서 기도했지만 이제 에노스 때에 공식적으로 하나님께 기도하면서 예배드리게 되었다는 뜻이다. 기도는 믿음과 깊은 관계를 맺는다. 믿음의 조상 아브라함은 가나안 땅으로 여행하면서 여호와의 이름을 불렀다. 즉 기도 생활을 규칙적으로 했다는 것이다. 이처럼 믿음으로 사는 사람은 반드시 기도생활을 하게 마련이다.

기도는 위기와도 관련이 있다. 다윗은 사울왕의 추격을 받아 망명 생활을 하면서 늘 기도 생활을 했다. 기도를 통해서 다윗은 그에게 주어진 위기를 극복하는 지혜를 얻었으며 그는 기도를 통해서 하나님의 보호와 인도함을 입어 결국 이스라엘의 왕이 되었다. 성경은 기도하는 자는 위기를 극복할 수 있다고 누누이 강조한다. 기도는 지도자의 덕목이다. 지도자는 무거운 짐을 짊어지고 앞장서서 가는 사람이다. 그의 판단은 곧 공동체의 운명이다. 그러기에 지도자는 기도 생활을 통해 분별, 판단, 통찰을 바로 해서 백성들을 잘 인도해야 한다. 기도하면 그런 일을 잘 할 수가 있다. 기도는 성령과도 깊은 관계를 맺고 있다. 이스라엘 사람들은 기도하던 중에 성령의 임재를 체험했다. 기도는 교회 성장과도 깊은 관계를 맺고 있다. 예루살렘 교회가 성장한 이유 중의 하나는 교인들이 열심히 기도에 전력했기 때문이다. 이처럼 성경은 기도를 강조하고 있다. 기도를 통해서 많은 것을 하나님께로부터 공급받을 수가 있다.

그런데 인간은 기도 생활을 잘 하지 못한다. 하나님의 존재를 믿지 못하기 때문이요, 믿는다 해도 하나님의 도움이 필요 없다는 교만 때문에 기도 생활을 꾸준히 하지 못한다. 해결해야 할 절실한 문제가 없을 때에도 기도 생활을 하기가 어렵고, 성품이 게으르면 역시 기도 생활을 하기가 어렵다. 함께 기도 생활을 하는 자를 만나지 못하면 기도 생활을 하기가 어렵다. 기도에는 동지가 필요하다. 기도 동지가 있으면 꾸준히 기도 생활을 하는 데 큰 도움이 된다.

인간은 기도해야 한다. 그것이 생존의 비결이요, 삶을 사는 지혜이다. 인간은 기도하는 한 희망이 있다. 기도야 말로 희망의 깃발이다. 인간은 그 본질에 충실해야 한다. 그래야 자연스럽게 살 수 있고 평화를 누릴 수가 있다. 하나님께서 인간을 본래부터 기도하는 존재로 만드셨으니 인간은 기도하면서 살아야 한다. 그것이 순리이다. 소위 거부 반응이라는 것이 있다. 장기이식을 한 후 거부 반응이 생기면 생존이 어렵다. 하나님께서는 기도하지 않는 자에게 거부 반응을 일으키신다. 기도하면 받아들이시고 기도하지 않으면 받아들이지 않으신다. 기도야말로 인간의 운명을 결정하는 열쇠이다.

나그네 인간

어느 가수가 인생은 나그네라고 노래했다. 맞는 말이다. 성경이 이를 증명한다. 나그네라는 이 말은 참 낭만적인 말이다. 그 말 속에는 애수가 있고, 쓸쓸함이 있지만 멋도 있다. 나그네라는 말이 지금 우리에게 멋이 되는 것은 현대인들은 정착해서 사는 존재이고 그러기에 어디론지 그냥 떠나고 싶은 충동이 있기 때문이다. 내게 없는 것을 남이 갖고 있으면 그것을 동경하게 되는 심리가 있는데 사람들은 가끔 남이 가지고 있는 그것을 멋이라는 말로 표현한다. 주말이면 차들이 고속도로를 주차장으로 만든다. 이 역시 나그네 심리이다. 나그네란 한 곳에 오래 정착하지 않고 다른 곳으로 떠나는 사람을 지칭하는 말이다. 아담과 하와는 나그네였다. 그들은 에덴동산에서 추방되었다. 그들은 걷고 또 걸어서 에덴 동쪽에 정착했다. 가인도 동생을 죽인 후, 하나님의 심판을 받아 유랑하는 존재가 되었다. 아브라함도 하란을 떠나 가나안 땅으로 떠났다. 이삭도, 야곱도 그리했다. 다윗도 나그네였다. 그는 13년간 망명 생활을 했다. 주님도 나그네셨다. 고향을 떠나 이곳저곳으로 나그네 되어 복음을 전하셨다.

그런데 나그네라는 이 말에는 몇 가지 공통점이 있다. 나그네에게는 상처가 있다. 아담도, 가인도, 아브라함도 모두 어떤 문제로 인해 상처를 받고 나그네가 되었다. 그곳에 그냥 정착해서 살 수 없는 어떤 사연이 있었다. 그러기에 나그네는 신비롭다. 쉽게 말할 수 없는, 말해서는 안 되는 어떤 사연이 있다. 나그네는 그래서 말이 적다. 가장 많은 말을 할 수 있는 사람이지만 말하지 않는 사람, 그 사람이 나그네이다.

아담에게는 하나님을 슬프게 한 죄가, 가인에게는 동생을 죽인 아픔이, 아브라함에게는 자녀 없는 고독이, 야곱에게는 아버지와 형을 속인 욕심이 있었다. 나그네가 쓸쓸하고 그 얼굴에 애수가 구름이 되어 흘러가는 이유는 그 삶에 사연이 있기 때문이다. 또한 나그네에게는 그리움이 있다. 나그네에게는 떠나온 곳에 대한 그리움이 있고, 이제 가야할 곳에 대한 그리움이 있다. 나그네는 그리움 때문에 앞으로 걸을 수가 있다. 나그네란 그냥 유랑하는 사람이 아니다. 유랑은 그냥 흘러가는 데로 흐르고, 흘러가는 대로 사는 사람이지만 나그네는 가야할 곳에 대한 그리움이 있는 사람이다. 나그네는 단지 장소에 대한 그리움만 갖고 살지 않는다. 나그네에게는 사람에 대한 그리움도 있고, 자신이 갖고 있는 희망에 대한 그리움도 있다.

나그네가 멋이 있어 보이는 것은 그가 지닌 그리움 때문일 것이다. 그리움은 단순한 상상이나 기대가 아니다. 그리움은 빛이다. 마음에 그 어떤 것에 대한 그리움을 지닌 자는 얼굴빛도, 그 사는 방법도 온통 세속적이지는 않다. 아담도, 가인도, 아브라함도, 다윗도 그리했다. 그들은 세속적인 사람들이지만 온통 세속적인 사람들은 아니었다. 그래서 가끔 나그네는 시인이 되기도 하고, 사제가 되기도 하며, 정치가가 되기도 한다. 나그네는 이렇게 노래한다. 고향이 그리워도 못가는 신세! 이것은 탄식이 아니라 한 줄기 시이다.

마지막으로 나그네에게는 깨달음이 있다. 나그네 되어 흐르다 보면 삶이 무엇이고 산다는 것이 무엇인지를 아련하게나마 깨닫는다. 아담은 불순종의 결과가 어떤 것인지를 깨달았고, 가인은 하나님의 사랑이 어떤 것인지를 깨달았으며, 아브라함은 인간적 방법이 결국에는 큰 환란을 가져온다는 것을 깨달았다.

인간은 나그네이다. 흔히 현대를 신유목민 시대라고 한다. 세계가 하나가 되었고, 사람들은 여행을 즐기며, 이 나라 저 나라를 찾아 유랑한다. 그러나 관광하는 하는 것과 나그네가 되는 것과는 차이가 있다. 관광은 문자 그대로 보면서 즐기는 것이다. 관광객들의 얼굴을 보라! 그들에게는 애수도 쓸쓸함도 없다. 그리움도 없고 인생을 깨닫고자 하는 의지도 없다. 그러기에 관광객들이 집으로 돌아올 때는 불평과 불만들이 많다. 별 것이 없었다. 잠자리가 불편했다. 먹을 것이 마땅치 않았다. 그러나 나그네에게는 그런 불평이 있을 수 없다. 나그네가 원하는 것은 볼거리도 아니고 먹을거리도 아니며 편한 잠자리도 아니다. 나그네는 나그네 길을 통해 많은 것을 느끼고 배우기 때문에 그런 투정이 없다. 나그네는 처음부터 애수요 쓸쓸함이며, 멋이다. 나그네는 그 자체를 즐긴다. 그러기에 나그네에게는 그런 사치스러운 불평이 있을 수가 없다. 믿는 자는 나그네라야 한다. 세속의 고향을 떠나 영혼의 고향인 하나님 품으로 흐르고, 걷고, 뛰어가는 나그네라야 한다.

남을 속이는 인간

인간은 남을 속인다. 성경 인물의 삶을 살펴보면 이를 알 수가 있다. 믿음의 조상이라고 하는 아브라함은 바로 왕에게 아내 사라를 누이라고 속였다. 야곱은 아버지 이삭의 축복 기도를 받을 때, 스스로를 형 에서라고 속여 축복 기도를 받았다. 또한 그는 외삼촌 라반의 집에서 그를 속여 부자가 되었다. 라반 역시 야곱에게 큰 딸 레아를 작은 딸 라헬로 속여 시집을 보냈다. 이삭 역시 아내를 누이라고 속였다. 요셉도 형들을 속였고, 다윗도 자신의 불륜을 숨기려고 밧세바의 남편을 속이려 했다. 도엑은 다윗을 속였고, 후세는 압살롬을 속였다. 미갈은 아버지 사울을 속였고, 들릴라는 그녀를 사랑하는 삼손을 속였다. 산발랏은 느헤미야를 속였고 아나니아와 삽비라는 베드로를 속였다. 이처럼 인간은 남을 속이는 존재이다.

그렇다면 왜 인간은 이처럼 남을 속이는가? 인간은 자신을 보호하기 위해 남을 속인다. 아브라함과 이삭은 자신의 생명을 지키기 위해서 남을 속였다. 인간은 자신의 이익을 위해서 남을 속인다. 도엑과 암논이 그래서 남을 속인 것이다. 흔하지는 않지만 대의를 위해서 남을 속이는 경우도 있다.

후세의 경우가 그렇다. 후세는 다윗의 친구이다. 다윗의 아들 압살롬이 아버지에게 모반을 해서 왕위를 찬탈했을 때, 후세는 다윗을 위해 거짓으로 투항해서 압살롬 편에서 일했다. 압살롬이 도망가는 다윗을 죽이려고 했을 때, 후세는 압살롬을 속여 다윗을 구했다. 후세의 속임수는 대의를 위한 것이었다. 이 역시 흔한 예는 아니지만 남을 시험하기 위해 속임수를 쓰는 경우도 있다. 요셉의 경우가 그렇다. 요셉은 형들이 진정으로 동생 베냐민을 사랑하는지, 형들이 회심을 했는지 알아보기 위해 속임수를 썼다. 이처럼 인간은 다양한 이유로 남을 속이는데 성경은 일반적으로 남을 속이는 것을 지탄한다. 대부분 자신의 이익을 위해 남을 속이는 경우가 태반이기 때문이다.

속임수에는 세 가지가 있다. 하나는 남을 속이는 것이고, 다른 하나는 자신을 속이는 것이며, 마지막은 하나님을 속이는 것이다. 이 중에 자신을 속이는 경우는 스스로 죄 없다고 생각하는 것이다. 모든 인간은 죄인인데, 스스로 죄 없다고 주장하니 이는 자신을 속이는 것이 아닌가?

하나님을 속인다는 것은 하나님께 거짓 맹세를 하는 것이다. 자신의 욕심을 이루려고 선한 것을 내세워 하나님의 도움을 청하는 자세를 말한다. 바울은 회심 전에 하나님을 이런 형태로 속였다. 거짓 목자들이 여기에 속한다. 인간이 이처럼 남을 속이는 존재가 된 이유는 인간이 남에게 속아 본 경험이 있기 때문이다. 인간은 처음부터 남에게 속아 본 경험을 지니고 있다. 아담은 사탄에게 속아 선악과를 먹었다. 이 일로 인해 아담은 인간은 남을 속일 수 있는 존재요 남에게 속임을 당할 수 있는 존재임을 학습하게 되었다. 인간은 속일 수 있는 가능성이 있어야 남을 속이는 행동을 한다.

그렇다면 인간은 무엇으로 남을 속이는가? 우선 말로 남을 속인다. 사탄은 말로 아담을 속였다. 간교한 말, 선동적인 말, 이해타산으로 설득시키는 말로 인간은 남을 속인다. 둘째, 인간은 재물로 남을 속인다. 재물은 인간의 판단력을 흐리게 하는 힘이 있다. 재물을 주면서 더 큰 유익을 얻을 수 있다고 남을 속인다. 셋째, 관능으로 남을 속인다. 들릴라는 삼손을 관능으로 속였다. 인간은 관능을 탐하는 존재이다. 그래서 미인계라는 계략이 생긴 것이다. 넷째, 거짓된 계략으로 남을 속인다. 야곱은 아버지를 속이기 위해 변장을 했고, 목소리를 형의 목소리로 위장했다. 인간은 남을 속이는 존재이다. 그러나 이 말은 인간은 남을 속여야 한다는 당위성을 강조하는 말은 결코 아니다. 인간은 남을 속이는 존재이기에 속지 않으려고 노력해야 한다는 뜻이고, 때로는 속아주는 것도 지혜라는 것을 강조하는 말이다.

인간이 남에게 속지 않으려면 주의해야 할 원칙이 있다. 속지 않으려고 애쓰는 것이고, 다른 사람을 믿지 않는 것이다. 그러나 부질없는 짓이다. 인간은 서로 속이고 속이면서 사는 존재이다. 그러기에 남에게 속았다고 오랫동안 화를 내고, 그 분노에서 벗어나지 못하는 것은 어리석은 행동이다. 남에게 속았다는 것은 따지고 보면, 그 만큼 남을 믿었다는 뜻이고, 순수하고 정직했다는 의미가 아닌가. 속아서 손해 본 것도 있지만 얻은 지혜도 있으니 그리 원망할 것은 없다. 속이는 자가 나쁜 것이지 속아 넘어간 자가 나쁜 것은 아니다. 중학교 시절, 내 스승은 믿고 속으라고 가르쳐 주셨다. 주님도 그렇게 살았다. 남을 믿지 않아 속지 않은 삶보다 믿었기에 속은 삶이 더 아름답다.

낭만적인 인간

낭만이라는 말은 그 정의를 내리기가 쉽지 않은 말이다. 가장 통상적으로 그 의미의 특징을 말할 때 낭만이란 일반적, 현실적이 아니라는 뜻을 지니고 있다. 그러나 낭만이라는 이 말은 그리 단순한 말이 아니다. 낭만은 몇 가지 특징이 있다. 낭만은 자유와 개성을 추구하고 감정을 이성보다 우월하게 여긴다. 규격에 맞는 것보다는 약간 규격에서 벗어난 것을 선호한다. 그래서 독특한 것, 유일한 것, 나만의 것을 강조한다. 인위적인 것보다는 자연스러운 것, 인공적인 것 보다는 자연 그 자체를 더 아름답다고 생각한다. 모방이 아닌 창조를 선호한다. 근심, 걱정으로 사는 것보다는 가능하면 삶을 기쁘게 받아들이고 즐기는 인생을 살려고 한다. 낭만을 이렇게 규정할 때 인간은 분명 낭만적인 존재이다. 아담은 최초의 낭만주의자이다. 그는 처음 하와를 만났을 때 "이는 내 뼈 중의 뼈요 살 중의 살이라"라고 감탄을 했다. 괴테는 이를 인류 최초의 시라고 말했다. 아담은 인류 최초의 시인인 셈이다. 다윗도 낭만주의자이다. 그는 시인이고 춤을 잘 추는 사람이며 노래를 좋아하는 사람이었다. 성경

인물 중에 가장 낭만적인 사람이다. 솔로몬도 낭만주의자이다. 그가 쓴 아가서는 그가 얼마나 낭만적인 사람인가를 증명한다. 주님도 낭만적인 분이셨다. 주님은 잘 우셨고 당시의 전통보다는 새로운 세계를 꿈꾸셨다. 제자들의 지닌 개성을 존중해 주셨고 자연을 사랑하여 자주 혼자 산에 오르셨다. 고독하셨고 고독을 즐기셨다. 고독은 낭만의 한 특징이다.

그런데 인간이 이처럼 낭만적인 존재가 된 것은 인간을 만드신 하나님이 낭만적인 분이시기 때문이다. 하나님께서는 천지를 창조하시면서 그 창조물을 보시고 '아름답다', '보기 좋다'는 감탄을 하셨다. 감탄은 낭만의 한 특징이다. 그런데 감정을 중시하고 현실보다는 상상이나 심지어 공상을 즐기며 이성적 판단보다는 감정을 우선시하는 인간의 낭만은 멋지기도 하고 좋은 것이기는 하지만 위험성도 있다. 낭만은 지속성이 부족하다. 감정은 자주 변하기 때문이다. 낭만은 현실적이지 못해서 시간이 흐를수록 각박한 현실을 갖게 되면서 낭만의 폭이 줄어들게 된다. 인간의 감정도 현실의 영향을 받는다. 이성보다는 감정을 우선하기에 판단과 분별이 잘되지 못해 어려움을 당하기가 쉽다.

그런데 낭만은 남을 매료시키는 힘이 있다. 사람이 고집스럽지 않고 여유가 있으며, 계산적이지 못해 지저분하지 않고, 남의 개성을 존중해 주며, 통이 커서 소위 기분을 내려고 하기에 남에게 이것저것을 잘 베푼다. 그래서 이성이 잘 따른다. 이처럼 낭만은 인간에게 유익도 주지만 위험성도 내포하기 때문에 이 낭만을 잘 조절할 수 있어야 한다. 인간은 처음부터 낭만적이지만 하나님께서는 처음부터 낭만적이지는 않았다. 하나님께서 천지를 창조하실 때, 처음 사용한 언어는 매우 이성적인 언어였다.

창조는 매우 질서 있게 이루어졌다. 첫째 날, 둘째 날, 이런 표현 그 자체가 이성적이라는 증거이다. 하나님께서는 이성적인 언어를 먼저 사용하시고 그 다음 감성적인 언어, 즉 낭만적인 언어를 사용하셨다. 하나님의 언어는 이성적이며 동시에 감성적이다. 그러나 이성적인 언어가 먼저이다. 결국 인간이 누리는 건전한 낭만은 이성에 근거한 낭만이다. 이성을 외면한 낭만은 인간을 타락시키고 주변을 혼돈스럽게 만든다. 낭만은 지속되어야 한다. 그러기 위해서는 이성에 근거한 판단과 그 낭만을 오래 지속시키려는 준비를 해야 하고 그러한 상황을 만들어 가야 한다. 생존을 위한 상황은 이성에 의해서 만들어 지는 것이지 감성에 의해서 만들어 지는 것은 아니다.

인간 누구에게나 분명 낭만적 기질은 있다. 따라서 인간은 그 낭만적 기질을 다듬고 가꾸어야 한다. 그러나 낭만적 기질은 이성에 의해서 적절하게 통제가 되어야 한다. 그래야 그 낭만적 기질을 통해 인간은 멋있는 존재가 된다. 자유는 방종이 되어서는 안 되고 개성은 독선이 되어서는 안 되며 감정은 일방적이 되지 않아야 한다. 또한 자연스러움이 반사회적이 되지 않아야 하며, 멋이 파격이 되지 않아야 한다. 인간에게 낭만이 없다면 인간은 도식적인 것만 하는 일종의 기계가 된다. 아리스토텔레스는 아름다움이란 조화에 있다고 강조했다. 이성과 감성의 조화, 현실과 낭만의 조화, 보편적인 것과 특수한 것의 조화를 이루어야 한다. 성경은 그것을 절제라고 한다. 절제는 단순히 참는 것이 아니라 조화를 이루기 위해 자신을 통제하는 능력이다. 절제가 있는 낭만이 최고의 낭만이다.

뇌물을 받는 인간

뇌물은 칼이다. 인간에게 유익을 주기도 하지만 인간을 파멸시키기도 한다. 뇌물이란 돈이나 땅, 지위를 주어 더 큰 이익을 얻으려는 악인의 술책이다. 성경에는 뇌물을 받은 자들이 많다. 발락과 발람(민22/17-37) 들릴라(삿16/5) 하만(에3/9) 마술사 시몬(행8/18) 등이 대표적이다. 인간은 왜 상대에게 뇌물을 주는가? 자신의 목적을 달성하는 데 유익이 되기 때문이다. 뇌물은 형통케 하는 힘이 있다.(잠17/8) 동시에 뇌물은 인간의 맹렬한 감정을 사그라지게 하는 데도 유익하다. 그러나 하나님께서는 뇌물을 금지하셨다.(출23/8) 거룩한 일을 하는 자는 뇌물을 받지 말라고 하셨다.(시15.5) 왜 하나님께서는 뇌물을 금하셨을까? 인간은 뇌물을 받고 재판을 굽게 하고(삼상8/3) 고아나 과부를 위하여 신원하지 않으며 악인을 의롭다 하고 의인을 모함하기 때문이다. 살인을 시도하게 하며 땅을 빼앗아 나누어 주며(단11/39) 남을 저주하게 한다.(느13/2) 실로 뇌물의 해악은 크다. 사람을 괴롭히고(출23/8) 재판을 잘못하게 하며(삼상8/1-3) 나라를 망하게 하고(잠29/4) 결국 하나님을 욕되게 한다.(겔13/19) 뇌물은 결국 심판을 가져 온다. 뇌물을 주는 자의 장막은 무너지고(욥15/34) 저주를 받게 되고(신27/25) 뇌물 준 것이 탄로가 나면서 벌을 받게 된다.(암2/6) 인간은 뇌물주기를 좋아하는 존재이고 뇌물의 유혹에 특히 빠지기 쉬운 존재이다.

죄인들은 뇌물을 좋아 한다. 죄인은 판단이 마비된 자요, 욕심이 과한 자이다. 뇌물을 좋아할 수밖에 없다. 패역한 관리들도 뇌물을 좋아한다. 부패한 관리는 그 권력을 백성들을 섬기는 권력으로 생각하지 않고 백성들을 착취하는 힘으로 생각한다. 그러기에 그는 권력을 이용하여 뇌물을 받는다. 악한 재판관도 뇌물을 좋아 한다.(미3/11) 재판은 한 인간의 운명을 결정하는 전환점이다. 그러나 악한 재판관들은 뇌물을 받아 불의한 판결을 함으로 약자들을 억울하게 한다. 악한 재판관에게 뇌물을 주는 자는 주로 가진 자들이다. 그들은 악한 재판관을 뇌물로 매수하여 자기들의 이익을 취한다. 하나님을 잊는 자, 하나님을 믿지 않은 자들이 뇌물을 받는다.(겔22/12) 그들은 하나님을 두려워하지 않는다. 그들은 인간만 속이면 모든 것이 비밀로 감추어지고 안전하다고 생각한다. 그들은 하나님께서 보고 계시다는 것을 알지 못한다. 편한 마음으로 뇌물을 받는다.

인간들이 뇌물을 좋아하는 것은 몇 가지 이유가 있다.

첫째 이기주의적 욕심이 있기 때문이다. 뇌물을 받는 자에게는 유익이 생긴다. 돈, 땅, 지위, 명예 건강 등 이익이 있기 때문에 인간은 뇌물을 좋아 한다.

둘째, 뇌물을 주고받는 행위가 비밀로 가려질 것이라는 판단을 하기 때문이다. 뇌물은 범죄이다. 그러나 드러나지만 않으면 당사자들 외에는 아무도 모른다고 생각한다. 이는 착각이다. 시간이 흐르면서, 당사자들 사이에 금이 가면서, 상황이 변하여 뇌물을 준 자나 받은 자나 무의식적으로, 아니면 노골적으로, 재판정에서, 자랑삼아, 원한으로 토로하게 마련이다. 밝혀지기도 한다. 뇌물을 줄 때는 주는 자가 을이고, 받는 자가 갑이지만 일단 뇌물을 주고나면 주는 자가 갑이고 받은 자가 을이 된다. 그러기에 뇌물을 받는 자는 뇌물을 준 자에게 떳떳하지 못하다. 뇌물에 비밀은 없다.

셋째, 뇌물은 주고 받는 자가 다 유익이 되기 때문이다. 주는 자는 일이 형통하게 되고, 받는 자는 재산상 또는 다른 면에서 유익이 된다. 누이 좋고 매부 좋은 격이다.

마지막으로 사회가 뇌물이 통하는 분위기가 되면 너도 나도 양심의 가책 없이 뇌물을 주고받게 된다. 이런 지경까지 가면 그 나라는 망하게 된다.

뇌물과 선물은 다르다. 뇌물은 이익을 주고받는 거래라면 선물은 감사의 표시이다. 감사는 언어로 표현할 수도 있지만 물질이나 물건으로 표시할 수도 있다. 뇌물은 사회 통념상 그 내용이 과도하게 되는 것이고 선물은 그 내용이 적절하다. 예를 들어보자. 돈의 액수가 많으면 뇌물이고 적절하면 선물이다. 그러나 인간은 선물이라고 하면서 뇌물을 준다. 조심할 일이다.

주변에 있는 고마운 사람들에게 감사의 표시로 선물을 하는 것은 좋은 일이다. 분명 선물은 관계를 좋게 하는 활력소이다 그러나 뇌물은 독이다.

다문화적 인간

우리 시대는 세계화 시대라고 부른다. 이 말의 뜻은 다양하다. 세계가 이 제는 하나가 되었다는 의미도 있고, 세계와 호흡을 함께 하지 않으면 생존 이 어렵다는 뜻으로 사용하기도 하며, 세계의 모든 나라는 서로 영향을 주 고받는 상호보완적인 관계가 되었다는 의미로 사용하기도 한다. 세계화 는 장단점이 분명히 있다. 함께 성장한다는 장점도 있고, 함께 망한다는 단점도 있다. 그러나 세계화는 이제 막을 수 없는 문명의 흐름이다. 세계화 는 필연적으로 다문화 사회를 만들어 낸다. 지금까지는 한 공간 안에 하 나의 주류 문화가 있었지만 이제는 한 공간 안에 다양한 문화가 존재하게 되었다. 다문화는 문화의 충돌을 가져 온다. 그래서 어떤 역사학자는 이 문화의 충돌이 인류를 멸망시킬 것이라는 극단적인 예언을 하기도 한다. 그런데 다문화 사회는 필경 문화의 충돌을 가져오면서 다양한 갈등을 야 기 시키고, 이로 인해 사회가 불안하게 되지만 그리 큰 염려를 하지 않아도 된다. 여러 나라가 다문화 사회의 부정적인 면을 사전에 극복하려고 다양 한 노력들을 하고 있고, 다문화 사회가 반드시 나쁜 것만은 아니라는 것을 역사가 증명하고 있기 때문이다. 미국과 중국이 그 예가 될 것이다. 미국과 중국은 다문화 사회이다. 물론 중국은 한족 문화가 중심이긴 해도 소수 민족들은 그들의 문화를 유지하면서 지금까지 살고 있다. 미국은 그야말로 다문화 사회의 결정체이다. 합중국이라는 말이 이를 증명한다. 세계 모든 나라 사람들이 다 미국에 모여 살고 있다. 인종 백화점이요, 문화 백화점이다. 그러면서도 미국과 중국은 세계 2대 최강국이 되었다.

다문화는 잘만하면 단일 문화보다 더 강한 창조력을 갖게 된다. 유전학적으로 증명이 되었지만 서로 다른 인종들의 결합이 더 아름다운 사람을 만들어 낸다. 현대의 화두가 융합인데 이 융합도 문화적으로 이해할 때, 서로 다른 문화가 적절하게 혼합되어 조화를 이루어 더 좋은 문화를 만들어 낸다는 뜻으로 사용될 수 있다. 즉 융합도 문화적으로 이해될 수 있다는 것이다. 성경은 다문화를 처음부터 강조하고 있다. 아담과 하와의 결합은 다문화의 시작이다. 아담은 흙으로 창조되었고, 하와는 아담의 갈비뼈로 창조되었다. 서로 다른 문화적 배경을 갖고 있다는 것을 상징한다. 사실 남자와 여자는 여러 가지 면에서 서로 다른 문화를 갖고 있다. 그런데도 서로 결합하여 부부가 되고 자녀라는 또 다른 문화적 존재를 만들어 낸다. 인간관계는 서로 다른 문화의 충돌이요, 화합이고, 재창조이다. 인간은 다문화적 존재이다. 그것이 인간을 더 강하게 만들고 지혜롭게 만든다. 아브라함은 최초의 다문화적 존재이다. 그는 하란 땅에서 살다가 가나안 땅으로 정착해서 살았고, 다시 애굽까지 내려가 살다가 다시 가나안으로 돌아와 살았다. 그는 사라와 결혼했다가 애굽 여자인 하갈과 자식을 얻기 위해 결혼했고, 사라가 죽은 후에 그두라와 재혼해서 살았다. 그는 하란, 가나안, 애굽의 문화를 융합시킨 사람이고, 동족 여자, 이방 여자와 함께 살았다. 아브라함을 믿음의 조상이라고 부른다. 이는 매우 상징적인 의미를 지닌다. 즉 믿음은 다문화적인 것이고, 어떤 나라 사람도 믿음이라는 공동의 신앙 행동을 할 수 있다는 뜻이 내포되어 있기 때문이다. 다니엘도 유대인이면서 바벨론의 총리가 되었고, 요셉도 유대인이면서 애굽의 총리가 되었다. 요셉은 애굽 여자를 아내로 삼아 평생 일부일처의 행복한 삶을 살았다. 성경은 다문화 사회, 다문화적 인간이 얼마든지 풍성한 삶을 살 수 있다는 것을 보여 준다. 이러한 예는 사도 바울에게서도 찾아볼 수가 있다. 바울은 골수 유대인이다. 스스로 장담하듯이 그는 바리새인 중에 바리새인이고 골통 율법주의자이다. 그런 그가 로마의 시민권을 가졌고 당시 극소수만 배울 수 있었던 헬라어를 능숙하게 사용할 줄 아는 실력자가 되었다. 그가 헬라어를 사용했다는 것은 그리스 철학에 능통했다는 것을 의미하며, 로마 시민권을 가졌다는 것은 로마의 문화에 익숙해 있었다는 것을 증명한다. 그가 이방인을 위한 사도가 되어 큰 열매를 맺게 된 것은 그가 이런 다문화적 존재였기 때문이다. 문화는 충돌할 수도 있지만 융합되어 더 큰 문화를 창조할 수도 있다.

인간은 처음부터 다문화적 존재이다. 성경은 다문화의 긍정적인 면을 강조하고 있다. 그러기에 우리 그리스도인들은 열린 마음으로 다른 문화를 이해하고, 좋은 것은 수용하며, 더 좋은 새 문화를 창조하는 존재가 되어야 한다. 성경이 강조하는 다문화적 존재로서의 인간은 문화의 폐쇄성을 극복하고, 다른 문화를 이해, 수용하여 더 좋은 문화를 창조하는 지혜로운 존재이다.

도움을 청하는 인간

인간은 홀로 살 수가 없다. 하나님께서 그리 만드셨다. 아담을 먼저 만드시고 한참 후에 하와를 만들어 그녀를 돕는 배필이라고 말한 이유가 여기에 있다. 기도란 하나님께 도움을 청하는 인간의 신비하고 거룩한 영적 행위이다. 인간은 사람에게 도움을 청해야 하며, 하나님의 도움을 청해야 살아갈 수 있는 존재이다. 그러므로 남에게 도움을 청하는 기술이 있어야 한다. 기술이란 지혜를 포함한 행동 양식이다. 아브라함은 이 일을 잘 한 사람이다. 그가 이방 땅에 유랑하다가 아내 사라가 죽자 매장지가 없어 큰 곤욕을 당했다. 그때 아브라함은 헷 족속 사람에게 도움을 청해 막벨라 굴을 얻어 아내를 장례 치렀고, 그 후부터 이 막벨라 굴은 아브라함 일가 공동묘지가 되었다. 아브라함은 막벨라 굴을 얻기 위해 다음과 같은 방법으로 이방 사람에게 도움을 청했다.

첫째, 아브라함은 겸손하게 도움을 청했다. 그는 "나는 나그네"라고 소개하면서 도움을 청했다. 자신을 나그네라고 표현한 것은 자신은 외로운 존재이고, 부족한 존재이며, 보잘 것 없는 사람이라는 뜻이 포함되어 있다. 인간은 교만한 말과 생각, 행동으로 남에게 도움을 청해서는 안 된다. 그리되면 남에게 진정한 도움을 받을 수가 없다. 아브라함은 절을 하면서 도움을 청했다. 겸손한 자세야말로 남에게 도움을 청하는 지혜이고, 그래야 도움을 받을 수가 있다.

둘째, 아브라함은 막벨라 굴을 얻을 때 대가를 지불했다. 그는 명망가였고 그 지방에서 살면서 비록 외지 사람이지만 상당한 권력을 소유한 사람이었다. 그 지방 사람들이 아브라함을 지도자라고 부른 것을 보면 이를 알 수가 있다. 그러나 그는 그 땅을 거저 얻으려고 하지 않았다. 인간은 남에게 도움을 청할 때 최선을 다해 보상을 약속해야 한다. 인간은 주고받는 존재이다. 도움을 받았으면 도움을 주어야 한다. 남에게 도움을 받고 아무런 보답도 하지 않으면 다시 도움을 청할 때는 거절당할 수가 있다. 아브라함이 돈을 주어 굴을 사려고 할 때, 이방 사람들은 돈을 받으려고 하지 않았다. 그러나 아브라함은 감사하는 마음으로 그 호의를 받으면서도 간곡하게 돈을 받기를 청했다. 결국, 이방 사람들은 아브라함의 요구를 거절할 수가 없어 돈을 받고 굴을 팔았다. 공짜를 좋아하는 사람, 대접만 받으려고 하는 사람, 감사할 줄 모르는 사람은 남에게 도움을 받을 수가 없다. 한 번 정도는 도움을 받을 수 있을지 몰라도 자주 결정적으로는 도움을 받을 수 없다.

셋째, 선한 일을 하면서 도움을 청해야 한다. 아브라함은 아내를 장사치를 땅이 필요했다. 남편으로서 아내의 매장지를 얻으려고 하는 것은 선한 행동이다. 죽은 아내를 적당한 장소에 유기할 수도 있었고, 그냥 아무 땅에 묻어 버릴 수도 있었다. 그러나 아브라함은 남편으로서 선한 행동을 하기 위해 굴을 얻으려고 했다. 인간은 악한 행동을 하면서 남에게 도움을 청할 수 없다. 악한 행동을 하는 데 도와줄 사람은 별로 없다. 우리는 남에게 도움을 청할 때 자신의 하려는 행동이 과연 선한 행동인가를 먼저 살펴보아야 한다. 악한 행동을 하기 위해 남에게 도움을 청하는 행위는 결국 파멸로 가는 행동이며 이런 행동을 끝까지 도와줄 사람은 별로 없다. 상황이 급하면 인간은 자기성찰을 하지 못한 채 무조건 도와달라고 남에게 강요하는 경우가 생긴다. 이는 잘못이다. 자기 행위를 살펴보고 난 후 남에게 도움을 청해야 한다. 선한 행동은 남을 감동시킨다.

인간이 남을 도울 때는 여러 가지 요인이 있다. 이해관계 때문에, 안면 때문에, 의무 때문에 남을 도와주는 경우도 있다. 그러나 남을 감동시킴으로 도움을 받는 것이 가장 바람직하다. 남을 감동시키려는 노력이 필요하다. 남을 감동시킬 수만 있다면 아무리 어려운 상황 중에도 남에게 도움을 받을 수가 있다.

인간은 사회적 존재이다. 남에게 도움을 받고 남을 도와주면서 사는 존재이다. 남에게 도움을 받지 못하면 파멸하고, 남을 도와주지 못해도 역시 파멸한다. 인간의 고독은 두 가지가 있다. 하나는 실존적 고독이고, 다른 하나는 사회적 고독이다. 실존적 고독은 깨달음을 주지만 사회적 고독은 자멸을 가져다 준다. 남에게 도움을 청하는 것은 부끄러움이 아니다. 자존감을 훼손하는 것도 아니다. 능력이 없기에 남에게 도움을 청하는 것이 아니라 더불어 살기 위해 하는 것이다. 인간에게는 남에게 도움을 청하는 기술이 필요하다. 생존을 위해서 더욱 그렇다.

도전하는 인간

　프랑스의 소설가 빅토르 위고는 그의 대작 레미제라블에서 인간은 싸우는 존재라고 말했다. 자연과의 싸움, 인간과의 싸움, 그리고 자신과 싸우면서 인간은 살아간다고 주장했다. 옳은 말이다. 성경도 같은 이야기를 하고 있다. 싸운다는 말을 도전한다는 말로 달리 표현할 수 있는데, 인간의 도전은 하나님께 도전하는 것과 개인에게 도전하는 것이 있다. 아담이 선악과를 먹은 것은 하나님에 대한 도전이고, 어린 다윗이 골리앗에게 싸움을 건 것은 개인에게 도전한 것이다. 집단을 이루어 하나님께 도전한 것도 있고 집단이 개인에게 도전한 것도 있다. 니므롯을 중심으로 한 바벨탑 사건은 집단이 하나님께 도전한 것이고, 사울왕과 그의 나라가 다윗을 죽이려고 한 것은 집단이 개인에게 도전한 것이다. 집단이 집단에게 도전하는 경우도 많다. 이것을 전쟁이라고 한다. 인간은 이처럼 다양한 모습으로 도전하면서 살아가는 존재이다. 모든 도전은 목표가 있다. 그 목표는 자신의 욕구를 충족시키려는 본성에서 나온다. 인간의 본성은 실로 다양하다. 생존을 위한 본성, 소유를 위한 본성, 자기실현을 위한 본성이 인간에게는 있다. 아담은 하나님처럼 되기 위해 하나님께 도전했고, 사울왕은 자신의 왕좌를 지키기 위해 다윗을 죽이려고 했다. 다윗은 더 넓은 영토를 얻기 위해 전쟁을 했다.

그런데 인간의 도전은 자신의 욕심을 위해 도전하기보다 남을 돕기 위해 도전하는 것이 더 가치가 있다. 예를 들면, 다윗이 골리앗에게 도전한 것은 그 자신을 위한 것이 아니다. 다윗은 하나님의 명예를 지키고, 나라를 지키기 위해 골리앗에게 도전했다. 십자가에 대한 주님의 도전이 그 정점에 서 있다. 도전은 얻으려는 도전보다는 버리려는 도전이 더 가치가 있다. 베드로를 보면 이를 알 수가 있다. 처음 베드로는 고기를 얻으려고 자연에게 도전했다. 갈릴리 바다에 그물을 던지는 일은 고기를 잡으려는 도전이다. 생존을 위한 도전이었다. 그런데 베드로는 주님의 말씀을 듣고 자신의 생명과 같았던 배와 밤새 고통을 당하며 얻은 고기들을 버려두고, 사람을 낚는 어부가 되기 위해 주님을 따라 나섰다. 얻기 위한 도전이 버리기 위한 도전을 통해 주님의 제자가 된 것이다.

주님은 주님을 따라 오려면 자기 십자가를 지고 따라와야 한다고 말씀하셨다. 자기 십자가에는 자신이 소중하게 생각하는 것을 버리는 창조적 고통이 포함된다. 바울의 삶을 보아도 이를 알 수 있다. 바울은 얻기 위해 다양한 도전을 했다. 그 결과 그는 로마 시민권을 얻었고, 가말리엘 문하에서 지식을 얻었으며 바리새인 중에 바리새인이 되었다. 그러나 그가 주님을 영접한 후, 그는 버리는 도전을 했다. 그래서 결국에는 모든 것을 배설물로 여겨 다 버렸다고 고백한 것이다. 얻기 위해 도전하기 보다는 버리기 위해 도전하는 것이 더 가치가 있다. 그런데 버리는 도전을 하려면 얻기 위한 도전이 선행되어야 한다. 얻은 것이 있어야 버리는 것이 가능하다. 버리는 것이 도전이 되려면 얻기 위한 도전이 가치가 있어야 하고, 얻은 것이 가치가 있어야 한다. 그래야 인간은 버리기가 어렵고, 버리기가 어렵기 때문에 그 도전이 가치가 있는 것이다. 도전은 쉬운 것을 상대로 싸우는 것이 아니다. 정상적인 사람에게 있어서 아차산에 오르는 것은 도전이 아니다. 적어도 눈이 쌓인 킬리만자로를 오르는 것이 도전이다.

그러나 얻기 위한 도전을 폄하해서는 안된다. 한 장의 초록색 지폐, 그 얻기 힘든 지폐를 얻기 위해 새벽에 전철을 타는 수많은 사람들은 다 가치 있는 일에 자신의 삶을 던지는 엄숙한 사람들이다. 그렇게 해서 얻은 지폐를 그들이 하나님께 헌금하기 위해 드릴 때 그것을 진실한 신앙이라고 부른다. 물론 평생 얻기 위한 도전만 하는 사람들도 있다. 나쁘지는 않지만 그들은 쓸쓸한 삶을 살게 될 것이다. 재벌 록펠러에게 이제는 돈을 그만 벌어도 되지 않느냐고 기자가 물었을 때, 그는 대답하기를 "나는 하나님께 더 드리기 위해 더 돈을 벌어야 한다." 라고 대답했다. 옳은 말이다. 버린다는 것은 자신이 소유한 모든, 심지어 생명까지도 보다 가치 있는 일에 쓴다는 뜻이다. 이것은 어려운 일이다. 그래서 도전이라고 부르는 것이다.

인간은 도전하는 존재이다. 도전해야 필요한 것을 얻을 수 있고, 창조가 가능하다. 그러나 가치 있는 일에 도전해야 한다. 그래야 버리는 도전도 장엄하고 아름답다. 무가치한 일에 도전하면 얻는 것도 초라하고 버리는 도전은 더욱 초라하다.

두려워하는 인간

인간은 두려움 속에서 산다. 두려움은 인간의 존재 양식이다. 창세기를 보면, 최초의 인간 아담은 죄를 범한 후에 하나님이 두려워 숨었다. 두려움은 하나님께서 내리신 형벌이 아니다. 인간은 하나님께서 심판하기 전에 이미 두려움에 떨고 있었다. 두려움은 죄를 범한 후 인간 스스로가 만들어 낸 감정이다. 두려움에는 여러 종류가 있다. 공포와 불안, 그리고 초초함이다. 공포는 두려움의 대상을 인지하는 부정적 감정이다. 두려움을 주는 원인을 알고 있다는 것이다. 전쟁은 인간에게 공포를 준다. 전선으로 떠나는 사람들은 죽을지도 모른다는 공포로 두려움에 떤다. 불안은 두려움의 원인을 알지 못하는 부정적 감정이다. 두려움을 주는 원인을 알지 못할 때, 인간은 불안해 한다. 연인에게 막연하나마 버림을 받을 것 같다는 감정이 곧 불안이다. 불안이란 일종의 정신 질환이다.

초조함이란 공포와 불안이 해소되지 않을 때 느끼는 부정적 감정이다. 공포는 일차적이고 불안은 이차적이며 초조함은 그 결과이다. 인간은 죽는 날까지 공포와 불안을 느끼면서 살아가야 한다. 그런 점에서 두려움은 일종의 원죄의 결과이다. 성경에는 두려워하지 말라는 말씀이 365번이나 반복되고 있다고 말하는 사람들이 있다. 그래서 인간은 매일 두려움 속에서 산다고 해석하기도 한다.

그렇다면 인간을 공포와 불안으로 몰고 가는 원인들은 무엇인가?

첫째가 심판에 대한 두려움이다. 심판은 공포의 직접적 원인이고, 불안은 그 심판이 언제 어떻게 주어질지 모르는 데서 오는 초조함이다. 둘째, 능력의 부족에서 오는 두려움이다. 인간은 일하는 존재이고, 일의 성취는 능력에서 그 결과 여부가 결정 된다. 인간은 자기 자신이 힘이 부족해서 주어진 일들을 잘 처리할 수 없다고 판단할 때 두려워 한다. 셋째, 욕구가 채워지지 않을 때, 생기는 두려움이다. 평안이란 생물학적으로 이야기하면 욕구가 충분히 채워질 때 얻어지는 심리적 상태이다. 만약 욕구가 채워지지 않으면 인간은 평안을 얻지 못하고, 이것이 발전되어 앞으로도 계속 자신의 욕구가 채워지지 않을 것이라고 예상하면서 두려움에 빠지게 된다. 넷째, 미래에 대한 불확실성에서 오는 두려움이다. 인간은 자신의 미래에 관심이 많은 존재이다. 그래서 미래를 알고 싶어 한다. 그러나 미래는 여전히 불확실한 시간이다. 미래에 대한 예측은 가능하나 그 예측이 정확하게 맞는 경우는 매우 드물다. 인간은 자신의 죽음이 어떻게 오는지를 알지 못한다. 자신의 직장이나 사업이 과연 형통할지도 알지 못한다. 인간은 희망을 지니고 살지만 그 희망의 미래는 불확실하다. 그래서 두려워하는 것이다. 현대 사회는 더욱 더 불확실한 사회이다. 삶에 대한 변수들이 많은 복잡한 사회이기 때문이다. 다섯째, 소외에서 오는 두려움이다. 인간은 관계적 존재이다. 주변 사람들과 좋은 관계를 맺을 때

심리적으로 안정감을 얻는다. 주변 사람들, 특히 자신에게 의미가 있는 사람들, 예를 들면 부모, 부부, 자식, 상사, 연인, 친구 등에게 소외당하면 두려울 수밖에 없다. 두려움을 해결하지 못하면 결국 인간은 마음도 육체도 병들게 마련이다. 그래서 현대인들은 두려움에서 벗어나려고 무진 애를 쓰고 있다.

두려움에서 해방되는 방법은 다양하다. 우선 어느 한 가지에 몰두하여 두려움을 잊는 방법이 있다. 예를 들면, 취미를 즐기는 것이 아니라 그 취미에 몰두하는 것은 두려움에서 벗어나기 위한 인간의 애절한 몸부림이다. 그런데 몰두는 생존을 위한 것이지 취미 활동에는 해당되지 않는다. 약물이나 그 유사한 것들을 사용해서 두려움을 잊으려고 하는 방법도 있다. 술, 마약, 섹스 등이 여기에 속한다. 실력을 키우는 방법도 있다. 스스로, 또는 남에게 능력 있는 사람으로 인정을 받으면 두려움에서 벗어날 수 있다고 믿는 것이다. 자기 개발이 여기에 속한다. 현대인들이 많이 하는 성형 수술이 그 예가 될 것이다.

그런데 가장 좋은 방법은 신앙생활을 바로, 열심히, 규칙적으로 하는 것이다. 이점은 현대 심리학이 그 결과를 증명했다. 우리가 사는 사회가 이성 시대이고, 실증주의 시대이며 과학 시대지만 신앙생활은 여전히 인간들에게 순기능을 담당하게 될 것이다. 신앙생활 외에 두려움을 극복하기 위한 다른 방법들은 그 효과가 미미할 뿐 아니라 역기능도 엄연히 존재하기 때문이다. 인간은 두려워하는 존재이다. 그래서 기독교는 결코 무너지지 않을 것이다.

뜻을 이루지 못하는 인간

인간은 어떤 형태로든지 뜻을 세워 그것을 이루기 위해서 사는 존재이
다. 어린아이들도, 어른들도, 잘난 사람도, 못난 사람도, 죄인도, 의인도,
남녀노소 할 것 없이 모든 인간은 그렇게 뜻을 세우고 산다. 인간이 세운
뜻에는 좋은 뜻도 있고 나쁜 뜻도 있다. 목적이란 말은 세운 뜻을 추상
화한 단어이고, 목표라는 단어는 그 목적을 이루기 위한 구체적인 방향이
라는 것이며, 계획은 그 목표를 이루기 위한 세부 실천 항목을 의미한다.
사람들 중에는 목적은 있으나 목표가 없고, 목표는 있으나 계획이 엉성
한 사람도 있다. 어쨌든 인간은 뜻을 세워 그것을 이루고자 노력하는 존
재이다. 성공과 행복이라는 단어도 인간이 세운 뜻과 관련되어 있다. 세
운 뜻을 이루면 성공이고, 그 뜻을 이루었을 때 느끼는 만족감을 행복이
라고 부른다. 그 반대의 경우를 실패와 불행이라고 부른다.

그렇다면 인간은 그 뜻을 이루는 존재인가? 성경은 이 질문에 대해 상
당히 부정적이다. 아담은 선악과를 먹으면서 하나님과 동등한 존재가 되
리라고 그 뜻을 세웠다. 그러나 그는 실패했고 에덴에서 추방당했다. 모

세는 이스라엘 백성들을 인도하여 가나안 땅으로 들어가려는 뜻을 세웠으나 실패했다. 아론은 이스라엘 백성들의 우상 숭배를 막아보려고 노력했으나 실패해서 오히려 우상 숭배의 원조가 되고 말았다. 다윗은 그토록 성전을 건축하려고 노력했으나 실패했다. 솔로몬은 최고의 인생을 살려고 했으나 역시 실패했다. 죽기 전에 그가 노래한 전도서는 허무의 노래였다. 그는 인생이 헛되다고 탄식했다. 나봇은 조상 대대로 내려오는 포도원을 지키려고 했으나 실패했고, 예후는 혁명에 성공한 후, 대대로 그의 왕조를 이어가려고 했으나 실패했다. 여로보함은 사마리아에 성전을 지어 백성들이 예루살렘 성전으로 가지 못하게 하려고 했으나 실패했고, 요시아는 전쟁에 승리하기 위해 전쟁터로 갔지만 전사했다. 베드로는 끝까지 주를 따르려고 했으나 실패했고, 유다는 주님을 팔아 넘겨 영화를 누리고 자신의 분노를 해결하려고 했으나 실패해 자결했다. 이처럼 성경은 인간은 뜻을 세워 살지만 그 뜻을 이루지 못하는 삶을 산다고 가르친다.

그렇다면 왜 인간은 자신이 세운 뜻을 이루지 못하는가? 이 질문에 대해 성경은 다음과 같이 대답한다. 가장 중요한 원인은 인간이 하나님을 위해 뜻을 세우는 것이 아니라 자신의 욕망을 위해 뜻을 세우기 때문이다. 뜻을 이루기 위해 수고를 하지만 그 뜻이 하나님의 의를 위한 것이 아니면 결국 헛된 수고가 되고 만다. 그 다음, 하나님의 방법으로 그 뜻을 이루려고 노력하지 않기 때문에 실패한다. 아무리 세운 뜻이 하나님의 의를 세우는 것이라도 그 방법이 하나님이 가르쳐 주신 방법이 아니면 그 뜻은 이루어지지 않으며, 설령 이루어졌다 해도 그것 때문에 더 큰 어려움이 주어진다. 아브라함은 자식을 얻고 싶었다. 하나님께서는 그 방법을 가르쳐 주셨다. 그러나 그는 하나님의 방법이 아닌 인간의 방법으로 아들 이스마엘을 얻었다. 그 일로 인해 그는 가정적으로 큰 곤혹을 당했다.

주변에 악한 자들이 많기에 평소에 인간관계를 잘해서 돕는 자들을 많이 만들어 놓지 않으면 실패한다. 인간은 스스로의 힘으로 그 뜻을 이룰 수 있는 존재가 아니다. 인간은 약한 존재이다. 돕는 자들이 많아야 그 뜻을 이룰 수 있다. 다윗이 제국을 건설할 수 있었던 것은 다윗을 돕는 자들이 많았기 때문이고, 바울이 그 뜻을 이룰 수 있었던 것도 그를 돕는 자들이 많았기 때문이다. 그래서 성경에는 그들을 돕는 자들의 이름을 기록해 놓은 것이다. 다윗이나 바울은 겸손한 사람들이었다. 그래서 돕는 자들이 그렇게 많았다. 교만과 용기는 다르다. 교만은 말하면서 선을 행하지 않는 것이고 용기는 침묵하면서 그 책임을 다하는 것이다. 이처럼 인간은 뜻을 세웠으나 그 뜻을 이루기는 쉽지 않다.

그렇다면, 인간은 절망해야 하는가? 그렇지 않다. 인간은 실패를 통해서 진리를 배우고 그것을 실천하면 그 뜻을 이룰 수 있고, 무엇보다도 하나님의 원하시는 것을 중심으로 뜻을 세우고 그 분이 명하는 방법으로 행동하면 그 뜻을 이룰 수가 있다. 인간의 실패는 하나님의 뜻을 깨닫게 하는 축복이고, 인간의 실패는 자신의 세운 뜻을 교정하는 기회이며, 인간의 실패는 자신의 방법을 재점검하는 성찰이다. 그러기에 인간은 실패를 하지만 낙심할 필요가 없다. 실패를 통해 많은 것을 배울 수만 있다면 처음 세운 뜻보다 더 큰 뜻을 세울 수 있고 그 뜻을 이룰 수가 있다. 그래서 실패는 성공의 어머니라는 덕담이 생긴 것이다.

모함하는 인간

인간은 남을 모함하는 존재이다. 오해와 모함은 다르다. 오해는 사실을 몰라서 하는 것이고, 모함은 사실을 잘 알면서도 하는 악한 행위이다. 오해는 남을 고통스럽게 하기 위해서 하는 것이라기보다는 사실을 곡해하는 일종의 해석상의 차이지만, 모함은 사실을 잘 알면서도 자신의 유익을 얻으려고 하는 의도된 행동이다. 모함은 인간이 사탄에게 배운 일종의 악이다. 창세기를 보면 이 사실을 알 수가 있다. 사탄은 하나님을 모함했다. 하나님께서 인간을 창조하신 후 복을 주어 행복하게 살 수 있도록 했고, 인간은 그 하나님을 경외하면서 살았다. 그런데 사탄은 하나님이하신 모든 말씀이 거짓이라고 아담과 하와에게 속삭였다. 사탄은 하나님을 모함하고 인간을 선동하여 죄를 짓게 했다. 모함은 악을 동반한 이기주의이다. 인간은 자신의 유익을 위해 남을 모함한다. 성경을 보면 아합 왕의 아내 이세벨은 나봇이라는 농부를 모함했다. 그녀는 남편인 아합 왕이 나봇이 소유한 포도원을 얻고자 했으나 실패한 후 고민하는 것을 보고, 나봇을 죄인으로 모함하여 죽인 후 포도원을 가로챘다. 전형적인 모함이다. 주님도 바리새인들과 장로들의 모함으로 결국 죽임을 당했다. 모함은 증거가 반드시 필요하다. 증거가 없이는 남을 모함할 수 없고, 모함이 성공하지 못하면 모함한 자가 큰 낭패를 당하기 때문에 남을 모함 하려는 자는 필사적으로 증거를 조작하여 남들이 볼 때, 그 증거가 조작된 증거가 아니라 사실 증거임을 보여 주려고 한다. 이처럼 이세벨은 증거를 조작하기 위해 주변 사람들을 매수했고, 바리새인들과 장로들은 증거를 조작하기 위해 주님이 하신 말과 행동을 곡해해서 선전했다. 이세벨도 바리새인들도 나봇과 주님이 하나님을 능멸했다는 증언들을 하도록 했다. 이스라엘 사람들이 가장 노려워 하는 것은 하나님을 모독하는 행위이기 때문이다. 이스라엘 사람들은 신앙 중심으로 살았기에 하나님을 모독했다면 참을 수 없는 분노로 물불을 가리지 않는다는 것을 이세벨도 바리새인들도 잘 알고 있었다. 중세시대 종교 재판을 통해 일부 귀족들과 성직자들은 정적이나 반대 의견을 가진 사람들을 모함하여 죽여 기독교 역사에 큰 오점을 남겼는데, 이 역시 중세 사람들의 신앙심을 역이용하여 그런 참상을 저지른 것이다.

인간은 이기적 존재이다. 자신의 이익을 위해 얼마든지 남을 모함할 수가 있다. 그런데 우리는 모함에 대해 몇 가지 중요한 성경적 사실을 알아야 한다. 모함은 남을 억울하게 만드는 것이다. 남을 모함하는 자는 반드시 하나님의 심판을 받는다는 것을 알아야 한다. 나봇을 모함하여 죽인 이세벨과 아합 왕은 결국 예후라는 사람을 통해 죽임을 당해 그 대가 끊겼다. 이세벨의 죽음은 참혹했다. 예후가 혁명을 일으켜 아합을 죽인 후 이세벨을 죽이려 하자 그녀는 옥상에서 떨어졌고, 떨어진 그 시체들은 개들이 다 먹어치우므로 시신을 거두지도 못했다. 남을 모함하려는 자들은 이런 하나님의 심판을 두려워해야 한다. 인간은 남을 모함해서도 안되지만 남에게 모함을 당해서도 안된다. 모함을 당하지 않으려면 온유하고 겸손하게 살아야 한다. 필요 이상으로 높아지려고 하지 말아야 한다. 성공하면 성공할수록 스스로를 낮추고 선한 행동을 해야 한다. 모함의 성공 여부는 사람들이 모함하는 자들의 내민 조작된 증거를 믿느냐 못 믿느냐에 달려 있다. 사람들은 증거도 믿지만 그 사람의 인격과 선행도 믿는다. 내민 증거와 모함당하는 사람의 평소의 삶, 이 둘 중에 사람들이 어느 편을 더 신뢰하느냐에 따라 모함은 성공할 수도 실패할 수도 있다. 우리는 모함 당하는 사람들이 억울한 희생을 당하지 않도록 지혜로운 사람들이 되어야 한다. 우리 사회에 모함당하는 사람들이 생겨나는 것은 인간이 남을 모함하는 존재라는 태생적 한계도 있지만, 사람들이 모함하는 자들이 내민 조작된 증거를 비판과 검증 없이 맹목적으로 믿어버리는 데 그 원인이 있다. 모함이 많은 사회는 정의롭지도 사랑스럽지도 못한 사회이다.

모함은 남을 비난하는 데서 시작된다. 남을 비방하는 그 자체가 반성경적이지만 남을 비난하는 사람들에 대한 합리적 객관적 관찰도 필요하다. 왜 그가 남을 비난하는가? 남을 비난함으로 그가 얻는 것은 무엇인가? 남을 비난하는 사람의 평소의 인품은 어떤가? 우리가 그 비난에 동조함으로 생겨나는 긍정적, 부정적 결과는 무엇인가? 정말 그 비난이 조작된 사실이 아니라 사실에 근거한 것인가? 이런 것들을 깊이 생각해야 한다. 그래야 모함에 동조하는 어리석은 사람이 되지 않는다.

목표를 갖고 사는 인간

    인간은 목표를 가지고 사는 존재이다. 무의적으로든 의식적으로든 인간은 목표를 갖고 산다. 심리학자들은 이 목표를 욕구라는 말로 표현하기도 한다. 프로이드는 무의식을 강조했는데 그 무의식조차도 일종의 방향성이 있다. 그는 이 무의식적 방향성을 본능이라고 설명하기도 했다. 그런데 진정한 목표는 의식적인 것이라야 한다. 만약 본능적인 방향성을 목표라고 한다면 동물들도 목표가 있는 존재라고 말할 수가 있을 것이다. 인간도 동물 중에 하나라고 말한다면 이는 어찌할 도리가 없다. 그러나 우리는 인간을 동물로 생각할 수가 없다. 성경은 인간이야말로 하나님의 형상을 닮은 특별한 존재라고 가르치기 때문이다. 그래서 진정한 목표는 의식적이라야 한다. 목표 의식이라는 말이 그래서 생겨났다. 하나님은 인간을 창조하신 후, 목표의식을 갖고 살라고 명령하셨다. 다스리라, 생육하라, 번성하라, 이는 모두 목표를 갖고 살아야 한다는 뜻이다. 목표란 단순히 생존을 위한 본능이 아니다. 목표는 왜 그것을 목표로 삼았는지를 설명할 수가 있어야 한다. 이유를 설명할 수 없는 것은 목표가 아니다. 단순히 그 일을 하고 싶다 해서 그것이 목표가 될 수 없다. 목표는 정당성이 있어야 하고, 자신은 물론 남에게도 유익이 되어야 한다. 목표는 그 목표를 성취할 수 있는 방법이 구체화 되어 있어야 하고, 그래서 진정한 목표는 성취할 수 있는 것이라야 된다. 이루어질 수 없는 것은 목표가 아니라 공상이다. 진정한 목표는 자신이 정하는 것이 아니라 하나님이 소명으로 주시는 것이다. 그래서 본능은 진정한 목표가 될 수 없다. 본능의 핵심은 이기심이다. 자기를 위한 목표는 바른 목표가 아니다. 성경은 하나님이야말로 인간에게 목표를 주시는 분이심을 선언한다. 아담과 하와에게 목표를 주신 하나님은 그가 선택한 모든 인간들에게 바른 목표를 주셨다. 아브라함에게는 가나안 땅이라는 목표를 주셨고, 모세에게는 애굽으로 가서 고통당하는 이스라엘 민중들을 구원하라는 목표를 주셨다. 이사야, 아모스, 호세아에게는 선지자가 되어 하나님의 말씀을 대언하는 목표를 주셨다. 다윗에게는 왕이 되라고 명하셨으며, 솔로몬에게는 성전을 지으라는 목표를 주셨다. 여호수아와 갈렙에게는 가나안 정복 전쟁을 통해서 땅을 얻어 각 지파들에게 나누어 주라고 명령하셨다. 예후에게는 혁명을 일으켜 아합 왕 일가를 심판하라는 목표를 주셨다. 주님은 베드로에게 사람을 낚는 어부가 되라고 목표를 주셨으며, 바울에게는 이방인들에게 복음을 전하라는 목표를 주셨다. 신앙생활이란 무엇인가? 신앙생활이란 내 목표를 버리고, 하나님이 주신 목표를 갖고 그 목표를 이루기 위해 믿음 안에서 수고하는 것이다. 그러기에 성경은 죄의 개념을 목표와 연관시켜 설명하고 있다. 죄란 잘못된 목표를 갖고 사는 것이며, 목표 없이 세월을 낭비하는 것이고, 목표를 이루지 못하는 것이라고 강조한다.

그렇다면 목표는 이루어 질 수 있는 것일까? 이 점은 매우 중요하다. 왜냐하면 목표가 이루지지 않을 때, 인간은 절망하기 때문이다. 그러기에 이루어지지 않는 목표를 지니고 사는 것은 어리석은 일이여 비참한 일이다. 성경은 하나님이 주신 목표는 반드시 이루어진다고 강조한다. 사실 모든 성경에 등장하는 인물들은 그 목표를 다 이루었다. 목표를 이루는 데는 두 가지 요소가 있어야 한다. 하나는 인간의 노력이요, 다른 하나는 하나님의 도움이다. 하나님께서는 인간에게 목표를 주시면서 그 목표를 이루기 위해 노력하라고 명령하신다. 계획을 세우고, 필요한 지식과 정보를 얻으며, 행동으로 수고하라고 명령 하신다. 그리고 난 후에 하나님께서 도와주시어 목표는 성취된다. 하나님이 주신 목표라고해서 인간이 해야 할 일들을 하지 않고 모든 것을 하나님께 맡기는 것은 신앙이 아니라 미신이다.

지혜로운 인간은 다음 몇 가지 기준을 통해 자신이 지닌 목표의 정당성을 평가한다. 첫째, 내 목표는 무의식적인 본능인가? 아니면 의식적인 성찰의 결과인가? 둘째, 내 목표는 이루어질 수 있는 것인가? 이루어 질 수 없는 것인가? 셋째, 내 목표가 성취되었을 때, 나에게만 유익이 되는가? 남에게도 유익이 되는가? 넷째, 내 목표에 영적인 내용이 있는가? 아니면 세속적인 면만 있는가? 다섯째, 내 목표는 그 자체가 끝인가? 아니면 새로운 출발을 위한 시작인가?

인간은 목표를 지니고 그 목표를 이루기 위해 노력하는 존재이다. 목표가 없으면 인생도 없다.

무너지는 인간

인생을 살다 보면 무너질 때가 있다. 인간은 무너지는 존재이다. 에덴 땅에서 추방되어 그 동쪽에 살게 된 인간 실존이 그것을 증명한다. 에덴의 동쪽은 무너지는 사람들이 사는 땅이다. 무너진다는 것은 좋은 것을 잃어버리는 것이고 불행해지는 것이며, 하나님과 사람들에게 그리고 스스로에게 버림을 받는 것이다. 사울 왕이 그 대표격이다. 그는 젊은 날, 왕이 되었다. 그는 키가 크고 잘생긴 사람이었으며 효성도 지극하고 예의도 잘 지키는 사람이었다. 신앙도 있는 사람이었다. 처음에는 백성들에게 신망을 얻지 못해 고민도 했지만, 후일 그는 많은 전쟁에 승리하여 영토를 넓히고 백성들을 보호하여 인정받는 왕이 되었다. 그는 이스라엘을 건국한 왕이 되었다. 그러나 그는 무너지기 시작했다. 전쟁에 패하게 되었고 다윗이라는 젊은이에게 밀려나기 시작했으며, 아들 요나단에게 신망을 얻지 못해 아버지로서의 역할을 감당하지 못했다. 또한 사무엘 선지자에게 버림을 받았으며 스스로 제사장이 되려고 했다. 결국 그는 전쟁에 패해 스스로 목숨을 끊었다. 그는 철저하게 무너진 사람이었다. 슬픈 일이다. 인간이란 그 미래를 알 수 없는 존재이다. 태양처럼 떠오른 사람이지만 석양도 되지못한 채 그냥 사라지는 것이 인생이다. 인간들에게 주어진 불안은 이처럼 그 누구도 무너질 수 있다는 어두운 가능성 때문이다. 그렇다면 이제 한번 곰곰이 생각해보자.

왜 인간은 무너지는가? 첫째, 인간은 그 성격 때문에 무너진다. 사울 왕은 시기심이 많은 사람이었다. 질투는 인간의 본성이기는 하지만 그 도가 지나치면 성격이 된다. 시기심은 상대에 대한 열등감에서 생긴다. 그리고 상대를 잘 알지 못하는 일종의 오해에서 생긴다. 사울 왕의 시기 대상은 다윗이었다. 다윗은 젊은 사람이었다. 나이 든 사람은 젊은 사람을 질투하기가 쉽다. 늙음과 젊음은 분명 차이가 있다. 백성들은 늙은 사울 왕과 젊은 구국의 영웅을 비교하면서 다윗에게 열광했다. 사울 왕의 마음이 편치 않은 것은 당연한 일이다. 그러나 사울 왕이 결정적으로 실수한 것은 다윗을 오해한 것이다. 다윗은 왕을 존경했다. 왕은 나라를 건국한 사람이었기 때문이다. 지금은 늙어 전쟁터에 갈 수는 없지만 왕은 젊은 날 수많은 전쟁에서 승리한 명장임을 그는 잘 알고 있었기 때문이다. 다윗은 왕에게 늘 감사하는 마음이 있었다. 다윗은 왕의 딸인 미갈을 사랑했고 그녀와 결혼하기를 열망했는데 왕의 도움으로 그 소원을 이루게 되었다. 다윗은 왕의 사위가 되었다. 그는 진심으로 왕이요, 장인인 사울을 사랑하고 존경했다. 그러나 사울은 이런 다윗을 오해했다. 자신의 왕위를 탐내는 사람으로만 생각했다. 이제 왕은 시기와 질투의 화신이 되었다. 같은 감정을 오래 지니고 살면 그것은 성격이 된다. 일단 성격이 되면 인간은 그 성격을 고치기가 어렵다. 시기와 오해, 이는 인간을 무너지게 하는 치명적인 요소이다.

둘째, 인간은 교만할 때 넘어진다. 교만이란 두 가지 특성을 지닌다. 하나는 자신이 우월하다는 의식이요, 다른 하나는 무엇이든지 나는 할 수 있다는 의식이다. 제사는 오직 제사장만이 할 수 있는 신성한 일이었다. 그러나 그는 왕이기에 제사도 집전할 수 있다고 판단했다. 그래서 스스로 제사장이 되어 제사를 집례 했다. 이것은 하나님이 정한 규칙을 범한 것이다. 영적 교만이다. 이 일로 인해 그는 하나님께 버림을 받았다. 인간의 행동은 상황에 따라 적절하게 해야 한다. 상황에 따라 융통성 있게 행동해야 한다는 것이다. 그러나 어떤 상황 속에서도 지켜야 할 도리가 있다. 상황을 뛰어 넘는 진리가 있다는 것이다. 사울 왕은 그 금도를 넘었다. 이는 교만의 결과이다.

셋째, 그는 잘못을 반복했다. 그는 다윗을 죽이려고 집요하게 행동했다. 그때마다 실패했으며 다윗에게 질책을 받았다. 그는 자신의 잘못을 인정했고 다시는 그런 잘못을 되풀이 하지 않겠다고 다짐했다. 그러나 그 것은 그때 뿐, 그는 여전히 같은 일을 반복해서 했다. 같은 잘못을 되풀이 한다는 것은 그 일이 잘못된 것임을 진정으로 인정하지 못했다는 증거이기도 하고, 의지와 결단력이 부족하다는 것을 보여주는 것이기도 하다. 인간은 한 번 실수로 무너지지 않는다. 그러나 같은 실수를 되풀이하면 결국 무너진다. 인생은 실로 어렵다. 인간은 스스로 자기 관리를 잘하지 못하면 언젠가는 무너진다. 성격관리, 인격관리, 행동관리를 잘해야 한다. 그래야 얻은 것을 지킬 수 있다. 태양은 아름답다. 떠오르는 것도 아름답고 지는 것도 아름답다. 그러나 관리를 잘못하면 떠오르기는 해도 장엄하게 지지 못해 그냥 중천에 떠 있다가 구름과 비, 바람에 가려 홀로 사라질 수도 있다. 조심할 일이다.

무리 짓는 인간

인간 홀로 존재한다. 아담이 그랬다. 그러나 인간은 관계 속에서 산다. 아담은 하와를 만나 결혼했고 가족을 형성했다. 세월이 흘러 그 수가 많아졌고 그들은 여기저기 혈연으로, 가치로, 지역으로 흩어져 무리를 짓고 살게 되었다. 무리란 군중을 의미한다.

왜 인간은 무리를 짓고 사는가? 그래야 힘이 생기기 때문이다. 인간의 생존은 점점 어려워졌고 생존을 위해 힘이 필요했으며 결국 무리를 지어 살면서 그 힘을 만들어 냈다. 무리의 힘은 실로 컸다. 니므롯은 시날 평지에서 무리의 힘을 통해 바벨탑을 쌓았다. 처음에는 영웅이 무리를 만들어 냈다. 하나님께서는 모세라는 영웅을 통해 이스라엘 무리를 인도하게 하였다. 그러나 후일에는 군중이 영웅을 만들어 냈다. 다윗은 하나님께서 만들어 낸 영웅이지만 이스라엘 백성들이 만든 영웅이기도 했다. 유다 왕으로 세운 분은 하나님이셨으나 통일 이스라엘 왕으로 세운 이는 군중의 대표인 이스라엘 장로들이었다. 이제 스스로 영웅이 되는 자는 없다. 군중에 의해서 영웅이 되는 사람만 있다. 이런 현상은 무리의 힘이 커졌기 때문이다. 민주주의는 무리의 힘을 극대화한 정치제도이다. 성경은 무리를 경계하고 있다. 무리는 항상 그들의 이익을 먼저 생각하는 가치 집단이기 때문이다. 무리가 연합하여 하나님을 대적했고(민16/11) 무리가 예수 그리스도를 죽였다.(눅23/1) 무리가 서로 용납하여 음란했고(창19/46) 무리가 다른 신을 섬겼다.(삿5/8) 무리가 어두운 길로 행했고(잠2/13) 무리가 공정하지 못한 기소를 했다.(행17/5-9) 무리가 악의 근원이었으며(레24/10-11) 무리가 지도자를 대적했다.(민16/5) 이처럼 무리가 부정적인 일들을 행한 것은 무리 자체가 힘이기 때문이다. 무리는 그들이 하는 일은 무엇이든지 가능하다고 생각한다. 그 누구도 그 거대한 힘을 이길 수가 없고 대적하면 죽는다. 아론, 사무엘도, 빌라도도 무리의 요구를 거절할 수가 없었다.

물론 무리가 반드시 부정적인 의미가 있는 것은 아니다. 무리가 다윗을 따랐으며(삼상18/6) 무리가 주님을 따랐다.(마4/25) 무리가 우상을 배척했다.(대하30/14) 그럼에도 불구하고 현대사회에서는 무리가 가장 위험한 힘이라는 것을 명심해야 한다. 현대는 수가 힘의 근원이다. 지도자는 무리를 잘 관리해야 하고, 개인은 무리 속에 들어가기 전에 깊이 생각해야 한다. 지도자의 운명은 무리를 어떻게 관리하느냐에 달려있고, 개인 역시 어떤 무리에 속하느냐 그 운명을 결정한다.

무리를 관리하거나 무리 속에 들어갈 때 염두에 두어야 할 것이 있다.

첫째, 무리가 추구하는 가치가 무엇인지를 살펴보아야 한다. 무리는 힘이고, 그 무리는 그 힘을 이용하여 추구하는 가치가 있다. 그 가치의 정체가 무엇인자를 바로 알지 않으면 지도자든 개인이든 무리의 희생자가 될 뿐이다. 현대는 무리가 큰 힘이기 때문에 그 어떤 지도자도 그 무리가 추구하는 가치를 변화시킬 수가 없다. 변화시키려고 할 때 무리는 지도자를 배신한다. 지도자는 무리가 추구하는 가치를 실현하는 도구일 뿐이다. 이 경우 현명한 지도자는 그 무리에서 나와 자신의 가치를 실현시키는 새로운 무리를 점차적으로 만드는 것이 현명하다. 쉬운 일은 아니지만 가능한 일이다. 개인도 어떤 무리에 속할 때, 무리가 추구하는 가치가 무엇인지를 철저하게 검증해야 한다. 자신의 가치를 실현시킬 수 있는 무리에 들어가는 것이 현명한일이다.

둘째, 무리의 중간 지도자가 어떤 유형인가를 살펴보아야 한다. 무리에는 중간 지도자들이 있기 마련이다. 현대 무리 조직은 지도자와 군중으로 이원화 되지 않는다. 그 중간에 많은 중간 지도자들이 있다. 지도자는 이 중간 지도자들을 통해 무리, 즉 군중을 이끌어 간다. 그러기에 지도자는 중간 지도들의 유형, 인격, 그들의 욕구와 가치 등을 잘 알고 관리를 해야 한다. 무리의 반역은 이 중간 지도자들을 통해 이루어진다. 개인 역시 지도자, 중간 지도자들을 잘 살펴보아야 한다. 그들이 비인격적인 지도자들이라면 개인은 그들의 이익을 위한 도구가 될 뿐이지, 자신의 가치를 그들이 대변해 주지 않는다.

인간은 무리를 짓는 존재이다. 그래서 힘을 사용하는 영악한 존재이다. 현대 사회에 있어서 가장 무서운 힘은 무리이다. 무리를 통제하는 권력은 없다. 그러기에 현대사회는 갈수록 혼돈스러울 것이다.

무절제한 인간

성경은 성령의 9가지 열매에 대해서 이렇게 소개하고 있다. 사랑, 기쁨, 화평, 인내, 친절, 선함, 신실, 온유 그리고 절제가 그것이다. 이 순서는 중요한 것부터 기록했다고 볼 수도 있다. 분명 사랑이 중요하기 때문이다. 사랑 이후에 등장하는 열매는 사실상 사랑 안에 다 포함되고 있다지만 사랑과 분리한 이유는 무엇인가? 그것은 사랑의 이중성을 염두에 두고 있기 때문이다. 사랑하면 슬퍼질 수도 있고, 범죄할 수도 있다. 사랑하기에 억지를 부릴 수도 있고 교만해질 수도 있다.

그런데 성령의 열매 중 마지막이 절제라는 것은 매우 의미심장하다. 절제로 끝나면 사랑은 완성되기 때문이다. 절제가 된 사랑은 슬픔, 분노, 교만 등을 이길 수가 있다. 사실상 절제되지 않은 모든 것은 악이 될 가능성이 있다. 절제란 무엇인가? 자신을 통제하는 것이다. 좋은 것이 든, 나쁜 것이든 자신을 통제하여 상황에 적응하는 것이고 덕을 세우는 것이다. 절제는 자신과 싸워 이기는 것이다. 사랑, 기쁨, 온유, 화평, 인내, 친절 등은 다른 사람과의 관계지만 절제는 자신과의 관계이다. 자신과 싸워 이긴 자만이 절제할 수가 있다. 빅토르 위고는 인간의 투쟁을 3가지 유형으로 분류했다. 자연과의 투쟁, 다른 사람과의 투쟁, 그리고 자신과의 투쟁이 그것이다. 그가 쓴 레미제라블에 등장하는 장발장은 이 세 가지, 특히 자신과의 싸움에서 승리한 자이다. 그런 점에서 사랑은 시작이고 절제는 끝이다. 그런데 인간이 절제한다는 것은 쉽지가 않다.

성경에는 무절제에서 오는 비극을 명시하고 있다. 동성애(레18/22-29) 근친상간(삼하13/1-14) 술 취함(창9/20-21) 탐식(잠23/20-21) 신성모독(단5/2-3) 축첩(단5/3) 등은 무절제에서 오는 죄악이다. 무절제의 끝은 비극적이다. 죽음을 초래하고(레10/8-9) 그 결과로 인해 낙담하게 되며(삼상25/36-37) 전쟁에 패하게 되고(왕상20/16) 가난하게 된다.(잠23/21) 법을 잊게 되어 처벌을 받게 되며, 정의를 파괴한다.(잠31/5) 살인을 하게 되고(막6/25-26) 하나님 나라를 유업으로 받지 못한다.(고전 6/9) 근심이 생기고, 분쟁이 생기며 남을 원망만 하게 된다. 한마디로 무절제한 사람은 돛대 위에 누운 자와 같다. 무절제를 이기는 방법은 쉽지가 않다. 절제는 본능과의 싸움이기 때문이다.

그러나 다음 3 가지를 늘 염두에 두고 자가 관리를 하면 무절제의 늪에서 벗어날 수가 있다.

첫째, 자기제어의 훈련을 늘 하는 것이다. 가장 가치 있는 일은 부자가 되는 것이 아니라, 자기와 싸워 이기는 것임을 알고 자기와의 싸움을 늘 하는 것이다. 예를 들면, 금식, 금주, 분노 조절, 금연, 훈련 등을 정기적으로 하는 것이다.

둘째, 영적인 성장을 하는 것이다. 영이란 하나님과 교통할 수 있는 능력이다. 모든 인간에게는 하나님이 주신 영이 있다. 영적이란 결국 하나님과의 관계를 늘 맺는 것이고, 하나님이 원하시는 것을 늘 생각하는 것이며 그것을 행하는 것이다. 이것 역시 훈련이다. 기도는 최고의 훈련이다.

셋째는 하나님의 성령을 체험하는 것이다. 이것은 철저하게 하나님의 은혜로 주어진다. 그러나 길은 있다. 기도와 말씀묵상을 규칙적으로 하고, 하나님을 위해 그 무엇인가를 하려고 하는 생각을 하고 있으면, 하나님의 은혜를 체험하는 날이 올 것이다.

인간은 특별히 다음과 같은 일에 무절제하기가 쉽다. 먹는 일(잠23/1-3) 술(딛2/3) 성욕(고전7/5-7) 말(잠10/19) 등은 인간을 무너지게 하는 것들이다. 솔로몬은 모든 것을 누린 왕이다. 모든 것을 누리기 위해서 그는 무절제했다. 절제했다면 그 모든 것을 누릴 수가 없었을 것이다. 그러나 그는 죽음을 앞두고 인생을 돌아볼 때 모든 것이 헛되다고 탄식을 했다. 바로 이 점을 주목해야 한다. 인생의 모든 것들이, 예를 들면 모든 면에서 누리는 쾌락이 사실상 헛된 것임을 깨닫게 되면 무절제에서 벗어날 수가 있다.

하나님은 모든 자들에게 평등하시다. 그 모든 것을 다 헛 되도록 하신다. 헛된 것들임을 알면 그 모든 것에서 절제할 수가 있다. 그러나 어이하랴. 인간은 인생을 경험해 보고서야 그 모든 것이 헛된 알을 알 수가 있으니! 그래서 사람들은 헛된 것인 줄 알면서도 그 속으로 빠져들어 간다. 차라리 죽을지라도 그 쾌락을 누려 보겠다고 외치면서!

무지한 인간

　인간은 지혜로운 존재인가? 창세기를 보면 아담과 하와는 하나님의 경고를 무시하고 선악과를 먹었다. 무지의 결과이다. 인간의 고통은 무지의 결과이다. 인간은 죄성만 유전되는 것이 아니라 무지함도 유전된다. 성경에는 무지한 사람들에 대한 기록들이 많다. 가인을 보라! 그는 무지했기에 동생 아벨을 죽였다. 그는 아벨이 죽으면 하나님의 사랑을 독점할 수 있다는 생각을 지니고 있었다. 니므롯의 바벨탑도 마찬가지이다. 탑을 높이 쌓으면 하늘에 닿아 하나님을 대적할 수 있을 것이라고 생각했다. 바리새인들도 무지했다. 주님을 죽이면 백성들의 존경을 다시 받을 수 있을 것이라는 생각을 했다. 무지의 극치는 사울이었다. 그는 예수 믿는 자들을 죽이는 것이 하나님을 위하는 일이라고 생각했다. 그래서 스데반을 죽이는 일에 관여했고 다메섹으로 내려갔다.

　무지란 일이나 사물의 본질, 그 어떤 대상에 대해 바로 알지 못하는 어리석음을 뜻한다. 인간은 하나님에 대해 무지하다.(삼상3/7) 성경에 대해서도 무지하다.(마22/29) 자기 가는 길에 대해서도 무지하고(렘10/23) 자기 허물에 대해서 무지하며(호4/14) 장래 일에 대해 무지하다.(전8/6-7) 때와 기한에 대해서 무지하고(행1/7) 심지어 하루 동안에 일어날 일에도 무지하다.(잠27/1) 악인의 쳐 놓은 올무에 무지하고(잠7/6-23) 음녀와 음남의 본색에 대해 무지하다. 무지의 결과는 참담하다. 총명은 어두워지고(눅23/24) 오해하고 잘못 하기도 하며(마22/29) 불신을 잉태한다.(요8/19-43) 결국 하나님께 버림을 받으며(호4/6) 죽임을 당한다.(겔3/18)

그렇다면 왜 인간은 무지한가? 상대를 불신하면 무지하다.(딤전1/13) 불신은 상대에 대해 부정적 선입관을 갖게 하는 요인이다. 부정적 선입관을 가진 사람이 상대를 온전히 알 수가 있겠는가? 지적으로 미숙하면 무지하다.(고전8/7-13) 대상을 바로 알려면 대상에 대한 다양한 지식을 종합해야 한다. 편향된 지식으로는 무지의 함정에서 벗어날 수가 없다. 신앙적으로 표현한다면 중생하지 못한 경우, 영적 어두움이 있으면 무지하게 된다.(엡4/17-18)

우리가 무지에서 벗어나려면 다음 몇 가지를 늘 염두에 둬야 한다.

첫째, 대상에 대한 다양한 정보를 얻고 그 정보를 냉정하게 분석, 종합하는 지식이 있어야 한다. 일방적인 정보, 시효가 지난 현실성이 없는 정보, 어느 한 사람만 주는 정보 등을 바탕으로, 즉흥적으로 판단을 내리면 그것은 무지가 된다.

둘째, 필요 이상으로 주관적이지 말아야 한다. 인간은 어떤 판단을 할 때, 본능적으로 자신에게 유리하도록 판단하는 경향이 있다. 판단은 어떤 경우에도 객관적이어야 한다. 그래야 무지에서 벗어날 수가 있다. 판단은 자신에게 유리 하나, 불리하나가 중요한 것이 아니라 사실 그 자체를 바로 보는 지혜가 우선 되어야 한다. 판단은 바로 하고 그 이후에 그 판단을 자신에게 유리하도록 이용하는 것이 중요하다.

셋째, 판단 이후의 결과에 대해서도 면밀하게 생각하고 종합적으로 판단을 해야 한다. 공동체의 유익과 미래지향적인 안목이 중요하다. 한 인간의 판단은 본인은 물론 주변 사람들에게도 큰 영향을 준다. 개인의 판단은 존중되어야 하지만, 그 판단이 공동체에 악영향을 준다면 개인의 판단에 신중함이 있어야 한다.

인간은 판단하는 존재이다. 무지를 바탕으로 판단하면 큰 낭패가 주어진다. 무지를 넘기 위해서는 우선 하나님께 지혜를 구해야 한다.(약1/5-6) 인격적 수양도 늘 해야 한다. 판단은 단순히 지식을 바탕으로 내려진 것이 아니다. 감정적 요인도 있고 이기적인 요인도 분명 있으며 성격의 영향도 받는다. 그렇기 때문에 인격 수양은 무지에서 벗어나는 좋은 방법이다. 인간은 잘못된 정보, 자신의 이익을 위해, 남의 유혹을 받아서, 즉흥적으로 판단함으로 무지의 늪에 빠진다. 판단은 하되 자료를 바탕으로 객관적이고 종합적으로 미래지향적으로 해야 무지에서 벗어날 수가 있다. 이념적인 판단을 할 때는 그 이념이 갖는 한계를 아는 것이 중요하다. 자본주의건 사회주의건 장점과 약점이 다 있다. 어느 한 쪽으로 경도된 판단은 결국 무지한 판단이 될 수밖에 없다.

흔히 "네 자신을 알라"라는 경구가 있다. 우리는 우리 자신이 무지한 존재임을 알아야 한다. 자신이 무지한 존재임을 아는 것이 지혜의 출발이다.

문화를 만드는 인간

문화라는 단어의 정의는 그리 간단치가 않다. 문화란 인간의 가치나 의식, 모든 행동의 근거가 되는 전부를 총칭한다. 그러기에 문화는 종교, 정치, 경제, 습관 등을 총망라한다. 인간은 본질적으로 문화적 존재이다. 아담이 선악과를 따 먹는 행동은 문화적 행동이다. 니체는 이를 권력의 지라고 표현을 했다. 인간은 더 강하고 더 의미 있는 권력을 지니고 싶어 한다는 것이다. 죄를 범한 후, 아담은 나뭇잎으로 하체를 가렸다. 이 역시 문화적 행동이다. 자신의 부끄러움을 감추려고 한 의도적인 행동이기 때문이다. 아담이 하와를 보면서 처음으로 외친 말, "내 뼈 중에 뼈요 살 중에 살"이라는 표현 역시 문화적 행동이다. 아담은 자신의 사랑을 감정적 언어로 표현했는데 비유적인 표현을 사용했다. 언어 표현 양식은 가장 문화적인 행태이다. 에덴동산에서 추방된 아담이 에덴 동쪽에 성을 쌓았는데 이 역시 문화 행동이다. 성의 형태가 어떤 모습이었는지 기록된 것이 없지만 그 지역 기후에 알맞게, 살기 편하게, 다양한 재료를 사용해서 성을 만들었을 것이다. 야발은 목축을 시작했다. 유목민의 시조가 된 것이다. 목축은 당시 사람들의 생존을 위해 그 당시 필요한 생산 형태였다. 이 역시 문화적 행위이다. 유발은 수금과 퉁소를 불었다. 음악의 창시자가 된 것이다. 목축을 하는 사람들에게 필요한 것은 음악이었다. 목축은 단조로운 산업이다. 목축을 하는 자는 들판에서 산다. 외로운 인생이다. 그래서 그 외로움을 달래주기 위해 음악이 만들어진 것이다. 두발가인은 기계를 만드는 사람이다. 목축의 생산성을 높이기 위해서 기계가 필요했다. 소를 잡고, 젖을 짜고, 가축들을 잘 기르기 위해서는 유용한 도구가 필요했다. 이처럼 문화는 생존 양식이다. 문화는 진화한다. 문화는 새로운 것을 지향하고, 필요한 것을 만들어 낸다. 문화를 만들어내는 가장 기본적인 것은 인간의 욕망이다. 처음 결혼 제도는 일부일처 제도였다. 그런데 라멕은 처음으로 일부다처 제도를 만들어 냈다. 남자의 지위가 향상되고 남성 우월주의가 생겨나면서 많은 아내를 거느리게 된 것이다. 결혼 제도는 인간 욕망을 추구하는 사회적 풍습으로 고착되어 갔다. 이처럼 문화는 인간 욕망과 생존 법칙에 근거해서 발전해 간다.

인간이 다 같은 문화를 소유하는 것은 아니다. 인간이 사는 사회가 다양하듯 인간 문화도 다양하며, 욕망과 생존 법칙이 다르기 때문에 같은 시대에 같은 공간에 사는 사람들이라도 문화 의식은 다르다. 인간끼리의 갈등은 생존, 성격, 문화의식 때문에 생긴다. 그러기에 인간들끼리의 갈등은 필수적인 고통이다. 오늘날, 세계는 다문화 사회이다. 앞으로 이런 추세는 더 가속화할 것이다. 세계화로 인해 같은 나라에 다양한 민족들이 함께 살아가게 될 것이며, 가정, 직장, 교회 등도 다문화 사회가 될 것이다. 인간은 자신의 소유한 문화 의식에 따라 살아간다. 그러기에 남을 비판한다는 그 자체가 이제는 독선이 되었다. 이제 인간은 각자 자기 문화 의식에 따라 살아가게 되었다. 중요한 것은 다른 사람이 갖고 있는 문화를 존중해 주고, 수용해 주는 관용이 필요하다는 것이다. 그리고 자신이 소유한 문화 의식으로 남을 괴롭히고 남에게 피해를 주는 것은 금물이다. 문화는 생존을 위해 필요한 것이기에 생존 자체를 위협하는 문화는 거부되어야 한다.

문화의 창시자는 하나님이시다. 하나님은 문화의 주체시다. 하나님께서는 인간을 위해 만물을 창조하셨다. 인간을 위해 안식일을 제정하셨다. 인간에게 주신 명령 "다스리라", "번성하라", "지배하라"는 명령은 문화를 창조하라는 말씀과 같다. 그렇다면, 우리 그리스도인의 문화 의식은 어떠해야 하는가? 우선 그리스도인은 그가 사는 세상의 문화와 다른 삶을 살기가 어렵다는 것을 알아야 한다. 그래서 대부분의 그리스도인들은 세상 문화에 함몰되어 기독교인이면서 사실은 세속 문화를 갖고 사는 사람이 되어 버린다. 그러나 그리스도인들은 세속 문화를 변화시키는 사람들이 되어야 한다. 세상을 이끌 수 있는 새로운 문화를 만들어 가는 사람들이 되어야 한다. 문화의 형식과 내용이 기독교적이어야 한다.

기독교는 경건의 종교이면서 동시에 즐거움의 종교이다. 경건과 즐거움이 공존하는 문화를 만들어야 한다. 오늘날, 한국에는 기독교는 있어도 기독교 문화는 없다는 말들을 한다. 기독교적 형식과 내용이 담긴 예술, 습관, 언어, 의식, 제도 등이 이제 만들어져야 한다. 인간은 새로운 문화를 만들어 가는 존재이고 그것을 역사는 진보라고 말하기 때문이다.

미래를 예측하는 인간

　성경은 시간을 관통하는 사건들의 결합이다. 성경에는 과거, 현재, 미래가 모두 포함되어 있다. 하나님께서는 시간을 초월하시기에 영원하신 분이시다. 그러나 인간은 시간 안에 존재하기 때문에 인간에게는 과거, 현재, 미래가 있다. 인간에게 시간은 현재가 그 출발이다. 현재가 지나가면 과거가 되고 현재로 오고 있으면 미래가 된다. 그런데 성경에는 압도적으로 미래에 대한 이야기가 많다. 이는 가장 중요한 것은 현재이지만 그 현재를 만드는 것은 미래이기 때문이다. 선지자, 선견자, 예언자는 매우 중요한 역할을 감당하는 사람들이고 그들은 하나님의 사람들이었다. 그들은 모두 미래에 관심을 둔 사람들이었다. 미래란 멈추어 있는 시간도 아니고 그냥 달려오는 시간도 아니다. 미래란 현재를 향하여 그 무엇인가를 가지고 달려오는 시간이다. 그러기에 현재는 결국 미래에 의해 침략을 당하게 되고 정복된다. 현재는 미래가 가지고 오는 그 무엇에 의해서 결정된다. 현재는 지금 이 시간이기에 지금 현존하는 인간에게는 가장 중요한 시간이다. 그러나 현재는 늘 흘러가는 시간이고, 미래에 의해 영향을 받는 시간이다. 미래를 이기는 현재는 존재하지 않는다. 그러기에 현명한 사람은 현재를 귀하게 여기면서도 미래를 더욱 귀하게 여긴다. 현재를 결정하는 것은 미래이기 때문이다. 성경이 미래에 대한 이야기를 비중 있게 다루는 것도 이러한 이유 때문이다. 미래는 인간을 치유하는 약이다. 인간은 미래를 통해서 희망을 얻어 그 상처를 치유 받는다. 타락한 인간에게 하나님께서 처음 주신 말씀은 장차 여자의 몸을 통해 그리스도가 태어나고 그리스도에 의해서 추방당한 인간이 에덴으로 복귀할 수 있다는 미래에 일어날 말씀이었다. 아벨을 죽인 가인에게 유랑의 형벌을 내리면서도 하나님께서는 가인을 보호해 주시겠다는 미래의 약속을 해주셨다. 성경을 약속의 책이라고 부르는 이유는 성경에는 인간에 대한 하나님의 희망적 약속이 가득 차 있기 때문이다. 예수 그리스도는 미래에 대한 하나님의 약속의 결정판이다.

인간 역시 미래를 예측하는 존재이다. 가장 그 일에 열중한 자들이 선지자들이다. 그들을 예언자라고 부르는 이유도 여기에 있다. 예언자들만 미래에 대해 관심을 가진 것은 아니다. 이삭을 예로 들어 보자. 그는 목축업자이다. 그러나 그는 미래를 예측하면서 목축으로는 부자가 될 수 없다는 것을 알았고 앞으로는 농업을 해야 한다는 것을 알았다. 목축은 여러 가지 면에서 한계가 있다고 깨달았다. 가축 수가 많아지면서 우물과 목초지는 부족하고 이는 다른 목축업자들과 치열한 경쟁을 해야 한다는 것도 알았다. 인간들도 점차 유랑하는 삶보다는 정착하여 사는 인생을 원하고 있다는 것도 알았다. 사람들이 고기만 먹고 싶어 하는 것이 아니라 곡물류도 먹고 싶어 한다는 것도 알았다. 목축과 농업을 병행하는 것이 부를 축적하는데 유익하다는 것을 예측했다. 그래서 그는 목축을 하면서 농업을 본격적으로 해서 거부가 되었다. 다윗도 미래를 예측하는 지혜를 가진 사람이었다. 사울 왕이 전사한 후 이스라엘은 남북 왕국으로 분열이 되었다. 남쪽의 왕이 된 그는 신하들이 북 왕국을 침략하여 통일을 이룩하라는 진언을 거절하고 평화 공세를 지속적으로 했다. 전쟁을 통해 통일하면 망한 나라의 백성들에게 원한을 남겨주기에 진정한 통일은 어렵다는 것을 그는 예측했기 때문이다. 그는 칼로 통일하기 보다는 덕으로 통일하는 것이 나라의 안정을 위해 좋다는 판단을 내렸다. 그의 예측은 적중했다. 북 왕국의 백성들은 자진해서 나라를 다윗에게 헌납했고 그는 피 흘리지 않고 통일을 이룩했다.

주님 역시 미래를 예측하면서 미래를 준비하신 분이시다. 주님은 자주 자신의 미래, 즉 십자가에서 죽으실 것을 예언하셨다. 이는 미래에 닥칠 위기를 미리 제자들에게 알려 주심으로 그 충격을 완화하시려는 의도였다. 그리고 주님은 주님이 승천하신 이후를 대비하여 제자들을 선발하시고 그들을 훈련시키셨다. 그리스도인들이 알아야 할 최선의 미래는 주님의 재림이다. 요한계시록이 그 핵심이다.

성경은 미래에 대한 이야기로 시작해서 미래에 대한 이야기로 끝맺는다. 인간은 미래에 대해 관심을 가져야 한다. 각종 자료들을 수집하고 정리해서 미래를 예측해야 한다. 그리고 준비를 해야 한다. 미래에 대한 준비는 객관성이 있어야 하기 때문이다. 미래는 현재를 보완하는 시간이기에 현재의 문제점을 살펴보면 미래도 보인다. 미래를 예측할 수 있는 능력이 인간에게는 있어야 한다.

미움을 받는 인간

인간은 미움을 받으면서 살아가는 존재이다. 인간을 미워하는 존재는 크게 4가지 부류가 있다. 첫째, 자신이 자신을 미워하는 경우가 있다. 일종의 자학이요, 자기 학대이다. 실패한 사람들 중에 이런 사람들이 있다. 사울 왕이 그 대표가 될 것이다. 이런 사람들은 자살하기가 쉽다. 둘째, 가족들에게 미움을 받는 사람들이 있다. 요셉이나 아벨 등이 그 대표가 될 것이다. 인류 최초의 살인 사건은 형에 의한 동생의 죽음이었다. 그래서 인생은 살벌한 것이다. 셋째는 권력자에게 미움을 받는 것이다. 다윗이 그 대표가 될 것이다. 다윗은 권력 문제로 인해 사울왕의 미움을 오랫동안 받았다. 마지막은 사탄에게 미움을 받는 것이다. 사탄은 하나님을 잘 믿는 자를 미워한다. 욥이 그 대표가 될 것이다. 이처럼 인간은 미움을 받으면서 살아간다.

미움을 받으면 여러 가지 고통이 따르고 고난이 생겨난다. 생명과 재산을 빼앗기기도 하고, 명예가 손상되기도 한다. 하는 일에 방해를 받기도 한다. 중상모략이 주어지고, 사람을 무기력하게 만들기도 한다. 사람은 미움을 받으면 참으로 그 삶이 곤고해진다.

그렇다면 왜 인간은 남을 미워할까? 하나님께서는 인간을 사랑하라고 그리 말씀을 자주 하시는데, 인간은 남을 사랑하기는 커녕 미워하면서 사는데 그 이유는 무엇일까? 인간이 인간을 미워하는 데는 나름대로 이유가 있다. 우선 질투하는 마음이 있기에 남을 미워하게 된다. 질투란 상대가 잘되는 것에 대한 심적 고통이다. 질투란 일종의 열등감에서 오는 자기 파괴이다. 질투하는 사람은 질투함으로 상대를 괴롭히고 자신도 괴롭힘을 당한다. 실로 어리석은 마음이다. 그 다음 인간은 자신의 유익을 지키기 위해 남을 미워한다. 인간은 경쟁하는 존재이다. 공존하려는 마음이 없으면 남을 미워하게 마련이다. 상대가 없어지면 자기에게 그어떤 구체적인 유익이 주어지고, 마음이 편해진다고 생각 할 때, 남을 미워하게 된다. 그러기에 옹졸한 사람이 남을 미워하게 된다. 또한, 상대가 나보다 강하고 무엇이든 더 많이 가졌다고 생각되면 미워하게 된다. 일종의 반발심이고, 패배의식이다. 인간은 약자에 대해서는 구박을 하고 핍박은 해도 미워하지 않는다. 상대를 핍박하는 것과 미워하는 것과는 근본적으로 다르다. 약자는 강한 자를 핍박하기가 어렵지만 미워하기는 쉽다. 남과 비교하기 때문에 남을 미워하기도 한다. 나에게 없는 것이 남에게 있다고 생각하면 자신도 모르게 그 상대를 미워하게 된다. 나이 든 여자들이 젊은 여자들에게 그리 좋은 감정을 갖지 못하는 것도 이런 현상 중 하나이다. 미움은 사랑의 반대이다. 미움을 극복하지 못하면 사랑도 어렵다. 남을 미워하지도 말아야 하지만 남에게 미움을 받지도 말아야 한다.

그렇다면 남에게 미움을 받지 않으려면 어떻게 해야 하는가?

우리는 이 해답을 성경에서 찾을 수 있다. 가장 좋은 방법은 겸손해지는 것이다. 온유하고 겸손하면 사람들에게 미움을 받지 않는다. 겸손이란 자신의 가진 것을 드러내지 않고 남을 선대하는 마음이요 행동이다. 자랑하는 것은 어리석은 일이다. 우리가 그 무엇을 자랑하려고 할 때, 두 가지를 명심해야 한다. 하나는 그 자랑거리가 항상 내 것이 되지 않는다는 것과, 자랑하는 순간 남에게 미움을 받게 된다는 사실이 바로 그것이다. 모든 것이 한 때이다. 젊음도, 돈도, 권력도, 명예도, 자식도, 사랑도... 이 세상에서 영원이 내 것이 되는 것은 하나도 없다. 그 다음, 말을 조심해야 한다. 대부분 인간은 말을 통해 자신을 드러낸다. 말을 함부로 하거나, 말을 많이 하면 반드시 실족하고 남에게 미움을 받는다. 마지막으로 남과 다르다는 것을 너무 내색하거나 공존하려는 마음이 없이 혼자 잘난 척 하지를 말아야 한다. 인간은 큰 무리가 없는 한 자신을 지키면서 남과 어울릴 수 있어야 하고, 함께 공존하려는 마음이 있어야 한다. 아벨이 제사 드리는 방법을 형 가인과 의논하고, 요셉이 아버지가 준 채색옷을 입지 않고 형들과 똑같은 옷을 입었다면 그리 미움을 받지 않았을 것이다.

인간은 가능하면 남에게 미움을 받지 않으려고 노력해야 한다. 물론 미움을 받아야 할 때도 있다. 신앙을 지키기 위해 자신의 정체감을 지키기 위해서는 미움을 받아도 어쩔 수가 없을 것이다. 그러나 불필요하게 남에게 미움을 받는 다는 것은 실로 어리석은 일이다. 실패를 자초하는 일이기 때문이다.

미적 인간

성경의 시작과 끝은 아름다움이다. 창세기는 아름다움으로 시작된다. 하나님이 하신 명시된 최초 언어는 모든 창조물들이 "보기 좋다"는 감탄이었다. 에덴동산은 아름다운 동산이었다. 최초의 여자 하와도 아름다운 여자였다. 요한계시록에 기록된 천국도 아름다운 곳이고, 그곳에서 생기는 모든 일들도 아름다운 것들이었다.

성경에는 아름다운 사람들이 많다. 사라, 리브가, 라헬, 아비가엘, 밧세바, 다말, 아비삭, 에스더는 모두 아름다운 여자들이고, 요셉, 모세, 다윗, 압살롬 다니엘 등은 아름다운 남자들이었다. 아름다움, 그것은 인간이 추구해온 가치이다. 과학적 가치를 진이라고 했고, 도덕적 가치를 선이라고 했으며, 신앙적 가치를 성이라고 했고, 예술적 가치를 미, 즉 아름다움이라고 했다. 결국 인간은 아름다움을 추구하는 존재이고 아름답기를 원하는 존재이다. 지금까지 인류 문명은 4가지 방향으로 진화되어 왔다. 보다 자유롭게, 보다 편하게, 보다 즐겁게, 보다 아름답게, 이 흐름은 막을 수가 없다. 왜냐하면 그것은 인간의 기본적 욕구이기 때문이다. 인간이 발명한 모든 상품, 제도, 습관은 이 방향으로 흘러간다. 이 네 가지는 도도하게 흐르는 문화의 강이다. 만약 인류가 망한다면 이 흐름이 급속하게 이루어져 인간들이 적응하지 못할 때 생겨나는 비극일 것이다. 성경은 아름다움을 단순히 육체의 모양에 국한하지 않는다. 행위를 아름답다고 표현하기도 한다. 하나님을 찬송하고(시147/1) 하나님을 생각하며 슬픔을 참는 것(벧전2/19) 형제가 연합하여 동거하는 것(시133/1) 수고한 후에 낙을 누리는 것(전5/18) 선한 일을 힘쓰는 것(딛3/8) 지식을 말하는 것(잠22/18) 선을 행하면서 고난을 참는 것(벧전2/20) 등이 다 아름다운 행위이다.

아름다움은 구체적인 모습이나 행동만은 아니다. 아름다움을 추상적으로 표현하기도 한다. 때에 맞는 말(잠15/23) 지식으로 채워진 방(잠24/4) 친구의 충성된 충고(잠27/9) 사랑(아4/10) 지혜(겔28/7) 지식(잠24/4) 덕(벧전2/9) 진리의 말씀(전12/10) 등이 다 아름답다고 성경은 강조한다. 그러기에 추상적인 그림, 시, 음악, 건축 등도 다 아름다움을 표현할 수 있다. 성경은 아름다움을 영적으로 표현하기도 한다. 하나님은 아름다운 분이시고(시27/4) 따라서 하나님이 하시는 모든 일은 아름답다. 복음을 전하는 자(롬10/15) 제사장의 복장(출28/2-40) 서원물(신12/11) 복음(딤후1/14) 등이 다 아름다운 것들이다.

그러나 성경은 이 아름다움을 경계하기도 한다. 여자의 아름다움은 남자를 망하게 하는 치명적인 악이다.(잠11/22) 밧세바의 아름다운 용모가 성군 다윗을 무너지게 했다. 요셉의 아름다움은 보디발 장군의 아내를 무너지게 했다. 이처럼 아름다움은 사람을 망하게 하는 독이다. 그래서 성경은 아름다움은 한계를 강조한다. 아름다움은 시간이 흐르면서 사라지는 아픔이다.(약1/11) 인간은 아름다움을 추구하는 존재이기에 다양한 방법으로 스스로 아름다워지기를 위해 수고하며, 아름다운 사람과 아름다운 공간에서 아름다움을 느끼면서 살고 싶어 한다. 그것이 행복이라고 생각한다. 그러나 그것은 착각이다. 모두가 다 미남, 미녀일 수도 없고 그런 사람이 되었다고 그 삶이 행복해 지는 것은 아니다. 아름다움은 떨어지는 꽃이고 자신은 물론 다른 사람을 망하게 하는 독이기에 인간은 아름다움을 원하되 아름다움의 노예가 되어서는 안된다.

그렇다면 아름다움이란 무엇일까? 사람의 운명을 흔들어 놓은 그 아름다움의 정체는 무엇일가? 이 물음에 답하기 위해 고대 그리스부터 지금까지 다양한 연구들을 해 왔다. 결론은 아직도 없다. 왜냐하면 아름다움을 주는 외부의 그 어떤 것보다 아름다움을 느끼는 인간이 다양한 존재이고 신비로운 존재이기 때문이다. 그런데 창세기에 기록된 아름다움은 다음 요소를 지닌다. 조화, 균형, 질서 그리고 제 기능을 다하는 것, 이 네 가지가 아름다움을 결정하는 핵심 요소이다. 이 네 가지가 있으면 사람들은 감동을 받는다. 울기도 하고 웃기도 하며, 소리도 지르고 물과 불을 가리지 않고 행동하기도 한다. 그래서 운명을 파괴하기도 하고 창조하기도 한다.

그래서 맹목적으로 아름다움을 동경하기 보다는 아름다움의 내용이 무엇인지를 아는 것이 중요하다.

믿음으로 사는 인간

　그리스도인은 무엇으로 사는가? 믿음으로 산다. 그렇다면 믿음으로 산다는 것은 무엇인가? 이 질문에 대한 해답을 얻으려면 아브라함이라는 사람을 자세히 살펴보아야 한다. 그를 가리켜 믿음의 조상이라고 부른다. 그를 빼고 믿음으로 사는 삶을 이야기할 수가 없다. 믿음이란 무엇인가에 대해서는 나중에 논의하기로 하고 여기서는 아브라함이 믿음으로 산 사람인데 그의 믿음의 유형과 믿음 발전 단계를 살펴보기로 하겠다. 그의 믿음은 그 대상이 하나님이셨다. 그리고 그 믿음은 하나님의 말씀에 순종하는 믿음이었다. 일차적으로 그는 그 자신의 유익을 위해 하나님을 믿었다. 그는 많은 것을 가진 사람이었다. 사라라는 아름다운 여자를 아내로 삼아 살았고, 그가 사는 동네는 달의 신 나나를 섬기는 동네였기에 부적을 팔아 부자가 되었다. 물론 건강했다. 그런데 그에게는 자녀가 없었다. 그는 자녀를 얻기 위해 많은 노력을 했으나 실패했다. 그의 나이 75세가 되었다. 이제 그는 자녀를 얻기에는 틀렸다고 낙심을 하고 있었다. 어느 날, 하나님께서 그에게 와서 가나안 땅으로 가면 자녀를 얻게 해 준다고 약속을 하셨다. 가나안 땅으로 가는 길은 쉽지 않은 길이었지만 그는 자녀를 얻기 위해 그 모험을 감행했다. 이것이 그의 믿음의 시작이었다.

모든 인간은 자신의 유익을 위해 믿음을 갖는다. 이기적인 믿음이다. 믿으면 구원받고 복을 받고 천국으로 간다. 이 모든 것은 이기적이다. 믿음이란 그렇게 시작한다. 그런데 그가 가나안 땅으로 가서 믿음 생활을 하면서 그의 믿음은 자라기 시작했다. 그는 조카 롯을 도와 그를 부자로 만들어 주었고, 그가 포로로 잡혀갔을 때 목숨을 걸고 그를 구원해 주기도 했다. 전쟁에 승리하자 함께 싸운 부하들에게 전리품을 나누어 주었다. 돌아오는 도중에 멜기세덱이라는 대제사장을 만나자 그가 하나님의 제사장인 것을 알고, 그에게 자신의 얻은 것 중에 십분의 일을 나누어 주었다. 이처럼 그는 가족을 돌보고, 함께 일하는 사람들을 돌보았으며, 하나님의 일을 하는 제사장을 대접했다. 이는 그의 믿음이 자신의 이익만을 위한 믿음에서 남을 위한 믿음으로 성장했다는 것을 의미한다. 인간은 그 믿음이 성장하면 이웃을 사랑하게 된다.

마지막으로 그의 믿음은 하나님을 위한 믿음이었다. 그는 하나님의 은혜로 이삭을 얻었다. 그의 간절한 소원인 자녀를 얻은 것이다. 그는 이삭을 자신의 생명보다 더 사랑했다. 어느 날, 하나님께서 아브라함에게 100세에 얻은 그 아들, 이삭을 죽여 번제로 드리라는 명령을 내리셨다. 이 명령은 비윤리적인 명령이었고, 아브라함으로서는 차마 실천할 수 없는 명령이었다. 그의 고민은 깊어갔다. 결국 그는 하나님의 명령에 순종하기로 결심을 했다. 그는 이삭을 모리아 산으로 데리고 가서 죽이려고 했다. 결정적인 순간에 하나님께서는 아브라함에게 아들 죽이는 행동을 중지시켰다. 그리고 여호와를 위해 아들까지 죽이려고 하니 그의 믿음에 감동을 하셨다. 이 사건에 대해 실존주의 철학자 키에르케고르는 아브라함이 이삭을 죽이려고 칼을 내리칠 때 하나님께서 울었다고 표현했다. 그의 믿음은 하나님을 감동시키는 믿음이었다. 하나님을 위한 믿음이 하나님을 감동 시킨다.

아브라함은 이처럼 이익을 위한 믿음에서 이웃을 위한 믿음으로 성장했고, 결국 하나님을 위한 믿음을 가짐으로 믿음을 완성시킨 사람이었다. 주님께서 "네 이웃을 네 몸처럼 사랑하고 하나님을 사랑하라"고 말씀하셨는데 이는 믿음의 단계를 극명하게 보여 주는 말씀이다. 자기를 사랑하는 것처럼 이웃과 하나님을 사랑하라는 명령이기 때문이다. 나에게서 이웃으로 그리고 하나님에게로 나아가는 믿음의 단계를 아브라함은 우리에게 보여 주었다.

인간은 믿음을 가질 수가 있으며 믿음으로 살 수 있는 존재이다. 바로 이 점 때문에 인간은 위대한 가능성을 지닌 존재이다. 인간은 믿음으로 살아야 한다. 그것이 자신을 위하는 길이고 함께 사는 사람들을 위한 길이며 하나님을 감동시키는 길이다. 흔히 사람들은 믿음으로 살기가 어렵다고 탄식을 한다. 믿음으로 살기가 쉽지는 않지만 어렵지도 않다. 깨달음의 문제이고 결단의 문제이다. 아브라함은 하나님의 친구가 되었다. 하나님께서 그의 믿음을 보시고 감동하여 이제부터는 서로 친구가 되자고 하셨기 때문이다. 하나님과 친구가 되는 길, 그것은 오직 믿음뿐이다.

배신하는 인간

　　인간의 역사는 아담과 하와가 창조주 하나님을 배신하는 데서 시작되었다. 하나님을 배신한 인간은 그 후부터 배신을 밥 먹듯이 해왔다. 배신이란 신의를 버리는 것이요, 은혜를 칼로 치는 것이다. 배신은 인간이 당하는 가장 깊은 치유되지 못하는 칼의 흔적이다.

　　성경에는 배신에 대한 아픈 기록들이 많다. 이스라엘이 다윗을 배신했고(왕상12/19) 모압이 이스라엘을 배신했다.(왕하1/1) 친구가 친구를 배신하고(애1/2) 아들 압살롬이 아버지 다윗을 배신했다. 제자인 유다가 스승인 예수님을 배신했다. 들릴라가 그를 죽도록 사랑한 사사 삼손을 배신했다. 단테의 신곡을 보면 그가 지옥을 순례할 때 가장 큰 죄를 범한 자들은 가장 깊은 감옥에 모여 있는데 그곳에 가 보니 배신자들만 있었다. 주님을 배신한 가롯 유다, 줄리어스 시저를 배신한 부르터스 등이 있었다. 이는 중세 시대에는 배신자가 가장 큰 죄인임을 보여주는 장면이라고 할 수 있다.

　　왜 인간은 하나님과 인간들을 배신하는가?

그 이유는 단 하나, 자신의 이익을 탐내기 때문이다. 돈, 명예, 권력, 사랑을 얻기 위해 인간은 배신을 한다. 때로는 목숨을 유지하기 위해 배신을 한다. 인간은 배신을 할 때 온갖 술수를 다 쓴다. 가장 자주 사용하는 방법은 상대를 속이는 것이다. 감언이설로 속여 무방비 상태를 만들고 칼로 치고, 혀로 친다. 아첨도 한 방법이다. 아첨은 꿀이다. 아첨을 듣는 사람은 그 맛에 취해 아첨하는 사람의 원대로 모든 것을 해 준다. 그리고서는 결정적인 순간에 버림을 받는다. 호의를 가장하여 상대를 배신하는 경우도 있다. 사울왕이 다윗을 배신할 때, 사울은 그의 딸 메랍을 다윗에게 아내로 삼으라고 권한다. 사위가 되라는 뜻이다. 이는 호의를 베풀어 자기 사람으로 만들어 이용하려는 악한 의도가 숨겨있는 행위였다. 가장 합법적인 방법으로는 법을 세워 배신하는 것이다.(단6/1-8) 다리오 왕은 다니엘이 하나님을 배신하도록 하기 위해 법을 만들었다. 삼십일 동안 왕에게만 구하게 한 것이다. 이는 다니엘이 하나님께 기도하지 못하도록 법을 정하고 그 금령을 어기면 다니엘을 죽이려고 한 계략이었다. 법으로 배신을 유도한 것이다.

배신은 단순히 하나님이나 인간을 상대로 저질러지는 악이 아니다. 때로는 자신이 한 약속이나 맹세를 잊거나 버리는 것도 배신이다. 하나님의 약속이나 하나님께 한 약속을 버리는 것도 배신이요(창17/14) 하나님의 가르침을 잊는 것도 배신이다.(딛1/14) 믿음대로 행하지 않으면 이는 믿음을 배신한 것이다.(딤전5/8) 인간은 상대를 배신할 때 아름다운 의식을 행한다. 아담과 하와는 하나님을 배신할 때, 선악과를 특별한 관심으로 쳐다보았고 그들의 표정은 호기심으로 빛났으며 그들의 마음은 황홀함으로 출렁거렸다. 가룟 유다는 주님을 배신하기 전에 주님 얼굴에 입맞춤을 했고. 다윗은 자신의 죄를 감추기 위해 전쟁터에 있는 친구 우리아를 불러 아내 밧세바와 함께 지낼 수 있는 기회를 만들어 주었다. 살로메는 그가 사랑한 세례 요한을 죽일 때, 그녀는 헤롯 왕 앞에 나가 춤을 추워 왕을 현혹시키고 자신의 소원대로 세례 요한의 목을 쟁반에 담았다. 배신은 아름다움으로 가장된 음침한 가면이다. 배신한 사람은 배신의 이유를 만들어 낸다. 배신 이후 주어지는 아픔을 치유할 스스로의 이론을 미리 만들어 놓는다. 사람들을 설득할 변명거리도 만들어 낸다. 그러므로 배신은 감정으로 행하는 악이 아니라 이성으로 범하는 논리적인 죄다.

인간은 배신을 통해 살아가는 존재이다. 배신은 생존하기 위한 실존의 아픔이다. 그러므로 배신당했다고 고통스러워 할 필요가 없다. 당신도 배신하면서 살아왔다. 내가 그를 배신한 것처럼 그도 나를 배신한 것뿐이다.

그러나 다시 생각해 보자. 배신의 공식이 그런 거라면 인생은 너무 재미없고, 허무하지 않은가? 그가 나를 배신해도 나는 그를 배신하지 않겠다고 생각하면서 살아가면 어떨까? 그런 분이 있다. 예수 그리스도가 바로 그분이시다. 예수를 믿는다는 것이 단순히 구원받고 축복받아 잘 살아보겠다는 것이라면 이것 역시 재미없고 허무하다. 예수를 믿는다는 것은 그분 흉내라도 내면서 살아보겠다는 선언이 되어야 하지 아닐까?

배신자에게 꽃다발이라도 보내는 여유가 있다면 얼마나 좋을까?

변화되어 가는 인간

우리가 사용하는 변화라는 단어에는 긍정적인 의미가 담겨져 있다. 변화란 현 상황이 새롭게 발전적으로 달라진다는 뜻이다. 따라서 변화란 부정적인 요소들이 제거되어 보다 좋은 것으로 진보된다는 적극적인 의미가 포함되어 있다. 이 세상에서 가장 아름다운 변화는 인간이 변화하는 것이다. 사물도 변하고 제도도 변하며 모든 만물들은 다 변하지만 그중 최고의 변화는 인간의 변화이다. 성경은 인간 변화에 대해 아주 상세하게 기록해 놓았다. 따지고 보면 성경은 인간에게 변화를 요구하고 변화된 인간의 모습을 보여주는 거룩한 책이다. 성경에는 수많은 인물이 등장하고, 그 모든 인물들은 두 종류의 유형으로 나눌 수 있다. 변화된 사람과 변화되지 못한 사람이 그것이다. 변화된 대표적인 사람들 중에는 아브라함, 야곱, 베드로, 바울 등이 있다. 아브라함은 단순한 자연인에서 선택받은 사람으로 변화 되었고, 야곱은 사기꾼에서 하나님의 자녀로 변화되었다. 베드로는 고기를 잡는 사람이었지만 이제는 사람을 구원하는 존재로 변화되었으며, 바울은 주님을 핍박하는 사람이었지만 결국 주님을 증거하는 사람으로 변했다. 이들의 변화는 그 이름이 바뀜으로 더욱 분명해 진다. 아브람이 아브라함으로, 야곱이 이스라엘로, 시몬이 베드로로, 사울이 바울로 그 이름이 개명됨으로 그 변화를 극명하게 증명한다. 또한 성경은 인간의 변화를 특별한 용어로 강조한다. 사탄의 자녀가 하나님의 자녀로, 죄인이 의인으로 변화된다는 것을 강조한다. 죽은 자가 영생을 얻은 자로, 저주 받은 자가 복을 받은 자로, 땅에 속한 자가 하늘에 속한 자로 변화된 것을 선언한다. 또한 병든 자가 건강한 자로, 옹졸한 자가 관용의 사람으로, 절망하는 자가 희망을 갖고 사는 자로 변화된다는 것을 증명한다. 교만한 자가 겸손한 자로, 강포한 자가 온유한 자로 변화된다는 것을 보여준다. 인간은 변화되는 존재이다. 이러한 총체적인 변화를 성화의 과정이라고 부른다. 만약 인간에게 이런 변화가 주어지지 않는다면 그것이 바로 절망이라고 할 것이다.

그렇다면 인간을 변화시키는 동력은 무엇인가? 그것은 그리스도에 대한 믿음이다. 인간에게는 스스로를 근본적으로 변화시킬 수 있는 능력이 없다. 인간은 사물을 변화시킬 수 있는 힘은 있다. 그래서 문명이 진보하는 것이다. 인간은 남을 변화시킬 수 있는 힘도 있다. 무력이나 다양한 유혹으로 때로는 교육으로 남을 변화시킨다. 그러나 스스로를 변화시키지는 못 한다. 스스로를 변화시키는 동력은 오직 그리스도에 대한 믿음 뿐이다. 이 믿음은 그리스도를 알고 따르는 것, 그리고 그러한 행동을 통해 얻어지는 체험으로 확신을 갖게 되고, 그 믿음으로 인간은 변해간다. 인간은 그리스도를 통해 자신을 변화시키는 것이 아니라 그리스도를 통해 스스로 변해 간다. 그러기에 변화란 쉬운 것이 아니다. 변화하기 위해서 자신을 버려야 한다. 신앙이란 자신을 죽이는 영적 행위이며, 그러한 행동을 통해 다시 변화된 존재로 태어난다. 그래서 주님은 죽고자 하는 자는 살고, 살고자 하는 자는 죽는다고 말씀하신 것이다. 인간은 살고자 하는 본능을 갖고 있다. 이기심, 비난, 편견, 고집, 아집, 독선, 잔인, 강포 등은 다 살고자 하는 본능에서 나온 것이다. 인간은 그래야 살 수 있다고 생각한다. 그러나 그리스도를 믿으면 이러한 생각이 잘못되었음을 깨닫게 된다. 그래서 이러한 것들을 죽이고 이타심, 칭찬, 통합, 관용, 긍휼 등을 배우게 되고, 그것을 행동으로 옮기면서 인간은 변화되어 가는 것이다.

인간의 변화는 충격 속에서 이루어진다. 아브라함, 야곱, 베드로, 바울 등의 변화는 모두 충격을 통해 이루어졌다. 아브라함에게는 아들 이삭을 번제로 드리라는 충격이, 야곱에게는 형 에서에 의해 이루어지는 죽음의 공포가 있었다. 베드로에게는 무능력감이, 바울에게는 자신이 핍박하는 예수에 대한 신비한 체험이 있었다. 인간의 변화는 저절로 세월 따라 이루어지는 것이 아니라 충격을 통해 이루어진다.

그리스도에 대한 믿음과 삶을 사는 과정에서 당한 충격을 통해 인간은 변화되어 간다. 그러기에 우리는 변화되어 가기 위해 믿음과 삶 속에서 주어지는 충격을 귀하게 여겨야 한다. 스스로 자신을 변화시키려고 하는 교만과 무지보다는, 믿음과 충격으로 변화되어 가는 스스로를 발견하는 기쁨을 누리는 인간이 되어야 한다. 그것이 바로 행복이다. 행복이란 소유에 있는 것이 아니라 변화되어 가는 자신을 느끼는 기쁨, 그 자체이다.

복음을 전하는 인간

　인간은 자기의 생각이나 감정을 남에게 전달하려고 하는 욕구를 가진 존재이다. 그리고 그 전달 과정을 통해서 일종의 문화가 만들어지기도 한다. 인간은 남에게 그의 생각과 감정을 전달하기 위해 언어와 문자를 사용한다. 언어란 의미 있는 소리의 결합이요, 문자는 음의 최소단위가 결합되어 유기적으로 통합된 것이다. 인간은 남에게 반드시 좋은 것만 전하지 않는다. 나쁜 것도 전한다. 예를 들면 유언비어, 음모, 모략, 중상, 비난, 비판 등은 나쁜 것을 전달하는 것이고, 실패, 실수, 실직 등은 나쁜 소식을 전달하는 것이다. 이처럼 인간은 좋은 소식보다 나쁜 소식을 전하기가 쉽지만 예수님은 달랐다. 주님은 항상 좋은 소식을 사람들에게 전하셨다. 예를 들면 "누구든지 예수를 믿으면 구원을 받는다", "누구든지 예수를 믿으면 복을 받는다", "감사하라", "선을 행하라", "평안히 가라", "네 죄가 사함을 얻었다", "일어나라" 등이 그 좋은 예이다.

　기쁜 소식과 나쁜 소식을 평가하는 것은 말하는 사람이 아니라 그 말을 전달 받은 사람이다. 진심으로 상대를 사랑하고 존중해서 그 사람을 살리기 위해서 때때로 죄를 지적하기도 하고 잘못을 얘기할 수도 있다. 이는 듣는 사람에게 좋은 소식이다. 문제는 상대를 사랑하지도 않고 상대를 위하는 순수한 동기 없이, 자신의 이익을 위해서 상대를 고통스럽게 하는 것이다. 이는 나쁜 소식이다. 우리 예수 믿는 사람들은 주님처럼 좋은 소식을 전하는 사람이라야 한다. 예수님을 믿기 전과 믿고 난 후에 우리 믿는 사람들의 생활 변화는 바로 여기에 그 핵심이 있다. 믿기 전에는 남에게 주로 나쁜 소식을 전하는 사람이었지만, 믿고 난 후에는 남에게 좋은 소식을 전하는 사람이 되어야 한다. 우리 믿는 사람들이 주변에 있는 사람들에게 전해야 할 가장 기쁜 소식은 주님에 대한 소식이다. 주님이 누구이신가, 주님을 왜 믿어야 하는가, 주님을 믿으면 어떤 좋은 결과가 생기는가, 이런 것에 대한 소식을 주변 사람들에게 전해야 한다. 이 일은 쉽지가 않다. 아무리 좋은 소식이라도 남을 감동시키려면, 그 소식을 전하는 사람이 먼저 전할 내용에 대해서 분명하게 알아야 하기 때문이다. 우리는 전하기 전에 먼저 주님이 어떤 분이신지, 왜 주님을 믿어야 하는지, 주님을 믿으면 어떤 좋은 결과가 생기는지 알아야 되고, 이것을 체계화 해야 한다. 그리고 그것을 효율적으로 전하기 위해 어떤 방법으로 전달할지 고심해야 한다. 누구에게, 언제, 어디서, 어떤 방법으로 좋은 소식을 전할 것인가를 숙고해야 한다. 특히 논리에 감정을 입히는 일을 잘해야 한다. 논리만 있고 감정이 없으면 남을 감동시킬 수가 없고, 감정은 있으나 논리가 부족하면 잘 전달되지 않는다. 예수를 믿는 사람들은 이처럼 복된 소식, 즉 복음을 전하는 사람들이 되어야 하는데 이 일이 쉽지가 않다. 이 일을 체계적으로 한 교회가 안디옥 교회이다. 안디옥 교회는 복음을 전하는 일을 집중적으로 한 교회이다. 그런데 안디옥 교회는 복음을 전하기 전에 먼저 하나님의 말씀을 잘 가르치고 배웠다. 그래서 성경을 보면 바나바를 비롯해서 일곱 명의 교사가 있었던 것이다. 안디옥 교회에 이런 전문적인 성경 교사가 있었다는 것은 이 교회가 말씀을 가르치는 일을 열심히 했다는 증거이다. 왜 복음을 전하는 교회가 복음을 전하기 전에 말씀을 배웠을까? 그것은 무엇을 전할 것인가를 체계적으로 배우지 않으면 복된 소식을 체계적으로 전할 수 없었기 때문이다. 또 안디옥 교회는 성령께서 따로 복음을 전할 자를 구별하여 세우라고 했다. 그래서 바나바와 바울을 세운 것이다. 바울과 바나바는 교사였다. 하나님께서는 교사를 선교사로, 즉 복음을 전하는 사람으로 구별하여 세운 것이다. 바울과 바나바는 이미 복음의 내용을 잘 알고 있는 사람이었다. 그들은 예수님이 누구인지, 왜 믿어야하는지, 믿으면 어떤 좋은 결과가 생기는지를 잘 알고 있는 사람들이었다. 그래서 하나님께서는 저들을 복음 전하는 자로 세우신 것이다. 안디옥 교회는 저들을 위해서 금식하며 기도했다. 교회가 복음을 전하는 사람들을 위해서 금식하고 기도한 것은 저들이 알고 있는 복음의 내용을 감격적으로, 감동적으로 주변 사람들에게 전할 수 있는 능력을 갖도록 돕기 위해서 였다. 이처럼 복음을 전하려면 복음의 내용을 알아야 하고 그 내용을 전달할 수 있는 기술, 예를 들면 표현방법, 감정을 입히는 방법 등을 알아야 한다. 성경에 등장한 가장 아름다운 인간은 남에게 좋은 소식, 복된 소식을 전하는 사람이다. 우리 그리스도인들은 복된 소식, 즉 복음을 전하는 사람들이 되어야 한다.

분쟁하는 인간

　분쟁이란 다툼이다. 인간이 하나님께 범한 최초의 죄는 교만에서 오는 불순종이었고, 인간이 인간에 범한 최초의 범죄는 살인이었다. 가인이 아벨을 죽인 것이다. 그런데 이 살인의 동기는 형제간의 다툼이었다. 형제는 하나님께 제사를 드리는 방법으로 인해 다툼이 생겼다. 최초의 종교 전쟁이었다. 성경에는 다툼 즉, 분쟁에 대한 기록들이 많다. 아브라함의 목자들과 롯의 목자들, 야곱과 에서, 모세와 이스라엘 백성들, 바울과 바나바, 예수님의 제자들, 고린도 교회 교인들, 이스라엘 사람들과 유다사람들, 입다와 그 형제들, 실로 다양한 분쟁들이 기록되어 있다. 분쟁은 부모 자식 간, 지도자와 백성들 간, 교인들 간, 불신자와 신자들 사이, 나라와 나라, 친구와 친구 등 모든 영역에서 생긴다. 실로 분쟁은 인간의 운명이다.

　그렇다면 인간은 왜 분쟁하는가? 교만(잠13/10) 의견 불일치(행15/36–41) 파당(고전1/11–13) 미움과 시기(눅5:32–35) 미련함(잠18/6) 이권 확보(창13/7–11) 분노(잠15/18) 변론과 언쟁(딤전6/4) 참견(잠26/20) 교리적 차이(행23/7–8)

술 취함(잠23/29-30) 시시비비(잠17/14) 죄를 짓기를 좋아하는 행동(잠17/19) 비웃음(잠22/10) 육에 속한 생각들(고전3/3) 등에 의해서 분쟁이 생겨난다. 분쟁의 결과는 참담하다. 하나님께 미움을 받아 벌을 받게 되고(사41/11-12) 가정이 파탄 나며(잠27/15) 국가가 멸망한다.(마12/25) 무엇보다도 분쟁은 무익한 것이고(딛3/9) 그 분쟁으로 인해 다양한 악한 일들이 생겨난다.(약3/6) 심지어 분쟁은 그 분쟁을 듣는 제 삼자들도 함께 망하는 끔직한 결과를 가져 온다.(딤후2/14) 그러기에 성경에는 분쟁을 피하라는 다양한 권고들이 기록되어 있다.

분쟁을 피하기 위해서는 지혜가 필요하다. 분쟁은 성격이다. 분쟁을 즐기는 사람들이 있다는 것이다. 그런 사람들을 피해야 한다.(잠21/19) 변론이나 언쟁을 피해야 한다. 인간은 자기주장을 강하게 하는 존재이다. 변론이나 언쟁을 하다 보면 결국 분쟁으로 간다. 시비를 그치는 것도 한 방법이다.(잠17/14) 시비란 옳고 그름을 판단하는 것이다. 좋은 것이다. 그러나 시비를 계속하다 보면 분쟁하게 된다. 적당한 선에서 시비를 그쳐야 한다. 옳고 그름을 판단하는 것보다 사람을 잃지 않는 것이 더 중요하다.

화평을 도모하는 것도 중요하다.(롬12/18-21) 인간은 어차피 자기 나름대로의 인생을 살아가는 존재이고, 나름대로의 생각을 갖고 사는 영물이다. 분쟁은 결국 서로에게 상처를 준다. 화평을 도모해야 한다. 노하기를 더디 해야 한다.(잠16/32) 분노는 분쟁을 만들어 내는 부적절한 감정이다. 내가 화를 내면 상대로 화를 낸다. 결국 분쟁하게 된다. 말장이를 멀리해야 한다.(잠26/20) 말장이란 말이 많은 사람이요, 해서는 안 될 말을 하는 사람이고, 이간질 시키는 말을 하는 사람이다. 말장이가 있으면 분쟁은 필연적으로 생긴다. 서로 양보하고(창13/8-9) 겸손하며(빌2/2-5) 온유한 성품을(딤후2/24-26) 지니면 분쟁을 극복할 수 있다. 가장 중요한 것은 서로 용납하고 용서하는 것이다.(골3/13) 용납이란 상대를 받아들이는 것이고 용서란 상대의 잘못을 이해하고 잊어주는 것이다. 서로 용납하고 용서하면 분쟁은 바로 해결된다. 모든 인간은 분쟁하는 존재지만 모든 인간은 분쟁으로 망하는 존재이다. 인간은 서로 다르기 때문에 분쟁한다.

그러나 서로 다르기 때문에 발전하고 진보한다. 그러므로 분쟁을 하되 일정한 규칙을 정하고 건설적인 목표를 함께 이루려는 공통의 의지를 갖고 창조적 분쟁해야 한다. 이런 분쟁을 토론이라고 한다. 토론을 할 경우 즉 분쟁을 할 경우 중요한 것은 상대의 의견에 대해 논쟁해야지, 상대의 인격이나 삶을 분쟁의 대상으로 삼아서는 안된다. 특별히 교회 지도자들은 분쟁해서는 안된다.(딤전3/3) 교회 공동체를 망하게 만들기 때문이다. 주님은 생각이 다른 바리새인들과 분쟁하지 않았다. 그들의 시비를 상대하지 않았다. 무의미한 일이고, 분쟁으로 해결될 일도 아니었기 때문이다. 분쟁을 할 수도 있지만 분쟁의 한계를 깨달아 분쟁을 피하는 것이 지혜이다. 분쟁을 피하는 것은 비겁이 아니라 용기이다.

현대사회에서 분쟁은 필수적이다. 현대인들은 이제 각자가 자기 주장을 확실하게 하는 존재들이기 때문이다. 분쟁을 창조적으로 승화시키는 노력들을 모두가 해야 한다. 분쟁이 아니라 토론을, 토론을 통한 합의를, 합의한 것에 대한 협력을 하는 사회가 성숙한 사회이다.

비합리적인 행동을 하는 인간

인간은 이성적 존재이다. 그래서 합리적인 행동을 한다. 합리적인 행동이란 두 가지 특징을 갖는다. 하나는 자신이 그 행동을 함에 있어서 갈등이 없거나 적어도 행동함에 지장이 적은 것이고, 다른 하나는 남들이 그 행동을 볼 때 수긍을 한다는 것이다. 합리적 행동이란 객관적 행동이다. 대부분의 사람들이 그 상황에서는 그 행동을 하는 일반화된 행동이다. 성경에 등장하는 인물 중에 비합리적인 행동을 한 최초의 인물은 노아이다. 아담, 하와, 가인, 니므롯 등의 행동은 합리적인 행동이었다. 그들의 행동은 충분히 이해가 가는 행동이고, 대부분의 인간도 그 상황에서는 그런 행동을 하게 마련이다. 성경 인물들이 합리적인 행동을 했다는 것은 인간은 합리적인 행동을 하는 이성적 존재라는 의미를 갖고 있다. 그러기에 인간은 합리적인 이해와 행동을 해야 한다. 그러나 반드시 인간은 합리적인 행동만 하는 존재는 아니다. 만약 인간이 반드시 합리적인 행동을 하는 존재라면 그것은 인간이 아니라 기계일 뿐이다.

하나님께서는 인간을 합리적인 존재로 만들었지만 동시에 비합리적인 행동을 하는 존재로 만드셨다. 그렇다면 노아는 어떤 비합리적인 행동을 했는가? 노아가 살던 당시 세상은 크게 타락했다. 하나님께서는 인간을 물로 심판하기로 작정을 했다.

그런데 노아는 당시 의인이라 노아까지 심판할 수는 없었다. 하나님께서는 노아와 그 가족들을 살려 주시기 위해 노아에게 산위 정상에서 배를 만들라고 명령하셨다. 이 명령은 노아에게 비합리적인 명령이었다. 첫째, 배를 만들려면 포구에서 만들어야 한다. 배를 산 위에서 만든다는 것은 대단히 비합리적이다. 둘째, 그 당시 하늘은 맑고 청명했다. 비가 오기도 했지만 물이 산 정상까지 차오르도록 비가 온다는 것은 노아 입장에서 보면 경험상, 이론상 이해할 수 없는 일이었다. 셋째, 단숨에 배를 만드는 것이 아니라 수백 년에 걸쳐 배를 만드는 일이었다. 이 역시 합리적인 행동이 아니다. 인간이 한 가지 일에 오랫동안 집중하는 것은 쉬운 일이 아니기 때문이다. 이러한 비합리적인 일을 노아는 성공적으로 감당했다. 성경에는 기록되지 않았지만 이 일을 함에 있어서 노아는 상당한 갈등을 겪었을 것이다.

합리적인 행동은 갈등이 적거나 없다. 그러나 비합리적인 행동을 할 때 인간은 갈등을 겪게 마련이다. 비합리적인 하나님의 명령을 노아는 순종으로 받아들여 그 일을 감당했다. 그렇다면 노아는 어떻게 그 비합리적인 행동을 할 수가 있었을까? 한마디로 말해 신앙이 있었기 때문에 그런 비합리적인 행동을 할 수가 있었다. 신앙이란 그런 것이다. 신앙을 가진 사람은 하나님의 명령이 합리적이기 때문에 순종하고 비합리적이기 때문에 불순종하는 것이 아니라, 그 명령이 하나님의 명령이기 때문에 순종한다. 그런데 하나님 입장에서 보면 비합리적인 명령은 없다. 하나님께서 노아에게 배를 산위에서 만들라고 명하신 것은 홍수가 나면 물이 산 정상까지 차오르기 때문이고, 오랫동안 배를 만들라고 한 것은 하나님의 말씀에 순종하는 사람들을 더 구원해 주시려고 했기 때문이다. 노아가 배를 만들면서 주변 사람들에게 배를 만들라고 권고한 사실이 이를 증명한다. 하나님께서는 사람들에게 명령을 내리시면서 그 이유를 세세하게 합리적으로 설명해 주시지 않는다. 설명해 주어도 사람들은 믿지 않을 것이고, 설명을 해서 사람들을 납득시킨 후, 행하는 인간의 행동은 신앙에서 나오는 행동이 아니기 때문이다. 그런 의미에서 신앙은 모험이고 결단이다. 가장 가까운 사람들은 일일이 설명하지 않는다. 명령은 하지만 설명은 말이 아닌 마음으로 이미 했기 때문이다. 이심전심이라는 말이 그래서 생긴 것이다.

노아는 성경에 등장하는 인물 중에서 신앙적으로 볼 때 최초의 신앙인이다. 그의 신앙은 비합리적인 명령이라도 하나님께서 내리시면 순종한다는 신앙이다. 그래서 성경은 다음과 같이 말한다. "순종은 제사보다 더 좋은 신앙 행동이다"라고.

사실 신앙생활이란 현대 과학 문명 속에 사는 사람들에게는 비합리적인 행동이다. 앞으로도 더욱 인간은 합리적인 것만 믿으려고 할 것이다. 그래서 일부 사람들은 신앙은 몰락한다고 말하기도 한다. 그러나 삶은 합리적인 것들이 충돌하면서 생기는 비합리적인 형태가 근본을 이룬다. 그런 점에서 신앙은 더 진화하면서 현대인들의 삶에 필수적인 요소가 될 것이다.

사랑하는 인간

인간은 사랑하면서 살아가는 존재이다. 사랑, 특히 이성에 대한 사랑은 삶을 윤택하게 한다. 사랑은 그 자체가 힘이다. 사랑은 고난을 이기게 하는 동력이고, 창조의 원동력이다. 성경 역사에 처음으로 이성에 대한 사랑을 강렬하게 한 사람은 야곱이다. 그 이전에도 여러 부부들 이야기가 있지만 그들에게 감동적인 사랑은 없었다. 야곱이야말로 최초로 사랑다운 사랑을 한 사람이다. 야곱이 외삼촌 라반의 집에서 도피 생활을 할 때, 그는 라반의 딸 라헬을 사랑했다. 그래서 라반에게 라헬과 결혼하게 해 달라고 간청을 했다. 그러자 라반은 7년 동안 부지런히 일하면 라헬을 아내로 주겠다고 말했다. 야곱은 사랑하는 라헬을 부인으로 맞이하기 위해 혼신의 힘을 다해 라반의 집에서 일했다. 7년 후 드디어 야곱은 결혼을 했는데, 다음 날 아침에 보니 그 아내는 라헬의 언니 레아였다. 라반은 큰 딸을 외면하고 작은 딸부터 결혼을 시킬 수가 없어서 야곱을 속인 것이다. 야곱은 라반에게 항의를 했지만 라반은 다시 7년을 더 열심히 일해 주면 틀림없이 라헬을 아내로 주겠다고 약속을 했다. 할 수 없이 야곱은 다시 7년을 더 열심히 일해 결국 라헬을 아내로 맞이했다. 실로 야곱은 14년을 기다려 그가 사랑한 라헬을 아내로 맞이했다. 대단한 사랑이었다. 성경에 등장하는 로맨스가 제법 있다. 삼손과 들릴라, 요셉과 마리아, 다윗과 밧세바, 살몬과 라합, 보아스와 룻 등이 그것이다. 그러나 그 어떤 사랑도 야곱의 사랑을 뛰어 넘을 수가 없다.

그렇다면 야곱의 사랑은 어떤 사랑이었을까? 우선 그의 사랑은 열정적인 사랑이었다. 그는 사랑하는 여자를 아내로 삼기 위해 무려 14년을 기다리면서 열심히 일했다. 열정이 없으면 사랑하는 사람을 얻기 위해 그 긴 세월을 일하지 못한다. 그리고 그의 사랑은 사랑하는 사람과 같은 공간에 있어서 유지가 된 사랑이었다. 사랑은 서로 떨어지면 식게 마련이고 죽게 마련이다. 야곱은 비록 14년이란 고단한 삶을 살았지만, 그 사랑이 식지 않은 것은 사랑하는 라헬과 같은 집에서 함께 살았기 때문이다. 야곱은 매일 매일 사랑하는 여자를 볼 수가 있었다. 함께 결혼해서 살 수는 없었지만 함께 일했고 자주 보면서 살았다. 그러기에 그의 사랑은 식지가 않았다.

또한 야곱의 사랑은 공인된 사랑이었다. 라헬의 아버지 라반은 야곱에게 열심히 일하면 라헬을 아내로 주겠다고 약속했다. 공인된 사랑은 희망이 있는 사랑이다. 그 어떤 사랑도 희망이 없으면 오래 유지되지 못한다. 아울러 야곱의 사랑은 짝사랑이 아니었다. 라헬 역시 야곱을 사랑했다. 라헬은 아버지로부터 야곱과 결혼시키겠다는 말을 들었다. 라헬이 야곱을 사랑한 증거는 많다. 라헬은 결혼 후, 야곱이 언니 레아에게 강한 질투심을 느꼈고, 나중에 아버지를 배신하고 도망가는 남편을 따라갈 때, 아버지가 귀하게 여기는 부적을 남편을 위해 훔쳐 함께 도주한 것을 보아 이를 확인할 수가 있다. 짝사랑은 아름다울 수는 있어도 결실을 맺지 못한다는 점에서 참된 사랑은 못 된다. 야곱의 사랑은 짝사랑이 아니었다. 야곱의 사랑은 열매가 있는 사랑이었다. 야곱은 사랑 때문에 숱한 고난을 이길 수가 있었고, 요셉이라는 걸출한 아들을 얻을 수 있었다. 사랑은 감정으로 시작되지만 좋은 열매를 맺음으로 완성된다.

야곱의 사랑은 열매가 있었다. 많은 사람들이 사랑을 하지만 열매를 맺지 못한다. 열매를 맺으려면 인내하는 자세가 필요하다. 야곱은 라헬과 결혼한 후에, 라헬과 상당한 갈등을 겪었다. 그들 둘은 부부싸움도 많이 했다. 그러나 야곱은 끝까지 인내했다. 그리고 좋은 결실을 맺었다. 바울은 진정한 사랑의 속성을 말할 때, 인내를 제일 강조했다. 사랑은 오래 참는 것이라고 사랑의 화두를 시작하면서, 마지막에 사랑은 모든 것을 참으며 모든 것을 견디는 것이라고 했다. 그러기에 참된 사랑은 감정으로 시작되지만 이성으로 열매를 맺는 것이다. 진정한 사랑은 뜨거운 감정에서 시작되고 차가운 이성에서 마무리 된다. 흔히 사람들은 이성간의 사랑은 느낌이 중요하다고 말한다. 시작할 때는 그렇다. 그러나 사랑의 열매는 날카로운 이성에 의해서 얻어진다. 오래 참고, 모든 것을 견디는 것은 감정이 하는 것이 아니라 이성이 하는 것이다. 야곱의 사랑이 그것을 말해준다. 야곱은 그 일생에 있어서 많은 허물이 있음에도 불구하고 두 가지 잘한 것이 있다. 하나는 라헬을 사랑한 것이고, 다른 하나는 위기가 주어졌을 때, 기도로 그 위기를 극복한 것이다. 우리가 야곱을 사랑하는 이유가 거기에 있고, 어쩌면 하나님께서 에서보다 야곱을 선택한 이유도 거기에 있었을 것이다. 사랑과 기도, 이것이 풍성한 삶을 사는 동력이다.

살인하는 인간

　에덴동산 밖에서 저질러진 인간 최초의 죄는 살인이었다. 그것도 형이 동생을 죽이는 살인이었다. 에덴의 동쪽은 살인의 땅이었다. 형이 동생을 죽였다는 이 사건은 살인이야 말로 인간 행위 중에 가장 보편적인 행위라는 것을 의미한다. 살인은 특별한 사건이 아니다. 이는 슬픈 일이다. 성경을 보면 다양한 형태의 살인들이 있었다. 아들이 아버지를 죽이는 살인부터 신하가 왕을 죽이는 살인, 어린아이들을 죽이는 살인 등 실로 다양하다. 인간은 왜 살인 하는가? 그 동기도 다양하다. 분노, 시기, 다툼, 야심, 복수, 억울함을 풀기 위해, 정권을 탈취하기 위해, 반란을 예방하기 위해, 심지어는 예언을 성취하기 위해 살인이 저질러졌다. 살인이란 사람을 죽이는 행위지만 성경은 그 정의를 다양하게 내렸다. 폭력도 살인이고, 심지어 주님은 형제를 미워하는 것도 살인이라고 가르쳤다. 살인은 상대의 생명을 끊어 버리는 행위이기에 가장 큰 범죄이다. 그래서 구약의 율법은 살인자는 반드시 죽이라고 명령한다. 물론 살인의 동기에 대한 사전 검증이 있어야 한다. 고의성이 있는 살인은 반드시 처벌했지만 우발적으로 또는 실수로, 또는 그 동기가 윤리적으로, 사회적으로 인정을 받을 수 있는 경우에는 도피성 제도를 만들어 살인자의 인권과 그 억울함을 신원할 수 있도록 했다. 도피성이란 고의가 아닌 살인자를 구제하기 위해 요단강 동편에 3, 서편에 3을 세워 살인자가 일단 성 안으로 들어서면, 누구도 일방적으로 살인자에게 주어지는 살인의 형벌을 받지 않고, 공정한 재판을 받아 누명을 벗을 수 있는 인간 존중의 제도를 말한다. 역설적으로 이 제도는 살인이 얼마나 일상화 되었는지를 증명하는 제도이기도 하다.

전쟁에서의 살인은 허락되었다. 그러나 전쟁은 두 가지 측면에서 그 정당성을 가져야 한다. 하나는 자위권으로서의 전쟁, 즉 방어적 전쟁이고, 다른 하나는 하나님을 위한 전쟁 즉 성전이다. 전자는 생존을 위한 전쟁이고 후자는 하나님의 정의를 성취하기 위한 전쟁이다. 그러나 성경은 전쟁 그 자체에 대해서는 부정적이었다. 전쟁을 하기 전에 그 정당성에 대해 충분히 논의를 했고, 예언자에게 전쟁 여부를 왕이 자문을 받았다. 전쟁의 필요성을 인정했지만 전쟁 보다는 평화를 더 강조했다. 다윗의 예를 보면 일을 알 수가 있다. 다윗은 제국을 건설하기 위해 많은 전쟁을 했고 승리했다. 그의 전쟁은 국민들을 보호하고, 그가 다스리는 국가를 튼튼히 세우려는 목표를 이루기 위해 치른 전쟁이다. 충분히 정당성을 갖는 전쟁이었다. 그러나 그가 성전을 건축하려고 할 때, 하나님께서는 그에 의해서 성전이 건축되는 것을 막았다. 전쟁을 통해 피를 많이 흘렸기 때문이다. 성전은 평화를 사랑하는 사람에 의해서 지어져야 한다는 것을 하나님께서는 강조하셨다.

결국 성전은 솔로몬이 지었다. 솔로몬이라는 뜻은 평화라는 뜻이다. 원칙적으로 살인은 금지된 행위이다. 그래서 십계명에도 살인하지 말라고 가르치신 것이다. 제3의 신학자라고 부르는 러시아의 문호 도스토예프스키는 이 계명을 아주 중요하게 다루었다. 그의 소설 죄와 벌은 소위 초인주의에 근거한 철학적 사색의 결과로서의 살인도 분명 죄라고 강조하는 작품이다. 주인공 라스꼬니니코프는 니체의 철학, 즉 초인주의 사상에 심취해 있는 사람이었다. 초인주의란 복잡하지만 아주 간단하게 설명한다면 초인은 어떤 행동을 해도 죄가 되지 않는다는 사상이다. 물론 초인이란 보통 사람과는 다른 사람이다. 더 큰 선을 위해 작은 선은 희생되어도 좋다는 신념을 가진 사람이다. 목표가 정당하면 어떤 수단을 사용해도 좋다는 생각을 지닌 사람이다. 그는 이런 사상에 근거해서 사회에 무용지물이고 해악을 끼치는 잔인한 전당포 노파를 죽인다. 그는 이런 사람들은 이 세상에 없어져야 이 세상은 살기 좋은 세상이 된다는 생각으로 살인을 저질렀다. 이를 철학적 살인이라고 부른다. 그러나 그 청년은 살인 이후에 양심의 가책을 받게 되고, 소냐라는 여인을 만나면서 자신의 생각이 잘못되었다는 것을 깨닫게 된다. 이 소설은 결국 그 누구도, 그 어떤 명분으로도 자의적으로 살인을 해서는 안된다는 것을 강조하는 소설이다.

생명은 하나님께서 주신 것이다. 인간은 하나님께서 허락하지 않은 한 살인해서는 안된다. 살인은 하나님에 대한 최고의 교만이다. 살인이 일상화 된 이 살인의 땅에서 평화를 심는 것이 바로 우리 그리스도인의 사명이다.

새 출발을 하는 인간

　인간은 그 목표를 이루는 과정에서 특별한 상황에 처하게 되면 새 출발을 하는 존재이다. 성경을 보면 이를 알 수가 있다. 우선 아담을 보자. 그는 범죄한 후 에덴동산에서 추방 되면서 동쪽으로 떠나 새 출발을 했다. 아담의 새 출발은 인간 실존의 모습을 압축해서 표현한 사실적이면서도 상징적인 행동이다. 아브라함도 자식을 얻기 위해 고향을 떠나 가나안 땅으로 떠나는 새 출발을 했다. 이스마엘도 그의 이복동생 이삭과의 갈등을 해결하기 위해 아버지 아브라함의 집을 떠나 새 출발을 했다. 모세도 호렙산을 떠나 동족을 구원하기 위해 애굽으로 새 출발을 했다. 베드로는 어떤가? 그 역시 삶의 터전이었던 갈릴리호수를 떠나 주님을 따라 새 출발을 했다. 제자들은 모두 새 출발을 한 사람들이다. 바울 역시 새 출발을 한 사람이다. 유대교 신자로서 많은 잘못을 범한 그는 기독교로 개종을 하면서 새 출발을 했다.

　그렇다면 성경에 등장하는 새 출발은 어떤 특징이 있는가? 첫째, 새 출발은 과거와의 단절을 의미했다. 새 출발은 과거를 청산하는 극명한 행동이다. 과거를 가지고는 새 출발을 할 수 없고, 새 출발이라고 부를 수도 없다. 둘째, 새 출발은 새로운 목표를 향해 떠나는 행동이다. 같은 목표를 지니고는 새 출발을 할 수가 없다. 새 출발이란 새 목표를 갖는 것이다. 성경에 등장하는 새 출발은 모두 새로운 목표를 갖고 떠나는 새로운 행동이었다. 셋째, 새 출발은 하나님에 의해서 이루어진다. 새 출발을 하는 행동은 인간이 하지만 새 출발을 하는 상황을 만들어 주시거나, 새 출발을 명령하는 분은 하나님이시다. 그래야 새 출발은 성공한다. 인간은 자신의 의지나 결단에 의해서 새 출발을 할 수가 있으나 그런 새 출발은 실패한다. 인간이 새 출발을 한다는 것은 하나님의 축복을 받았다는 증거이다. 모든 인간이 새 출발을 하는 것은 아니다. 새 출발은 하나님의 사랑이 있어야 가능하다.

　그런데 우리가 분명하게 알아야 할 것이 있다. 새 출발은 한다고 해서 반드시 성공하는 것이 아니라는 것이다. 성경에 보면 새 출발은 했는데 실패한 사람들이 있다. 롯의 아내를 예로 들어보자. 그녀는 하나님의 은혜 속에 소돔 고모라를 탈출하여 새 출발을 할 수 있었다. 그러나 그녀는 뒤를 돌아보지 말라는 하나님의 명령을 거역하여 뒤를 돌아 보았다. 그 결과 그녀는 죽었고 소금 기둥이 되어 버렸다. 뒤를 돌아보는 행동은 과거에 집착한다는 뜻이고, 과거에 미련을 둔다는 뜻이다. 과거란 참으로 묘한 것이다. 인간의 과거는 불행한 것만 있는 것은 아니다. 좋은 시절도 있었다. 그러기에 과거를 청산한다는 것은 어려운 일이고, 그 결과 자주 과거를 뒤돌아보게 된다. 새 출발이란 불확실성에 대한 결단이요 행동이기에 새 출발 그 자체에는 많은 갈등과 실제적인 어려움이 따른다. 새 출발을 결단하는 것은 낭만이지만 그 행동은 고난과 역경의 연속이다. 새 출발을 한 사람들이 그래서 과거에 대한 연민을 극복하기가 어려운 것이다. 다시 가룟 유다의 예를 들어보자. 유다는 새 출발을 한 사람이다. 주님의 제자가 되었기 때문이다. 그러나 그의 새 출발은 결국 실패했다. 주님을 배신해서 자결했다. 왜 유다는 실패했는가? 그 목표가 바로 되지 못했거나 그 목표가 변질되었기 때문이다. 유다가 새 출발을 했을 때, 그 목표는 주님과 함께 사역해서 인간을 구원하는 것이라야 했다. 그러나 유다의 목표는 인간을 구원하려는 것이 아니라 주님의 힘을 빌려 인간을 지배하려는 것이었다. 다른 제자들도 사실상 마찬가지였다. 그러나 다른 제자들은 시간이 지날수록 주님의 교화로 바른 목표, 즉 인간 구원을 그 목표로 삼게 되는 변화의 과정을 거치게 되지만, 유다는 끝까지 세속적인 목표를 지니게 되면서 결국에는 주님을 팔아넘기는 극단적인 행동을 하게 되어 실패한 인생이 되고 말았다. 성경에서 말하는 새 출발은 남에게 유익을 주고 하나님을 기쁘시게 하는 목표를 정해 그 목표를 이루기 위해 행동하는 것을 뜻한다.

　새로운 상황은 새 출발의 기회이다. 이 기회를 잡아야 한다. 인간은 일생을 사는 동안 3번 정도는 새 출발을 할 수 있는 기회를 얻는다. 하나님께서는 믿는 자들을 절대 버리지 않으신다. 새 출발을 할 수 있는 기회를 주심으로 그 사랑을 증명하신다. 실패한 자들은 새 출발을 통해 더 큰 성공을 할 수가 있다. 실패를 통해 하나를 잃으면 새 출발을 통해 열을 얻을 수 있다. 이 세상에서 가장 어리석은 사람은 새 출발의 기회를 잃어버리는 것이다.

새로워지는 인간

　인간은 새 출발 할 수도 있고 새로워질 수도 있다. 그러나 그 의미는 다르다. 새 출발은 실패 후에 다시 시작하는 것이고 새로워지는 것은 그 삶이 변화된다는 뜻이다. 새 출발도 좋지만 새로워지는 것은 더 좋다. 성경을 보면 새 출발 하는 사람들은 제법 있으나, 새로워지는 사람은 드물다. 바울은 새로워진 사람이다. 새로워진다는 뜻에는 3가지 변화가 필수적으로 있어야 한다. 목표의 변화, 성격의 변화, 태도의 변화가 그것이다. 바울은 그리스도를 믿기 전에도 목표를 아주 분명히 갖고 있었다. 그는 유대교 신자로서 그리스도를 믿는 자를 용납할 수가 없었다. 그래서 예루살렘 교회의 스데반 집사를 죽이는데 참가하여 사람들을 선동하는 일을 했고 그 일을 보다 충실히, 과감하게 하기 위해 다메섹으로 가기도 했다. 그러나 그가 그리스도를 만난 후, 그의 삶의 목표는 달라졌다. 그는 그리스도를 핍박하던 사람이었지만 이제는 그리스도를 전하는 사람으로 변화되었다. 바울은 성격이 급하고 다른 사람의 실수를 관대하게 수용 못하는 옹졸한 사람이었다. 교만하고 고집이 강한 성격을 지닌 사람이었다. 이런 그의 성격은 그리스도를 믿고 난 후에도 달라지지 않았다. 믿음은 능력이지만 자신의 성격을 고치기까지는 상당한 시일이 필요했다. 그가 일생의 은인인 바나바와 다투고 실수한 마가라는 청년을 쉽게 받아들이지 못한 원인도 여기에 있었다.

그러나 신앙이 깊어지면서 그는 이 부분에서도 변했다. 관용의 사람이 되었고 온유하고 겸손한 사람이 되었다. 마가를 대하는 태도나 고린도교회 교인들을 대하는 태도를 보면 이를 알 수가 있다. 급한 성격도 많이 다듬어져 기다릴 줄 아는 사람이 되었다. 그가 고린도전서 13장에 쓴 사랑에 대한 가르침을 보면 그가 얼마나 변했는지를 알 수가 있다. 그는 자신의 성격에 문제가 있다는 것을 알고 이를 수정하려는 노력을 많이 했다. 그래서 이름을 개명하기도 했다. 본래의 이름은 사울이었는데 이는 '큰 자'라는 뜻이다. 교만과 독선, 자기자랑으로 가득 찬 이름이다. 그는 사울이라는 이름을 버리고 바울이라고 개명했다. '작은 자'라는 뜻이다. 성격의 변화가 잘 드러나 있다. 바울은 사람에 대한 태도도 변했다. 그는 지금까지 사람에 대해 그의 지식, 신분, 도덕성을 근거로 평가했다. 그래서 로마의 시민권을 가진 자신을 내세웠고 가말리엘 문하에서 배운 것을 자랑했다. 자신이 율법주의자임을 내세우면서 자신의 도덕성을 부각시켰다.

그러나 그가 그리스도를 통해 변화된 이후에는 그런 모든 것을 배설물로 여겨 다 버렸다. 그는 이제 그런 것을 중심으로 사람을 평가하지 않고 모든 사람을 평등하게 보았으며 모든 사람, 죄인도 잘 대해 주었다. 인간을 평가하는 것이 아니라 인간을 존중해 주는 태도를 지니게 된 것이다.

그는 그리스도를 믿고 난 후, 삶에 대한 태도가 진지해졌다. 주어진 일, 즉 복음을 전하는 일을 함에 있어서 일관성을 가졌고 성실하게 그 일을 감당했다. 비록 고난이 주어졌을지라도 그 일을 중도에 포기하지 않았다. 자신의 일, 자신의 사명, 자신을 돕는 자들에 대한 태도가 진지했다. 이처럼 바울은 그리스도 안에서 새로워진 사람이었다.

인간이 새로워지는데 방해가 되는 것들이 있다. 그 중에 가장 핵심적인 것이 이기적인 마음이다. 이기심이란 인간 본성이다. 진화론자들은 이 이기심이 그 축이 되어 인간은 진화한다는 주장을 한다. "이기적 유전자"라는 글을 쓴 도킨스가 그 대표격이다. 인간은 이기심 때문에 진화하기도 하지만 퇴화하기도 한다. 인간 본성인 이기심을 어떻게 관리하느냐가 중요하다. 잘 관리하면 인간은 좋은 쪽으로 변화된 사람이 될 수가 있다. 이기심을 관리하는 가장 중요한 핵심은 서로 공존하려는데 있다. 자신을 죽이는 이기심도, 남을 죽이는 이기심도 문제가 된다. 서로 함께 살려고 하는 이기심이야말로 인간을 변화시키는 이기심이다. 문제는 무엇이 우선 되어야 하느냐에 있다. 일단 자신을 위한 이기심을 절제하고 남에게 유익이 돌아가도록 하는 것이 중요하다. 그 다음에 자신을 위한 이기심을 발휘해야 한다. 남이 먼저고 그 다음 나를 생각해야 한다. 그러나 이 일은 대단히 어렵다. 그래서 새출발하는 사람들은 있어도 새로워지는 사람은 드문 것이다. 인간은 새로워질 수 있다.

성경은 날로 새로워지는 사람을 성화로 가는 사람이라고 말한다. 새출발은 한순간 이루어지지만 새로워지는 것은 죽을 때까지 해야 하는 일이다.

서로 다른 인간

인간은 서로 다르다. 인간이라는 칭호는 모든 인간에게 주어지는 보통 명사지만 사실상 인간은 모두 다른 존재이다. 그래서 천상천하 유아독 존이라는 용어가 생겨났다. 일반적으로 쌍둥이는 서로 가장 가까운 존 재지만 이 역시 다르다. 성경을 보면 이 사실을 극명하게 알 수 있다. 에 서와 야곱은 쌍둥이다. 그러나 그 성격이나 가치관은 완전히 달랐다. 가인과 아벨은 인류 최초의 형제이다. 그럼에도 불구하고 서로 다른 삶 을 살았다. 저들이 하나님께 제사를 드렸지만 그 방법이 서로 달랐다. 이 는 그들의 생각이나 삶의 양식이 달랐기 때문이다. 이처럼 인간은 같은 인간이면서도 서로 다르다. 이런 현상을 설명할 때 흔히 쓰는 말이 있다. 문화라는 말이 그것이다.

문화라는 단어는 매우 포괄적인 의미를 지니고 있다. 일반적으로 문화 란 삶의 양식을 총체적으로 표현할 때 사용한다. 문화는 일종의 정신적 가치 체계이다. 문화는 이 정신에 근거한 행동이고, 시대성과 다양성, 고 유성을 갖는다. 문화가 다르면 행동이 다르다. 문화는 집단적인 성격도 갖는다. 그러므로 같은 인간이지만 나라, 민족이 다르면 그 생각이나 행동도 다르게 마련이다.

오늘날 우리 사회가 다문화 사회라고 부르는 이유는 이제 세계화, 국제화가 된 세상에서 모든 인간들이 살기 때문이고 이런 추세는 더욱 가속화될 것이다. 야곱에게는 아들이 12명이나 되었지만 각기 서로 다른 성격과 가치관을 가지고 살았다. 그래서 야곱은 자녀들 때문에 상당한 곤욕을 치른 것이다. 예수님에 대한 기록도 사람에 따라 서로 달랐다. 마태, 마가, 누가, 요한은 모두 주님에 대해 기록을 해 놓았지만 그 내용들이 다르다. 이는 그들이 같은 인간으로서 같은 예수님을 기록했지만, 그 보는 각도나 해석이 다르기 때문에 이런 현상들이 생겨났다. 마태는 주님을 왕으로, 누가는 주님을 인간으로, 마가는 주님을 종으로, 요한은 주님을 하나님으로 보았다. 이는 목적이 같아도 가는 길이 다를 수 있다는 것을 보여 주는 예가 될 것이다.

인간은 같지만 다르다. 그렇다면 왜 인간은 서로 다른 존재가 되는가? 미국의 인류학자 크로버는 인간 문화를 구성하는 요소에는 164가지 요소가 있다고 주장했다. 그 중에는 습득된 행동, 마음속의 관념, 논리적 구성, 통계적으로 만들어진 것, 심리적인 방어기제 등이 있다. 문화가 표면적으로 드러나 인간이 서로 다른 존재임을 증명하는 일들 중에 흔히 이용되는 것들 중에는 성, 결혼, 옷, 언어, 종교, 음식, 예술, 풍습, 이해관계 등이 있고 최근에는 몸에 대한 문화적 의식도 중요한 의미를 갖게 되었다. 분명 인간은 서로 다른 존재이다. 이 사실을 외면하면 갈등은 증폭된다. 흔히 인간들의 갈등은 문화의 충돌에서 생겨난다. 생각이 다르고,

해석이 다르면 이를 인정하지 않는 한 충돌은 불가피하다. 미래 학자들은 초기에 석유, 식량, 물 등 자원의 고갈로 인해 인류가 망한다고 주장했지만, 이제는 공해로 인해 망한다고 주장하고 있다. 앞으로는 그 문화의 충돌로 인해 인류는 공멸한다고 주장하는 학자들이 생겨날 것이다.

오늘날 국가가 국민들의 사생활을 보호하고, 가능한 한 간섭하지 않으려고 하며, 다문화 사회에서 서로 공존하는 길을 모색하는 이유는 인간은 서로 다른 존재임을 인정하고, 문화의 충돌을 막으려고 하기 때문이다. 유대인들이 그토록 주님을 이해하지 못한 이유 중 하나는 유대인들의 문화와 주님의 문화가 서로 달랐고, 유대인들이 주님의 문화 의식을 이해하지 못했기 때문이다. 당시 유대인들은 기존의 문화를 절대화하고 그 문화를 지키려고 한 반면, 주님은 유대인들의 문화가 하나님 말씀에 근거해 볼 때 잘못되었다고 생각해서 새 문화를 창조하려는 시도를 했기 때문이다.

이제 인간들은 서로 다른 존재임을 인정해야 한다. 자신의 삶의 방식을 절대화해서 남을 비판하는 일에 대해 신중해야 한다. 남에게 피해를 주지 않는 한 인간은 각자 자기 방식대로 살아갈 수밖에 없다. 문제는 그 한계를 어떻게 정하느냐에 있다. 우리는 이 한계를 말씀으로 정해야 한다. 말씀은 제 아무리 문화가 서로 다르다 해도 우리 그리스도인들이 지켜야 할 규범이기 때문이다.

결국 참신앙의 기준은 의식과 행동을 지배하는 원칙, 삶의 목표와 그 목표를 이루는 방법이 성경에 근거했는지 그 여부에 달려 있다. 신앙은 단순히 생각이나 행동에 근거한 것이 아니라, 말씀에 근거해서 생각하고 행동하는 삶의 양식이다.

선동하는 인간

선동이란 어떤 나쁜 목적을 가지고 다른 사람을 충동질하여 그로 하여금 의도된 행동을 하게 함으로 자신에게 유익이 돌아오게 하는 것을 뜻한다. 선동의 원조는 사탄이다. 사탄은 에덴동산에서 행복하게 사는 아담을 선동하여 죄를 범하게 함으로 인간이 하나님을 배신하도록 하였다. 선동과 유혹은 같은 면도 있지만 서로 다르다. 남을 넘어지게 하여 자신의 이익을 추구한다는 점과 의도된 행동을 유발하게 한다는 점에서는 같은 의미를 지닌다. 그러나 유혹은 직접적이지만 선동은 간접적이다. 유혹은 구체적으로 드러나는 경우가 많지만 선동은 감추어지는 경우가 많다. 즉 유혹을 당하는 사람은 자신이 유혹을 당하고 있다는 것을 대부분 알 수가 있지만, 선동을 당하는 사람은 자신이 선동을 당하고 있다는 것을 초기에는 잘 알 수가 없다는 것이다. 또한 유혹은 개인적이지만 선동은 집단적이다. 개인은 개인을 유혹한다. 그러나 선동은 다르다. 개인이 집단을 선동할 수 있다. 그러기에 유혹보다는 선동이 무섭다. 유혹은 개인을 무너지게 하지만 선동은 집단을 무너지게 한다. 혁명이나 개혁은 집단적으로 생기는 선동의 결과이다. 유혹은 개인적인 매력에서 시작되지만 선동은 합리적이고 체계적인 이론에 의해서 이루어진다. 이 이론을 이데올로기라고 하고, 인간은 이데올로기에 의해 또 다른 사람들을 선동한다. 즉 유혹에는 체계적 이론이 없지만 선동에는 이론이 있다는 것이다. 사탄이 아담을 선동할 때의 이론은 선악과를 먹으면 하나님처럼 된다는 것이다. 그러기에 모든 선동은 이기심에 호소한다. 인간은 이기적 존재이고 이기적 존재이기에 선동에 잘 넘어간다.

성경에 보면 선동하는 자들이 많이 있었다. 모세가 광야에서 그의 백성들을 지도할 때 고라는 이스라엘 백성들을 선동하여 반역을 저질렀다. 제사장들과 장로들은 무지한 이스라엘 백성들을 선동하여 주님을 십자가에서 죽게 했다. 르호보암 때, 당시 젊은 지도자들은 왕을 선동하여 백성들을 억압하는 정치를 하게 했다.

그렇다면 인간은 무엇으로 인간을 선동하는가? 인간은 일차적으로 상대의 이기심을 이용한다. 이기심은 본성이기에 여기에 자극을 주면 인간을 격렬하게 움직인다. 인간 이기심에 자극을 주는 방법은 다양하다. 가장 일반적으로 사용하는 방법이 감정에 호소하는 것이다. 안토니우스는 로마 시민들을 선동하기 위해 율리우스 시저의 암살 당시에 입었던 피 묻은 옷을 로마 시민들에게 보여 주었다. 피 묻은 옷을 본 로마 시민들은 결국 안토니우스의 선동에 빠져 시저 암살범들을 죽였고 안토니우스는 정권을 잡았다. 제사장과 장로들이 백성들을 선동할 때, 그들은 주님이 성전을 파괴하고 하나님을 모독한다고 선동했다. 이 선동에 빠진 백성들은 이성을 잃고 주님을 처형하라고 아우성을 치게 됐다. 선동을 할 때, 단순히 감정에만 호소하는 것은 아니다. 인간이 지닌 이성에도 호소를 한다. 이 경우 흔히 사용하는 이론이 정의이다. 즉 정의에 호소를 한다는 것이다. 인간은 정의를 숭상한다. 스스로는 정의롭게 행동하지 못하면서도 남이 정의를 내세우면 그 속에 함몰되기 쉬운 것이 인간이다. 내가 정의롭지 못하니까 남이 제안한 정의에 참여함으로 자신을 정의로운 사람이라고 착각하게 만들려는 경향이 인간에게는 있다. 정의는 감정 이전에 이성적 판단에 의해서 인식된다. 이성적 판단에 감성적 열정이 첨가되면 인간은 폭발적인 행동을 하게 된다. 그리고 그 이성은 사라지고 감성만 남게 됨으로 잔인한 폭력을 동반한 행동이 나오게 된다.

인간은 선동하는 존재이고 선동 당하는 존재이다. 인간이 선동을 당하지 않으려면 상당한 경각심을 지녀야 한다. 우선 판단을 신중히 해야 한다. 신중한 판단이란 다양한 여러 자료를 근거로 해서 판단하는 것이다. 그러기 위해서는 시간이 필요하다. 판단의 근거가 되는 자료를 수집하는 데도 시간이 필요하고 해석하는데도 시간이 필요하다. 그 다음 정의에 대한 바른 판단도 해야 한다. 정의는 복잡한 개념이다. 인간은 정의를 내세워 불의를 행할 수 있는 존재이다. 정의는 복합적이고 상황적이다. 무엇이 정의냐를 결정한다는 것은 쉽지가 않다. 그리고 정의는 사랑을 능가할 수 없다. 정의는 사랑을 실현하기 위한 도구이다. 누구에게 이익이 돌아가느냐를 깊이 생각해 보아야 한다. 인간은 이기심을 이용하여 남을 선동하지만, 결국 이익은 선동당한 사람에게 돌아가기 보다는 선동한 사람에게 돌아가는 경우가 많다. 즉 대부분의 사람들은 이용만 당하는 경우가 있다는 것이다.

선을 행하는 인간

인간은 천의 얼굴을 가진 존재이다. 아침의 얼굴과 밤의 얼굴이 다르고, 앞에서의 얼굴과 뒤에서의 얼굴이 다르다. 이익이 주어졌을 때의 얼굴과 손해를 보았을 때의 얼굴이 다르다. 그래서 영국의 소설가 스티븐슨은 지킬 박사와 하이드라는 유명한 소설을 썼다. 낮에는 지킬 박사가 되어 선을 행하고, 밤에는 하이드가 되어서 악을 행하는 인간의 이중성을 그 주제로 삼은 소설이다. 분명 인간은 이중적 존재이다. 악을 행하는 자이면서 동시에 선을 행하는 자이다.

김동인은 이러한 인간의 이중성을 그의 소설 붉은 산이라는 작품에서 아주 세밀하게 표현했다. 이 소설의 주인공은 삵이라는 불량배이다. 일제 강점기 만주 벌판에서 고생하며 사는 동포들을 괴롭히며 사는 사람이다. 그런데 동포 중 한 사람이 악질 중국인을 만나 억울하게 죽었지만, 동포들이 이를 외면하고 제 살길만 찾는 모습을 보고 의분이 생겨 악과 싸우는 내용을 그 줄거리로 하고 있다. 악인이 악과 싸운다는 일종의 부조리지만 공감이 가는 소설이다. 만약 인간이 악행만 하는 존재라면 세상은 지금까지 존재하지 못했을 것이다. 인간은 악을 행하면서도 때로는 선을 행하는 존재이기 때문에 이 세상은 발전해 온 것이다. 창세기를 보면 인간은 분명 악한 존재이다. 가인의 살인 사건이나 라멕의 자기도취형 노래를 들어보면 이 사실을 알 수가 있다. 그러나 창세기를 읽어내려 가다보면 노아가 등장하면서 선한 인간도 존재하고 있다는 것을 알 수가 있고, 이런 전통은 아브라함에게 와서 보다 극명하게 나타난다. 아브라함은 친척을 버리고 가나안 땅으로 떠나라는 하나님의 명령에 불복하면서 어린조카 롯을 데리고 떠났다. 물론 하나님께서는 롯은 그냥 고향에 남아도 다른 친척들의 보살핌으로 얼마든지 살수 있다고 하셨지만, 아브라함은 조카를 불쌍히 여기는 마음이 있었기에 그를 데리고 떠난 것이다. 아브라함의 일생을 보면 그가 당한 고통은 세 가지였다. 아들 문제, 하갈 문제, 그리고 조카 문제가 그것이다. 만약 아브라함이 어린 조카를 돌보지 않았다면 그는 평생을 좀 더 편하게 살았을 것이다. 아브라함은 선을 행하는 인간의 모습을 분명하게 보여주는 인간상이다.

그런데 선의 상대는 3가지이다. 첫째는 자기에게 선을 베푸는 것이다. 자기를 위한다는 것이 반드시 나쁜 것은 아니다. 사실상 인간이 선을 행하려면 능력이 있어야 하고, 그 능력을 갖기 위해서는 자신이 힘이 있는 존재가 되어야 하며, 그러기 위해서 자신에게 이기적일 수밖에 없다. 아브라함은 자기 자신을 위해 하나님의 명령에 순종했다. 그 다음은 타인이다. 인간은 타인에게 선을 베풀어야 한다. 아브라함은 추방당하는 아들과 첩에게 선을 베풀었고 조카에게 부유한 땅을 양보했으며, 전리품을 생면부지인 대제사장 아비멜렉에게 무려 십분의 일을 제공했다. 이것이 십일조의 시작이다. 십일조는 선을 행하기 위해 드리는 물질이다. 제사장들과 가난한 사람들을 돕기 위해 드리는 물질인 것이다. 마지막으로 선의 대상은 하나님이시다. 아브라함은 하나님을 위해서 100세에 얻은 아들, 이삭을 번제로 드렸다. 선이란 상대가 원하는 좋은 것을 해 주는 것이다. 아브라함은 하나님이 원하는 것을 해 드렸다. 그런데 아브라함의 선은 그 근원이 하나님에 대한 믿음이다. 이 믿음이 없었으면 그는 선을 행할 수가 없었을 것이다. 믿음과 선행은 정비례한다. 아브라함은 그 믿음이 성장할수록 선을 더 많이 행했다. 그래서 야고보는 행함이 없는 믿음은 죽은 믿음이라고 한 것이다. 인간은 비록 악을 행하는 존재지만 때로는 선을 행하는 존재이다. 그러기에 우리는 죄는 미워해도 사람은 미워해서는 안된다. 죄인에도 인권이 있다는 말은 그래서 생긴 것이다.

인간은 선을 행하는 존재이다. 그러기 위해서 우리가 알아야 할 것들이 있다. 인간은 왜 선을 행해야 하는가? 과연 무엇이 선인가? 어떻게 그 선을 행할 것인가? 선을 행하는 데 걸림돌이 되는 것은 무엇인가? 선을 행할 때 주어지는 보상은 무엇인가? 선을 행하다가 불이익을 당했을 때, 어떻게 할 것인가? 등에 대한 깊은 성찰이 있어야 한다. 사실상 선을 행하기는 어렵고 지속적으로 선을 행하기는 더욱 어렵다. 선을 행하다가 불이익을 당하는 경우도 많다. 그러나 분명한 것은 있다. 인간은 선을 행할 때 인간이 되는 것이며, 인간이 선을 행할 때 역사는 진보하는 것이고, 인간의 선은 하나님에 대한 믿음이 있을 때 참된 동력을 얻는다는 것이다.

성령 충만한 사람

　성령 충만은 우리 기독교인들의 간절한 소원이다. 이 용어를 문자적으로 해석하면 '성령이 가득하다'라는 뜻이다. 성령은 하나님의 영, 그리스도의 영이다. 삼위일체라는 신비한 교리를 적용해서 해석한다면 성부 하나님, 성자 하나님처럼 성령 하나님이라고 불리운다. 즉 성령은 하나님이시다. 흔히 성부 하나님은 창조를, 성자 하나님은 구원을, 성령 하나님은 그리스도인들을 보호하고 인도하시며 성화시키는 역할을 주로 한다고 주장하는 학자들도 있다. 주님은 제자들에게 승천 후, 성령을 보내주시겠다고 약속하시면서 예루살렘을 떠나지 말라고 부탁하셨다. 제자들은 주님의 가르침에 순종하여 마가 다락방에 모여 기도하면서 성령의 임재를 사모하였고, 결국 그들은 성령을 영접했다. 성령이 충만하다는 것은 모든 일에 성령의 인도하심을 따라 살아간다는 뜻이다.

　성령 충만한 사람은 다음 세 가지를 갖는다. 첫째는 능력이다. 성령이 충만하면 하나님의 능력을 체험하고 소유할 수 있다. 성령의 능력은 인간이 소유할 수 있는 가장 강력한 힘이다. 이 세상에서 가장 어려운 것은 인간의 마음을 변화시키는 것이다. 이 일은 지식이나 경험에 근거한 설득, 협박, 협상 등으로 되지 않는 경우가 많다. 인간을 변화시키는 힘은 성령에 의해 가능하다. 그래서 주님은 인간에게 복음을 전해 그들의 삶을 변화시키는 선교를 위해서는 성령의 권능을 받아야 한다고 강조하신 것이다. 제자들은 무식하고 당시 사회에서 소외된 사람들이었다. 그러나 그들은 복음을 전하여 세계를 변화시켰다. 이것은 그들이 성령의 능력을 힘입었기 때문에 가능했다. 주님께서 성령을 받으면 권능을 얻어 전 세계에 복음을 증거할 수 있다고 말씀하신 이유가 여기에 있다.

성령은 은사와 관계가 있다. 은사란 교회를 섬기는 특별한 재주, 기술 등을 의미한다. 성령의 능력은 복음과 관계가 있고 성령의 은사는 교회를 섬기는 것과 관계되어 있다. 교회는 주님이 세우신 영적 공동체요, 주님이 하시는 일을 계승하여 그 일을 하는 사역공동체이다. 그러므로 교인들은 교회를 섬겨야 한다. 교회는 다양성이 있다. 그 하는 일도 다양하고 모이는 사람들도 다양하다. 다양한 기술과 재주가 필요하다. 다양한 역할들이 통일되어 교회로서의 사명을 감당한다. 인체를 예로 들어보자. 온전한 인간이 되려면 코, 눈, 귀, 심장, 다리, 팔, 위장 등이 다 자기 역할을 잘해야 건강한 사람이 된다. 교회도 마찬가지이다. 방언하는 사람, 예언하는 사람, 가르치는 사람, 섬기는 사람, 병 고치는 사람, 찬양하는 사람, 권면하는 사람, 봉사하는 사람, 다스리는 사람 등이 있어 각기 그 역할을 잘 감당할 때 교회는 건강한 교회가 될 수 있다. 성령은 건강한 교회를 만들기 위해 이런 사람들을 육성하고 만들어 주신다. 이를 성령의 은사라고 말한다. 성령의 열매라는 것도 있다.

성령의 열매야말로 성령 충만의 핵심적인 요소이다. 인간이 믿음으로, 기도로, 말씀을 받아들임으로 성령을 영접하게 되면 그 흔적이 있게 마련이다. 복음을 전하는 것, 교회를 섬기는 것, 이는 분명 성령의 임재 증거이다. 그러나 더 확실한 임재 증거는 인간 그 자체의 변화이다. 이는 인격의 변화라고 말할 수 있다. 성령 권능이나 성령의 은사는 일종의 힘이다. 그러나 성령의 열매는 인간 자체의 변화이다. 주님은 열매를 보아 그 나무를 안다고 말씀하셨다. 사과 열매를 맺어야 그 나무가 사과나무인 줄 안다는 것이다. 성령의 열매가 없으면 그 사람은 성령의 충만한 사람이라고 말하기가 어렵다. 성경을 보면 성령의 열매는 9가지이다. 사랑, 희락, 화평, 오래 참음, 자비, 양선, 충성, 온유, 절제가 그것이다. 성령의 열매는 가치의 변화, 행동의 변화를 의미한다.

참된 신앙은 인간을 변화시킨다. 그런데 성령이 충만하다는 것은 성령의 인도하심 대로 모든 생각, 행동을 한다는 것인데 그리스도인이 성령 충만한 삶을 살기는 대단히 어렵다. 성령의 인도하심을 받으면서도 때로는 자기 마음대로 생각하고 행동하는 경우가 허다한 것이 우리 인간이다. 거듭 말하지만 성령 충만을 다른 말로 표현하면 '성령이 가득하다'는 뜻인데 이는 가득하지 못할 때도 있다는 것을 전제로 한 표현이다. 우리 그리스도인들이 성령의 인도하심으로 살기도 하지만 그렇지 못한 경우도 있다. 그러기에 늘 성령 충만한 사람이 되기 위해서 자기 욕심과 싸워야 한다. 예배, 기도, 봉사 등은 늘 성령 충만한 사람이 되기 위한 그리스도인의 치열한 내적 투쟁이다.

성적 인간

일반적으로 인간을 이해하는 두 가지 영역이 있다. 정신과 육체이다. 육체를 압축하면 성이다. 즉 인간은 성적 존재이다. 섹스, 성은 인간의 본능이고, 다른 사람 특히 이성과의 육체적, 사회적 관계를 친밀하게 하려는 의지의 수단이다. 본능이라고 함은 쾌락을 누리려는 동시에 종족을 보존하려는 욕망이다. 인간이 다른 이성과 성적관계를 맺으려고 하는 것은 쾌락은 물론 그 사람과 사회적 친밀성을 강화하려는 의식, 무의식의 발로이다.

성적매력이 있는 이성에게 끌리는 것은 당연하다. 성경은 인간이 성적 존재임을 분명하게 밝히고 있다. 성적관계를 맺는데 있어서 다양한 금기가 있는 것이 이를 증명한다. (레181~23) 성경은 성관계에 있어서 쾌락보다는 사회적 관계, 또는 사회적 질서를 우선시 한다. 하나님께서 야곱의 장자 루우벤이 서모와 간통한 것을 문제 삼아 그의 장자권을 박탈한 것이 그 예가 될 것이다. 서양, 특히 그리스 시대에는 에로스라는 신을 통해 성적 욕구를 설명해 왔다. 에로스란 인간이 상식이나 이성에 벗어난 행동,

예를 들면 과도한 분노, 사랑으로 저질러지는 반사회적 행동, 이런 것들은 설명할 때 사용했다. 소포클레스의 비극 안티고네를 보면 "불사의 신도, 인간도 에로스의 힘을 벗어날 수 없다"는 탄식이 나온다. 플라톤의 향연을 보면 에로스에 대한 그의 생각이 잘 나와 있다. 그의 친구, 파이드로스는 헤시오도스가 태초에 카오스가 생기고, 그 후에 영원히 움직이지 않는 만물의 기초인 대지와 에로스가 생겼다고 말했다고 했다. 에로스는 영원한 그 무엇이라는 것이다. 인간은 본래 하나였는데 제우스신이 반 토막으로 동강을 내버렸기에 인간은 자신의 본래의 짝을 찾기 위해 열망하는데 이 힘이 에로스라고 주장하기도 한다. 에로스는 사랑의 신 아프로디테와 함께 있는 데, 그는 판테오스와 우라니아를 가지고 있다. 판테오스는 저속한 욕망을 추구하는 경향이 있고, 우라니아는 이지적인 것, 고상한 것을 추구하는 성향이 있다고 주장하기도 한다. 결국 에로스는 이 두 가지 모두 갖고 있는 것이다.

소크라테스는 보다 구체적으로 에로스를 설명한다. 아프로디테의 생일 축하하는 자리에 술에 취한 포로스 즉 지혜의 신이, 무지를 상징하는 거지의 여신 페니아와 동침하여 낳은 자가 에로스이기에 에로스는 지혜와 무지가 공존한다고 설명했다. 분명 사랑의 속성 중에 지혜와 무지가 있는 것은 사실이다. 이런 그리스 사람들의 생각은 인문학적으로 보면 성경 내용과 일맥상통 하는 면이 있다. 아담은 처음 하와를 보았을 때, 이는 "내 뼈 중에 뼈요 살 중에 살"이라고 감탄을 했다. 남자가 여자에게 내 뼈요 살이라고 고백한 것은 우리는 하나다, 라는 뜻이다. 에로스가 잃어버린 또 하나의 나를 찾는 욕망이라면 아담의 고백은 에로스적 고백이다. 특히 하나님께서 사람이 혼자 있는 것이 좋지 않다고 하셨는데 이는 에로스야말로 인간의 본성이라는 뜻이 아닌가?

그러나 분명히 밝힐 것이 있다. 에로스에는 판테오스가 있다. 즉 저속하고 반사회적인 욕망이 있다는 것이다. 바로 이것 때문에 성적욕망은 간음이나 간통으로 발전하는 것이다. 성경은 근친혼을 금하고 있으며(레18/6) 동성애를 금하고 있다.(창9:1-13) 간음의 결과에 대해 엄한 경고를 하고 있다. 즉 간음의 부정적 영향중에 특히 강조되는 것은 간음이 만연하게 되면 도덕적으로 무감각하게 됨으로써 사회질서가 무너지는 것이다.(잠30/21)

인간은 성적 존재이다. 그 자체는 선도 아니고 악도 아니다. 성적욕구는 생존욕구이다. 그러나 이 욕구가 갖고 있는 이중성을 충분히 이해하여 그리스 식으로 표현한다면 판테오스를 절제하고, 우라니아를 고양시키는 훈련을 해야 한다. 성적욕망이 갖고 있는 무지를 극복하고 지혜를 통하여 그 욕망을 관리해야 한다. 현대는 성적욕구를 자신이 관리하도록 제도화 하고 있다. 소위 성적자기결정권을 강화하고 있다는 것이다. 성적 인간이기에 선택권은 각자에게 있을 수밖에 없다. 자기가 결정한 것에 대해서 자기가 책임져야 한다. 우라니아가 없는 성적욕망은 대부분 불행하게 끝날 것이다.

현대 문화는 성적 욕구를 다양하게 풀 수 있도록 진화하고 있다. 프로이드가 주장한 그대로 성적욕구가 지나치게 억압되어도 개인적으로 문제가 생기고, 지나치게 방임되어도 사회적으로 문제가 생긴다. 성적욕구를 개인과 사회가 어떻게 관리하느냐가 현대사회에 큰 과제이다. 실로 어려운 문제이다.

순종하는 인간

하나님에 대한 순종은 인간 실존 형태이다. 하나님께서는 인간을 창조하신 후에 인간에게 선악과를 먹지 말라고 명령하셨고, 인간은 그 명령에 순종해야 했다. 하나님에 대한 순종, 이것은 인간의 운명이다. 순종하면 복을 받고 불순종하면 화를 당한다. 아담은 불순종했기에 에덴에서 추방당하고 죽어야만 하는 존재가 되었다. 성경이 인간은 죄인이라고 단정 짓는 이유가 바로 여기에 있다. 죄란 단적으로 말하면 하나님께 불순종하는 마음과 행동이다. 그런데 최초의 인간 아담이 불순종했다는 것은 순종이 정말 어렵다는 것을 보여주는 사건이다.

그렇다면 깊이 생각해 보자. 왜 순종이 어려운가? 여러 가지 원인이 있다. 첫째, 이기심 때문에 순종이 어렵다. 아담이 순종하지 못한 이유는 하나님과 동등하게 되겠다는 욕심, 즉 이기심 때문이었다. 인간은 이기적 존재이다. 둘째, 명령이 이해할 수 없기 때문에 순종이 어렵다. 인간은 이성적 존재이다. 합리적으로 생각하는 존재이다. 인간 이성은 경험적인 것, 즉 오감을 통해서 확인된 것을 믿고 따르려는 경향이 있다. 인간 이성은 논리적인 것을 믿고 받아들이려는 경향도 있다. 가장 논리로 압축된 것을 지식이라고 부른다. 인간의 지식은 전통과 과학적 실험, 증명을 통해 객관적으로 수립된 것이기 때문에 인간은 지식에 의존해서 모든 것을 판단하고 분별하려고 한다. 그러므로 인간은 이해되지 못하는 것을 따르려고 하지 않는다. 셋째, 그 명령이 사회적으로 비난이 되는 것이라고 판단되면 순종이 어렵다. 인간은 사회적 존재이다. 혼자 사는 존재가 아니다. 혼자 살 수도 없다. 그러기에 인간은 다른 사람에게 미움을 받는 일을 하려고 일부러 하지 않는다. 만약 그런 사람이 있다면 그는 이상 성격자라고 할 수 있다. 인간은 어떤 명령에 순종하게 되면 많은 사람들에게 지탄을 받게 될 것이라고 판단될 때, 그 명령을 따르지 않는다.

이처럼 순종은 어렵다. 그러나 전혀 불가능한 것은 아니다. 아브라함을 보라. 그에게는 백세에 얻은 아들, 이삭이 있었다. 자신의 생명보다 더 귀한 아들이었다. 그는 아들을 얻기 위해 온갖 고생을 했다. 그런데 하나님께서는 그에게 그 아들을 번제의 제물로 드리라고 명령하셨다. 아브라함에게 이 명령은 사실상 순종하기 어려운 명령이었다. 이는 이해할 수 없는 명령이었다. 이삭은 하나님께서 그에게 선물로 주신 귀한 아들이었기 때문이다. 더욱이 아버지에게 아들을 죽여 제물로 삼으라는 명령이기에 생명의 하나님으로서는 도저히 내릴 수 없는 명령이었다. 아브라함은 이 명령을 납득하기가 어려웠다. 또한 이 명령은 사회적으로 수용할 수 없는 명령이었다. 단순 살인도 사회적으로 지탄을 받는 데 하물며 아버지가 아들을 죽인다는 것은 사회적으로 공분의 대상이 되는 죄악이다. 아브라함에게 있어서 이삭은 자신의 모든 것이다. 이삭을 잃는다는 것은 삶 전부를 잃어버리는 것과 같다. 이처럼 아브라함에게 내린 하나님의 명령은 순종하기 어려운 명령이었다. 그러나 아브라함은 순종했다. 그 결과 이삭은 죽지 않았고, 아브라함은 하나님을 감동시켜 하나님의 친구가 되는 특권을 누렸다. 성경 역사상 하나님의 친구라는 용어가 이때 처음으로 등장했다. 인간은 하나님께 순종해야만 행복해지는 존재이다. 사람들은 순종은 굴종이요, 순종하게 되면 자유를 상실하는 것이라고 주장한다. 일리가 있는 주장이다. 그러나 좀 더 깊이 생각해 보면 그렇지 않다는 것을 알 수가 있다. 사람에 대한 순종은 경우에 따라 굴종일 수 있다. 그러나 명령을 내리는 상대가 하나님인 경우에는 아주 다른 결과를 갖는다. 하나님은 완벽하시며, 하나님은 사랑이시고, 명령을 내릴 때, 그 동기는 철저히 인간을 위한 것이다. 하나님은 자신을 위하여 명령을 내리시는 분이 아니시다. 하나님의 명령은 오직 인간에게 유익을 주기 위한 동기에서 나온 명령이다. 순수하고 그 결과가 매우 긍정적인 명령이다. 그러기에 인간은 순종을 통해 유익을 얻고, 순종을 통해 자유를 얻는다. 어느 하나에 철저히 순종하면 다른 모든 것에서 자유롭고, 순종의 결과가 기쁨일 경우 그 순종은 인간을 존엄하게 만드는 순종이 된다. 현대인들은 이기적인 생각 때문에, 합리적인 판단을 우선하기에, 사회적인 파장을 지나치게 염두에 두기 때문에 하나님의 명령에 불순종한다. 그래서 순종은 어렵다고 주장하고 순종할 때 자아 정체감은 상실되고 인간의 존엄은 파괴된다고 생각한다. 그러나 인간에게 명령을 내리는 자가 인간인 경우에는 그럴 수도 있지만 명령을 내리는 분이 하나님이신 경우는 그 결과는 다르다. 인간은 하나님께 순종함으로 존엄해지고 자유롭게 되는 존재이다.

심판을 받는 인간

인간은 심판을 받는 존재이다. 성경은 심은 대로 거둔다고 분명하게 선언한다. 속담에 콩을 심으면 콩 나고, 팥을 심으면 팥이 난다고 외친다. 창세기를 보면 이를 분명하게 알 수가 있다. 아담은 선악과를 먹음으로 심판을 받아 추방을 당했다. 이스라엘 백성들이 애굽을 떠나 가나안 땅으로 갈 때, 하나님께서는 애굽 시절을 그리워하거나 동경하지 말고 오직 앞만 바라보며 살라고 명령하셨다. 그러나 그들 중 대부분은 그 명령에 불순종했고 결국 광야에서 죽었다. 아합왕과 그의 아내 이세벨은 무고한 백성들을 억울하게 죽였다. 결국 그들은 하나님의 심판을 받아 예후를 통해 일족이 몰살을 당해 그 대가 끊기는 비참한 처지가 되고 말았다. 심판이란 본래 그 한 일을 하나님의 법에 근거해서 평가를 해보고 그에 합당한 상과 벌을 주는 행위를 말한다. 따라서 심판은 그 주체가 하나님이시다. 하나님께서는 그가 제정한 하나님의 법에 근거해서 심판을 하신다.

그렇다면 심판의 중요한 기준은 무엇인가? 첫째는 우상 숭배 여부이다.

우상을 숭배하면 벌을 받고, 우상을 배척하면 상을 받는다. 둘째는 이웃에 대한 관계이다. 이웃을 사랑하고 이웃과 화평하게 지내면 상을 받고, 이웃을 억울하게 하면 벌을 받는다. 이웃이라는 말 속에는 가족, 주변 사람들 그리고 알 수 없는 불특정 인간이 포함된다. 셋째는 자신과의 관계이다. 부지런하고 책임감이 있으며 자기 계발을 위해 노력하고 자존감이 있으면 좋은 열매를 맺고, 그 반대이면 결국 실패한 인생을 살게 된다.

하나님의 심판은 단순히 율법적이고 문자적이지 않다. 같은 허물도 그 동기가 다르고, 그 경중이 다르며, 그 결과가 다르다. 하나님의 심판은 기계적이지 않다. 그래서 성경은 하나님은 중심을 보시는 분이시라고 강조한다. 하나님의 심판은 인간이 자의적으로 해석해서 안된다. 인간 입장에서 보면 하나님의 심판이 복과 벌로 나타나지만 하나님께서는 복을 주시기 위해 벌을 주고, 벌을 주시기 위해 복을 주는 경우도 있다. 요셉을 예로 들어 보자. 하나님은 그의 신앙과 삶에 대해 매우 높이 평가 하셨다. 그래서 그를 심판하여 복을 주시기 위해 먼저 벌을 주셨다. 그러기에 그의 고난은 벌로 받는 고난이 아니라 상으로서의 고난이다. 그는 그 고난을 통해 애굽의 총리가 되었다. 반대의 경우도 있다. 가룟 유다는 주님의 제자가 되었다. 이는 분명 복이다. 그러나 그는 그 복 때문에 결과적으로 자신의 죄를 통해 벌을 받았다. 유다가 받은 복은 벌을 위한 복이었다.

하나님의 심판은 일시적인 심판과 영원한 심판이 있다. 일시적인 심판은 그 심판이 끝나면 다시 원상으로 회복되는 심판이지만, 영원한 심판은 한 번 심판을 받으면 다시 회복되지 못하는 심판이다. 인간은 세상사는 동안에 일시적인 심판을 받지만 주님 재림하실 때는 영원한 심판을 받는다. 인간은 이처럼 심판을 받는 존재지만 인간들은 그 심판에 대해 그릇된 자세를 갖고 산다. 첫째, 심판 그 자체를 부정하는 사람들이 있다. 무신론자들이 여기에 속한다. 하나님은 사랑이시기 때문에 하나님의 심판을 부정하는 사람들도 있다. 성경을 자의적으로 해석하는 사람들이 여기에 속한다. 둘째, 하나님의 심판이 매우 약하기 때문에 심판 그 자체를 경솔히 생각하는 사람들이 있다. 하나님의 심판은 대부분 그 시작이 매우 경미하게 이루어진다. 그래서 그 일이 하나님의 심판을 알리는 신호임을 모르는 경우가 태반이다. 하나님께서는 아주 작은 심판을 통해 인간에게 기회를 주신다. 작은 벌을 통해 회개의 기회를 주시고, 작은 복을 통해 큰 복을 받을 수 있도록 격려하신다. 그러나 인간은 그러한 하나님의 뜻을 알지 못하는 경우가 많다. 그래서 더 큰 벌을 받고, 더 큰 복을 잃어버리는 것이다. 셋째, 하나님의 심판은 시간과 깊은 관계가 있다. 하나님께서는 대부분 인간 행동에 대해 즉각적으로 반응하시지 않으신다. 오늘 뿌린 악의 결과는 오랜 시간이 지난 후에 받으며, 오늘 뿌린 선도 오랜 시간이 지난 후에 복으로 열매를 맺는다. 그러기에 인간은 하나님의 심판은 없다거나 아무것도 아니라는 생각을 갖게 마련이다. 마지막으로 하나님의 심판은 당사자에게 주어지는 것이 아니라 그 후손들에게 주어지는 경우도 많다. 부모의 악업이 그 자식들에게 영향을 미친다는 것이다. 물론 그 반대의 경우도 허다하다.

인간은 심판을 받는 존재이다. 하나님은 심판하시는 분이시다. 그러므로 인간은 심판에 대한 경각심을 갖고 생각과 행동을 바로 해야 한다.

아첨하는 인간

아첨과 칭찬은 어떻게 다른가? 아첨은 어둠이고 칭찬은 빛이다. 아첨은 죄를 잉태한 교활함이요 칭찬은 상대를 격려하는 지혜이다. 인간은 아첨도 하고 칭찬도 한다. 그러나 칭찬보다는 아첨을 더 많이 한다. 인간은 아첨을 통해 자신의 이익을 취하고 칭찬을 통해 남에게 유익을 준다. 인간은 이기적인 존재이다. 남에게 유익이 주는 일보다는 자신의 이익을 더 탐낸다.

성경에는 아첨하는 사람들에 대한 기록들이 많다. 그런데 대부분 악한 자들이다. 야곱은 자신을 죽이려고 달려온 에서에게 아첨을 했다.(창 33/10) 압살롬, 아도니아, 아합, 거짓 선지자들, 유대인 지도자들, 음탕한 남자, 여자들이 다 아첨을 통해 자신의 이익을 추구했다. 아첨은 거짓을 말하는 것인 데 거짓을 말하다 보면(시12/1-2) 나중에는 자신이 한 말이 거짓이 아니라 참이라고 착각한다.(시36/2) 결국 아첨은 자신을 속이는 거짓이다. 아첨에 속아 넘지 않으려면 자신을 아는 지혜가 절대 필요하다. 예를 들면 용모, 능력, 직업, 지식, 가정환경, 성격 등에 대해 알면 남의 아첨에 속아 넘어가지 않는다. 자신을 모르는 자는 남의 아첨에 저항하지 못해 무너진다. 아첨은 자신을 더 모르게 만든다. 아첨하는 말에 익숙하다 보면 스스로 자신을 대단한 사람인 양 생각해서 그 행동이 교만해진다. 아첨은 진실을 왜곡하는 것이기에 그 자체가 악이다. 아첨은 하나님을 대적하는 행위이고(시78/36) 남을 넘어지게 하는 것이기에 상대를 부패하게 할 뿐 아니라 자신도 부패해 진다.(단11/25-27) 결국 아첨하는 자는 하나님의 심판을 받는다.(유1/15-16) 아첨은 스스로를 죽이는 죄악이다. 아첨은 사탄의 술책이다. 인류 최초의 아첨꾼은 사탄이다. 사탄은 아담과 하와에게 아첨을 했다. 그는 아담과 하와에게 선악과를 먹으면 죽지도 않을 뿐 아니라 하나님처럼 된다고 아첨했다. 아담과 하와는 사탄의 아첨에 하나님의 금령을 가볍게 여겨 하나님의 법을 파괴했다.

성경을 보면 아첨의 원조인 사탄은 최후의 심판 때에 멸망하고, 사탄의 아첨에 놀아난 인간은 그 고통스러운 삶을 평생 살게 되었다. 아첨하는 자나 아첨을 즐기는 자나 다 몰락한다. 인간이 아첨하는 이유는 자신의 이익을 탐내 상대를 기분 좋게 만들고 나중에는 실익을 취하려는 마음이 있기 때문이고, 상대가 아첨을 좋아하기에 아첨을 통해 상대와 좋은 관계를 맺어 필요에 따라 상대를 이용하기 위함이다. 아첨의 특징은 과장된 칭찬이다. 칭찬도 도를 넘으면 아첨이 된다. 남에게 아첨하지 않으려면 아첨하는 자를 멀리해야 한다.

아첨도 학습된다. 아첨하는 자와 가까이 지내면서 아첨하는 말을 듣다보면 자신도 모르게 아첨을 배우게 된다. 아첨하는 교묘한 말은 강력한 힘을 갖는다. 그러기에 기도하는 생활을 통해 내공을 키우고, 스스로 아첨하는 말을 하지 않으려는 절제의 미덕을 배양해야 한다. 아첨보다는 경책이 더 나은 것임을 알고 유익한 책망을 받을 때 이를 기뻐해야 한다. 인간은 아첨을 통해 서서히 무너지고 창조적 책망을 통해서 서서히 성공으로 올라간다. 다윗은 아첨소리와 책망소리의 갈림길에 선 사람이었다. 그는 절대 군주였기에 사람들의 아첨소리를 늘 듣고 살아왔다. 아첨소리에 혹해서 인구조사를 하다가 하나님의 책망을 받았다. 그러나 결정적인 순간 그는 나단 선지자의 책망소리를 듣고 회개하여 자신의 생명과 왕국을 살려 냈다.

모든 인간은 다윗과 같지는 않다. 아첨소리는 즐기고 책망은 싫어한다. 아첨은 사람의 기분을 들뜨게 하고 책망은 사람의 기분을 나쁘게 한다. 인간이 아첨을 좋아하는 것은 열등감이 필요 이상으로 강하기 때문이고 감성적인 경향이 더 많기 때문이다. 아첨을 잘하는 것은 남을 이용하려는 사악함이 강하기 때문이고 이성적인 경향이 더 많기 때문이다.

삶을 깊이 생각해 보면 인간은 아첨하면서, 아첨 받으면서 살아가는 존재임을 깨닫게 된다. 어쩌면 아첨은 인간의 생존방식이요, 즉 생존을 위한 몸부림일지 모른다. 그렇다면 아첨은 죄라기보다는 차라리 슬픔이요 고통일 것이다. 만약 이러한 사실을 서로가 안다면 아첨하는 자도 아첨 받는 자도 아첨이라는 죄를 범하면서도 서로를 용서할 수 있지 않을까?

그가 나에게 아첨하고 있다는 사실을 알고, 내가 지금 그에게 아첨하고 있다는 사실을 아는 것만으로 충분하지 않을까?

어리석은 인간

인간은 미련한 존재이다. 어리석다는 뜻이다. 아담이 선악과를 따 먹은 그 자체가 어리석은 행동이다. 미련하다는 뜻은 다양하게 사용된다. 판단력이 결핍한 것(삼하24/10) 정신적으로 열등한 상태(시73/22) 조급함(잠14/29) 양심상의 결핍(잠10/23) 외고집(잠1/7) 지각이 없는 것(마7/26-27) 지식이 없는 것.(잠10/21) 자주 속아 넘어가는 것(잠14/15) 마음이 둔 한 것(눅24/25) 등이 다 미련함이라고 성경은 설명하고 있다. 미련한 자는 표가 난다. 무신론을 주장하기도 하고(시14/1) 그래서 하나님을 모독한다.(시74/18-22) 하나님을 믿기는 하지만 하나님을 원망한다. 교만하기도 하고(잠14/3) 다툼을 좋아 한다.(잠18/6) 위선적인 삶을 살며(눅11/39-40) 자주 화를 낸다.(잠29/11) 게으르고(전4/5) 죄를 가볍게 여긴다.(잠14/9) 방자하고(잠14/16) 독선적이다.(잠12/15) 참소를 하고(잠10/18) 자기자랑을 하며(고후11/7) 말이 많다.(잠17/28) 지혜와 훈계를 멸시하고(잠1/7-22) 부모를 힘들게 한다.(잠10/1) 악을 즐기고(잠10/23) 낭비적인 삶을 살고 망상적인 생각을 잘 한다.(잠17/24) 실로 미련함은 어리석은 악이다.(잠7/25)

미련의 결과는 어떤가? 곤란을 당하고(시107/17) 욕을 당하며(잠18/13) 그 어리석음이 드러나 조롱거리가 된다.(딤후3/9) 가는 길이 무너지고(잠19/3) 슬픔을 당하며(시38/4-6) 징계를 받는다.(잠12/22) 한마디로 망하게 된다.(잠1/32) 그래서 인간은 미련에서 벗어나는 일을 해야 한다.

미련은 징계를 받음으로 벗어날 수가 있다.(잠19/29) 징계는 고통이고 인간은 다시는 고통을 당하지 않으려고 노력하는 존재이기 때문이다. 미련은 지혜로운 자의 권고를 들음으로 그 미련에서 벗어날 수가 있다.(잠1/4) 인간은 배우는 존재이기 때문이다. 특히 부모의 훈계는 미련에서 벗어나는 가장 좋은 길이다.(잠15/5) 부모는 자녀를 사랑하기 때문에 진심으로 훈계를 할 수 있는 존재이고, 오랜 인생 경험을 통해 배우는 것이 많기 때문이다. 입술을 닫음으로 미련에서 벗어날 수가 있다.(잠17/28) 미련은 말이 많음으로 외부로 노출되기 때문에 침묵 그 자체가 지혜일 수가 있다. 그러나 가장 중요한 것은 주님이 말씀을 배우고 실천하며(마7/26-27) 하나님을 경외하는 것이 미련에서 벗어나는 첩경이다.

자신이 미련한 것도 문제지만 미련한 자와 가까이 지내는 것도 문제이다. 왜냐하면 미련은 전념되는 것이기 때문이다. 그래서 성경은 미련한 자를 만나지도 말고(잠17/12) 사귀지도 말 것이며(잠13/20) 미련한 자 곁을 떠나라고 강조한다.(잠14/7) 성경에는 미련한 자들의 비극적인 결말을 누누이 강조하고 있다. 나발, 르호보암, 욥의 아내, 바리새인들, 갈라디아 교인들 모두 미련한 자들이었다.

특별히 염두에 둘 것은 불신자들만 미련한 것이 아니라 교인들도 미련한 자가 될 수 있다는 점이다. 이는 교인들도 미련한 자가 되지 않으려는 노력을 하지 않거나, 그 믿음이 바르지 못할 때, 말씀을 진지하게 배우지 못할 때 생기는 현상이다. 신앙생활의 목적은 구원받는 것으로, 복 받는 것으로 끝나지 않는다. 삶을 바로, 보람 있게 사는 데 있다. 단순한 그리스도인이 아니라 지혜로운 그리스도인이 되어 세상 사람들에게 사랑과 존경을 받는 삶을 사는 데 있다. 전도는 외치는 행동이 아니라 다른 사람들을 감동시키는 행위이다. 감동 없는 외침은 소음이고 결국 조롱거리가 될 수도 있다.

그런데 미련이란 어떤 대상에 대한 어리석은 대응, 판단, 지식을 뜻하고 그 대상에 대해 불필요하게 가까이 지내는 것을 뜻하는 경우도 있기에 반대의 경우, 예를 들면 세상에 대해 거리를 두고 악에 대해서 잘 알지 못하는 것도 지혜일 수가 있다. (고전3/18. 롬16/19) 불필요한 것을 아는 것도 미련이요, 알려고 하는 것도 미련이다. 자신이 미련한 자인가 아닌가를 아는 방법은 자기 행위에 대해 늘 반성해 보는 것이다. 그리고 어떤 결과에 대해 냉정한 평가를 해 보는 것이다. 그런데 명심할 것이 있다. 인간은 지혜롭기도 하고 미련하기도 하다. 그것이 인간의 한계다.

한 사람에게 두 개의 얼굴이 있다. 지혜로운 얼굴과 미련한 얼굴이 그것이다. 어느 얼굴로 살아갈 것인가에 대해 진지한 고민을 해야 한다.

인간은 자기의 얼굴을 볼 수 있는 거울이 있어야 한다. 말씀이 첫째 거울이요, 순수한 친구가 둘째 거울이고, 자기 삶을 자주 반성해 보는 것이 셋째 거울이다.

연애하는 인간

인간은 연애하는 존재이다. 연애란 특정한 이성을 사랑하는 행위이다. 남자는 여자를, 여자는 남자를 사모하는 행동인 것이다. 모든 사람들을 사랑하는 것은 연애가 아니다. 특정한 사람을 사랑하는 것이 연애이다. 동성 간에 연애는 연애가 아니다. 연애는 하나님의 축복이다. 연애는 에덴동산에서 시작되었다. 그러기에 연애는 행복의 조건이다.

인간은 연애를 하면서 행복해진다. 창세기를 보면 하나님께서는 아담을 창조하시고 그 상대가 되는 여자 하와를 창조하셨다. 아담은 하와를 처음 보는 순간 "내 뼈 중에 뼈요 살 중에 살이다" 그리 감탄을 했다. 괴테는 이를 인류 최초의 연애시라고 말했다.

연애는 감성에서 시작된다. 느끼는 것이 없으면 연애는 시작되지 않는다. 그러나 연애가 지속되려면 반드시 이성적 판단이 공존해야 하고 그 이성적 판단은 자신에게 유익이 되는 것이라야 한다. 아담은 하와를 보면서 감탄을 하면서 '내 뼈, 내 살'이라는 표현을 사용했다. 하와는 자신에게 치명적으로 도움이 되는 존재라는 것이다. 인간은 자신을 위해서 연애하는 존재이지 남을 위해 연애하는 존재가 아니다.

남에게 연인으로 항상 남기 위해서는 남에게 유익을 주는 그 무엇이 있어야 한다. 그것을 매력이라고 부른다. 인간은 매력적 존재가 되어야 한다. 그래야 연인으로서 살아남는다.

매력적 존재가 되려면 상당한 노력이 필요하다. 매력은 일종의 이국적 분위기이다. 처음에 매력적인 것이라 해도 시간이 지나면 매력적인 것이 될 수가 없다. 다른 매력적인 요소를 만들어내야 한다. 처음에는 잘생긴 얼굴이 매력이었지만 시간이 흐르면 잘생긴 얼굴에 식상하게 되고, 매력적일 수가 없게 된다. 돈이 매력일 수가 있다. 잘생기고 돈도 있고 이렇게 되면 매력적인 존재로 오래간다. 그러나 이 또한 시간이 흐르면 시들해진다. 또 다른 매력적 요소가 있어야 한다. 지식, 인격, 건강한 육체, 이해심 등 수많은 요소들이 첨가되어야 매력적인 존재로 남게 되고, 연애는 그 만큼 지속이 된다. 처음에는 열렬한 연애로 시작했지만 결국 서로 권태를 느끼고, 헤어지는 것은 서로가 서로에게 유익이 되는 매력을 계속해서 만들어내지 못하는데서 생긴다. 연애와 사랑은 서로 같을 수도 있지만 다를 수도 있다. 연애는 책임의식도 희박하고 인위적으로 유지되기가 어렵다. 연애는 본성이고 이기적인 것이기 때문이고 끌리는 그 어떤 매력이 상호간에 있어야 하기 때문이다.

그러나 사랑은 다르다. 사랑은 책임이고, 이성적 판단에 근거하여 인위적으로 노력하면 지속시킬 수 있다. 사랑은 이기적이라기보다는 이타적이다. 인간은 자신을 위해 연애하고 다른 사람을 위해 사랑을 한다. 연애는 이성간에 이루어지는 것이기에 성적이다. 성적 매력은 연애를 지속시키는 강력한 에너지이다.

그러나 성적 매력만으로는 연애를 지속시킬 수 없다. 또 다른 요소들이 첨가 되어야한다. 연애는 쉽지만 오래 가지 못한다. 인간은 오래 상대를 잡아둘 수 있는 매력을 만들 수가 없기 때문이다.

성경에는 다양한 연애 사건들이 기록되어 있다. 야곱은 라헬과 연애를 했다. 라헬을 아내로 맞이하기 위해 무려 14년간이나 종살이를 했다. 라헬의 아버지 라반이 야곱에게 라헬을 아내로 삼기 위해서는 14년 동안 자기 집에서 일해야 한다고 주장했기 때문이다.

삼손은 들릴라와 연애했다. 그러나 들릴라는 삼손에게서 성적 매력은 느꼈지만 경제적인 이익을 크게 얻지 못했다. 들릴라는 막대한 경제적 이익을 보장한 블레셋 방백들의 제안을 받아들여 삼손을 배신했고, 결국 삼손을 죽게 했다. 다윗도 수많은 연인들과 연애했다. 미갈, 아비가일, 아히노암과 연애했다. 수많은 첩들과 연애했다. 그러나 그 누구도 다윗의 사랑을 끝까지 받지 못했다. 그 어떤 여인도 다윗에게 다양한 매력을 줄 수가 없었기 때문이다. 다윗이 말년에 연애한 밧세바도 마찬가지이다. 밧세바와의 연애 사건은 다윗의 일생에 걸쳐 가장 격렬한 연애였다. 다윗은 밧세바의 남편을 죽게 했고 이로 인해 하나님의 심판을 받았다. 밧세바에 대한 다윗의 감정은 연애에서 시작한 일종의 윤리적 사랑이었다. 일종의 책임감, 미안함 등이 다윗에게 있었다. 그래서 다윗과 밧세바는 오래 그 관계를 유지할 수가 있었다.

인간은 연애하는 존재이지만 그 연애는 오래가지 못한다. 연애에서 시작하여 사랑으로 가야 오래 간다. 인간은 상대에게 끝까지 다양한 매력을 줄 수 있는 존재가 못된다.

영웅이 되려는 인간

성경에 등장하는 이야기 중에 바벨탑 이야기는 매우 흥미롭다. 이야기 자체도 재미가 있을 뿐 아니라 그 상징적 의미도 크기 때문이다. 에덴동산을 떠나 유랑하던 인간들은 유랑의 아픔을 더 이상 견디지 못해 시날 평야에 정착하는 삶을 살려고 했다. 이 일을 주도한 사람이 니므롯이다. 성경은 니므롯을 영웅이라는 말로 표현했다.

영웅이란, 어떤 이념을 내세워 사람들을 선동하고, 결집시켜 큰 일을 도모하는 사람을 지칭한다. 니므롯은 시날 평야에 높은 탑을 쌓자고 제안한다. 그리고 그 탑을 중심으로 정착하여 살자고 사람들을 선동했다. 그에게는 그 탑을 쌓는 긴 세월 동안 인간은 그곳에 정착할 수밖에 없고, 오랜 기간을 통해 탑을 쌓으면 그 탑을 버리고 떠나지를 못할 것이라는 계산이 있었다. 성경을 보면 바벨탑은 하나님에 대한 도전을 상징하는 탑이었다. 하나님처럼 위대한 일을 인간이 할 수 있다는 것을 보여 주기 위함이기도 하고, 유랑하면서 번성하라는 하나님의 뜻을 거역하는 일이기도 했다. 니므롯의 작전은 적중했다. 사람들은 시날 평야에서 탑을 쌓기 시작했고 상당한 성과가 있었다. 사람들은 자신들이 쌓는 탑에 감탄을 했고, 그 탑을 신성하게 보기 시작했다. 이제 탑은 단순한 탑이 아니라 사람들에게 우상이 되고 말았다. 하나님께서는 더 이상 이를 방관할 수 없다고 판단하시고는 탑을 허물기로 작정을 하셨다. 하나님의 방법은 간단했다. 저들의 언어를 혼잡하게 만든 것뿐이었기 때문이다. 지금까지 인간은 단일한 언어를 사용했다. 그러기에 의사소통이 가능했고, 따라서 어떤 목표를 이루는 데 마음을 합할 수가 있었으며 결과적으로 성과도 있었다. 그러나 언어가 혼잡 되어 의사소통이 되지 못하자 더 이상 탑을 쌓을 수가 없었다. 오히려 서로간의 갈등이 생기고 결국 시날 평야에 모인 사람들은 흩어지기 시작했다. 이 흩어짐이 결국 오늘날처럼 다인종 세계를 만들어 냈고 다양한 언어를 만들어 냈다. 니므롯의 계략은 실패했다.

인간은 영웅을 원한다. 그래서 영웅 이야기들이 많고 그 대표적인 것이 신화이다. 그리스 로마 신화는 신들의 이야기며, 동시에 영웅들의 이야기이다. 인간은 영웅이 되려고 하지만 못하는 경우가 많아 영웅들의 이야기를 만들어 내어 대리 만족을 누리기를 시도한다. 카라일의 영웅 숭배론이나 프르다크의 영웅선이 다 그런 면을 우리에게 보여 주는 자료들이다. 과거에 영웅은 정복자 중심이었다. 그리고 근대에 와서는 인권을 신장시킨 사람들에게 영웅 칭호를 주었다. 그러나 현대는 영웅의 얼굴들이 크게 달라졌다.

오늘날 세계를 지배하는 코드는 경제, 문화, 스포츠 이 3가지이다. 그러기에 현대의 영웅은 재벌이나, 배우, 가수, 작가들이고 운동선수들이다. 대통령에게 열광하는 사람들은 이제 없지만, 올림픽에 금메달을 딴 사람들에게 열광하는 사람들은 많이 있다. 배용준에게 열광하는 일본 사람들을 이상하게 볼 필요가 없다. 현대의 영웅은 그런 사람들이기 때문이다.

성경은 니므롯의 최후에 대해서 더 이상 기록이 없다. 성경은 분명히 말한다. 영웅의 시대는 순간일 뿐이라고, 모든 영웅은 다른 평범한 사람들처럼 잊혀지는 존재이다. 대중들은 현명하며 잔인하다. 그들은 영웅을 만들어 대리 만족을 하고 난 후 그 영웅을 버린다. 이 세상에 무서운 존재는 영웅이 아니라 영웅을 만들어 즐기다가 버리는 대중이다. 그러므로 영웅이 되려는 욕심을 절제해야 한다. 그리고 영웅이 된 후, 버림을 받기 전에 스스로 사라지는 지혜로운 영웅이 되어야 한다. 그렇다고 해도 영웅은 필요하다. 인류는 대중에 의해서 발전되기 보다는 영웅에 의해서 발전되는 경우가 더 많기 때문이다.

진정한 영웅은 자신의 욕심을 이념화하여 사람들을 선동하는 자가 아니라 하나님의 뜻을 이루기 위해 자신을 희생하는 자이다. 성경은 그렇게 가르친다. 인류 역사상 처음 등장한 영웅 니므롯은 실패한 영웅이었다. 그러나 분명하게 알아야 할 것이 있다. 영웅은 실패하지만 하나님은 실패하지 않는다. 인류는 하나님의 뜻대로 시날 평야를 떠나 계속 유랑하는 삶을 살면서 세상을 다스리고 지배하고 번성하는 일을 계속했기 때문이다. 영웅은 실패하거나 대중들에게 잊혀진다. 영웅이 되려고 하는 자는 이 사실을 먼저 깨닫고 영웅의 길로 걸어가야 한다.

예배하는 인간

예배는 신앙 행위의 핵심이다. 예배를 드리지 않는 신앙은 존재할 수 없다. 인간은 본질적으로 하나님께 예배를 드려야 한다. 하나님은 인간의 창조주이시고, 인간은 그분의 피조물이기 때문이다. 창세기를 보면 가인과 아벨의 운명은 그들이 드린 예배를 통해 결정되었다. 아벨은 예배를 바로 드렸고, 가인은 예배를 잘못 드렸다. 그래서 아벨은 비록 죽임을 당했지만 의인이 되었고, 가인은 비록 살아남았으나 죄인의 혈통을 이어받게 되었다.

그렇다면 예배란 과연 무엇인가? 일반적으로 예배는 절대자에게 존경과 숭배를 표현하는 행위이다. 구약에서 예배란 그 어원을 중심으로 살펴보면 하나님을 섬기는 행동, 하나님을 위해 노동하는 행위를 지칭하며 허리를 굽힌다. 엎드린다는 뜻을 가지고 있다. 신약에 와서 예배는 입 맞춘다는 뜻으로 사용했는데 이는 하나님께 존경, 경외를 표하고, 공손한 마음을 드리는 것으로 이해되었다. 그런데, 신구약을 종합해서 함께 사용되는 의미가 있는 데 그것이 섬긴다는 뜻이다. 즉 예배는 하나님을 섬기려는 마음, 섬기는 행동이라는 것이다. 그러므로 예배는 신앙을 지닌 자의 삶의 존재 양식이다.

하나님을 믿는 자들은 예배를 통해서 살아간다. 예배 의식은 시대의 흐름에 따라 그 모습이 달리 발전되어 왔다. 처음에 예배는 희생제사가 그 중심이었다. 아벨의 예배는 희생이 있었으나 가인의 예배는 희생이 없었다. 레위기는 제사 즉 예배에 대한 가르침을 집성한 성경인데 그 핵심은 희생이었다. 그 후, 예배는 안식일, 즉 주일 지키는 것으로 발전되어 갔다. 안식일 즉 주일에 성전에 나가 하나님을 섬기는 것이 예배라는 것이다. 신약에 와서 예배는 제사의 개념에서 탈피하고 더욱 희생의 개념을 정신적으로 내면화하여 제물 대신 헌금으로, 그리고 찬양과 성찬, 설교가 그 핵심을 이루었고 특히 설교에 그 초점을 두었다. 결국 예배란 하나님의 말씀을 듣고 행하는 행위가 되는 것이다. 예배 형식은 교파에 따라 다양하고 교회에 따라 다르다. 그러나 그 어떤 형식이든 하나님을 섬긴다는 뜻을 훼손해서는 안된다. 그리고 예배는 하나님이 받으셔야 예배가 된다. 비록 인간들이 예배를 드린다해도 하나님께서 받으시지 않으시면 소용이 없다는 것이다. 그래서 하나님께서는 거짓 예배는 드리지 않는 것이 좋다고 말씀하셨다. 주님께서는 이 점을 다시 강조하시어 신령과 진정으로 예배를 드려야 한다고 하셨다. 여기서 신령이란 하나님의 영, 즉 성령의 인도를 따라 드려야 한다는 것이고, 진정이란 오직 하나님께 모든 것을 집중시켜 진실한 마음으로 드려야 한다는 뜻이다.

예배는 축복의 통로이다. 신자는 예배를 통해서 복을 받는다. 그런 점에서 진정한 예배를 드린다는 것은 실로 중요하다. 예배드리는 자들은 이 점을 알아야 할 것이다. 예배는 신앙생활의 본질이요 핵심이다. 예배를 드려야 신앙생활을 할 수 있고 신앙생활도 성숙해 간다. 예배를 드리는 행위가 곧 믿음이요, 예배를 드려야 믿음도 자란다. 교회는 예배 공동체이다. 그러기에 교회가 되려면 반드시 말씀을 전하는 자, 즉 설교자가 있어야 한다. 평신도도 설교를 할 수 있지만 한시적이다. 평신도의 설교는 하나님의 말씀보다는 자신의 말을 전하기가 쉽다. 물론 목사나 전도사도 마찬가지이다. 그러나 목사나 전도사는 전문적인 교육을 받은 자이기에 평신도와는 그 격과 형식 그리고 내용이 다르다. 오늘날 한국교회의 위기는 예배의 위기이다. 설교하는 교역자들의 영적 권위가 실추되어교인들이 설교에 귀를 기울이지 않는다. 설교자의 권위가 떨어진 것은 설교자에게도 문제가 있고 교인들에게도 문제가 있다. 설교자는 하나님의뜻을 찾으려는 거룩한 고뇌, 고통, 고민이 부족하고, 교인들은 설교자를폄하하고 무시하면서, 설교가 하나님의 말씀이기보다는 설교자 개인의말이라고 생각하는 경향이 생겨났기 때문이다.

예배를 살려야 교회가 살아난다. 그러기 위해서 설교가 살아나야 한다. 설교자는 교회의 잡다한 일에 거리를 둬야 한다. 교회 행정이나 각 기관에 불필요한 간섭이나 지시를 내려서는 안된다. 그러면 논쟁에 휘말리게 되면서 영적 권위는 실추되기 쉽다. 교인도 역시 세속적인 사람들이기때문이다. 교인들 역시 교회 일에 논쟁이 생겼을 때 최종적인 결정은 설교자에게 있다는 것을 인정해야 한다. 교회는 다수의 의견을 따라 움직이는세속공동체가 아니라 하나님의 뜻을 따라 움직이는 영적공동체요, 교회의 주인은 주님이시고, 주님은 설교자를 통하여 그 뜻을 교인들에게 전하기 때문이다.

예언하는 인간

인간이란 과연 미래의 일을 예언할 수가 있을까? 결론적으로 말하면 인간은 미래의 일을 예언할 수가 있다. 성경에서 말하는 예언과 일반적인 의미에서 말하는 예언은 그 의미가 조금 다르다. 일반적인 의미에서 예언이란 문자 그대로 미래에 일어날 일을 미리, 지금 말하는 것이다. 그러나 성경에서 말하는 예언은 하나님의 말씀을 전하는 그 자체이다. 하나님께서는 과거 일도 말씀하시고, 현재 일도 말씀하신다. 물론 미래에 일어날 일들도 말씀하신다. 그런데 하나님의 말씀은 미래와 연관되어 있다.

하나님께서 과거 일을 말씀하시는 이유는 미래에 일어날 일을 상기시키기 위함이고, 하나님께서 현재 일을 말씀하시는 이유도 미래의 일을 염두에 두고 말씀하시는 것이다. 과거든, 현재든 그것들은 미래와 연결되어 있다. 그러기에 하나님의 말씀은 종말론적이고, 그래서 예언이란 그 초점이 미래일 수밖에 없다. 하나님의 말씀은 원인과 결과를 강조하는 특징을 갖고 있다. 그렇게 하면 이런 결과를 가져 온다는 식의 표현이 많다는 것이다. 하나님께서 인간에게 하신 최초의 말씀을 구조적으로 살펴보면

이 사실을 알 수가 있다. 하나님께서는 아담에게 "선악과를 먹으면 너는 정녕 죽으리라" 라고 하셨다. 주님께서 처음 외친 말씀도 같은 구조를 갖고 있다. 주님은 "회개하라 천국이 가까이 왔다"라고 말씀하셨는데 이는 회개하면 천국을 얻을 수 있다는 내용이다. 바울의 설교 구조도 같은 형식을 띠고 있다. 그는 간수에게 "주 예수를 믿으라. 그리하면 너와 네 집이 구원을 얻으리라" 라고 외쳤다. 이처럼 성경은 지금의 결단과 행동이 결국 미래에 영향을 미친다고 강조한다. 그래서 하나님의 말씀은 미래를 결정짓는 핵심 요소가 되는 것이다.

인간이 미래를 예언하는 방법은 크게 두 가지가 있다. 하나는 주어진 상황이나 각종 통계, 다양한 인간들의 지혜를 통해 미래를 예측하는 것이다. 이는 상당한 설득력이 있고 성과도 있었다. 예를 들면 제3의 물결, 권력 이동, 노동의 종말, 문명 충돌 등의 책들을 읽어보면 그들이 이러한 방법으로 미래를 예측한 것이 상당히 적중했다는 것을 알 수 있다. 그러나 이런 식의 예언은 정확도가 낮을 뿐만 아니라 실패할 수가 있다. 그리고 앞으로는 더욱 이런 식의 예언은 적중도가 낮을 것이다. 왜냐하면 이제 인간은 이성적으로 움직이는 존재가 아니라 감성적으로 움직이는 존재가 되었고, 인간의 감성을 움직이는 변수가 너무 다양하며, 그런 인간들에 의해서 만들어지는 상황은 더욱 복잡해져가고 있고, 인간은 그 상황을 통제하기가 점점 어려워지고 있기 때문이다. 몇년전 인류가 당한 금융 위기가 그 대표적인 사례이다. 그래서 이제 경제학은 죽었다는 말이 나오는 것이다.

다른 하나는 하나님의 말씀에 근거해서 미래를 예언하는 것이다. 하나님의 말씀은 진리이다. 하나님의 말씀 속에는 모든 상황, 모든 변수를 통합한 진리가 담겨져 있다. 그래서 사람들이 하나님의 말씀을 믿지 못하는 것이다. 인간은 자신의 경험, 지식, 성격, 감정 등을 바탕으로 미래를 말한다. 부분적인 것을 갖고 전체적인 것을 말하기 때문에 부적절하고, 부족하고, 불편하다. 하나님의 말씀에 문제가 있는 것이 아니라 인간의 판단력에 문제가 있는 것이다. 성경에 등장하는 선지자들, 즉 예언자들은 그 자신의 판단력에 근거해서 미래를 이야기 한 사람들이 아니다. 오직 하나님의 말씀에 근거해서 미래를 이야기 했다. 그러기에 역사는 그들의 예언이 적중했다는 것을 증명했다.

그런데 하나님의 예언은 그 시점과 상황이 중요한 변수가 된다. 즉, 정직한 자가 복을 받는다고 말씀하실 때, 정직의 의미는 상황과 관계되어 있고, 인간이 언제까지 정직해야 복을 받는가에 대한 그 시점도 중요하기에 인간은 하나님의 말씀을 연구해야 하고, 하나님의 예언이 이루어질 때까지 인내해야 한다. 인간은 하나님의 말씀을 통해 충분히 자신과 주변 사람들의 미래를 예측할 수 있다. 신명기 33장은 모세가 이스라엘 지파에 대해 예언한 말씀으로 가득 차 있다. 모세는 하나님이 주신 영감과 40년 동안 함께 그들과 지내면서 그들의 생각, 의지 감정, 행동을 보고 그들의 미래를 예언했다. 그리고 그 예언은 적중했다. 미래는 불확실한 시간이다. 그러나 하나님의 말씀과 그 인간이 갖고 있는 생각, 지식, 의지, 행동, 감정, 성격, 살아온 삶의 과정, 그리고 인간이 지닌 본성 등을 종합해 보면 인간은 자신의 미래는 물론 남의 미래까지 예언할 수 있다.

오해하는 인간

    일베르 카뮈는 인간은 오해하기 때문에 불행해 진다고 말했다. 세익스
피어 역시 그의 작품 오셀로를 통해 질투에서 생긴 오해 때문에 불행해진
한 남자의 이야기를 쓰고 있다. 그런데 인간은 오해하는 존재이다.

    성경을 보면 이를 알 수가 있다. 이삭을 예로 들어 보자. 그는 블레셋
왕 아비멜렉이 그의 아내 리브가를 후궁으로 취할 것이라고 오해를 했
다. 리브가는 아름다운 여인이고, 왕은 그녀의 아름다움에 취해 있다고
생각했다. 이삭은 아비멜렉이 자신을 죽이고 리브가를 아내로 취할 것이
라는 오해로 인해 아내를 누이동생이라고 거짓 고백을 했다. 살아남기
위함이었다. 이런 경우는 그의 아버지인 아브라함에게도 있었다.

    그렇다면 인간은 왜 오해를 하는가?

    첫째, 인간은 두려움 때문에 오해를 한다. 이삭은 왕에 대한 두려움이
있었다. 상대는 절대 권력을 가진자였다. 두려움은 판단을 흐리게 한다.
모든 판단은 객관적인 자료를 근거로 해야 한다. 그런데 두려움을 가지
게 되면 객관적인 자료를 수집할 능력과 여유가 없기에 즉흥적으로 판단

하게 된다. 오해를 하지 않으려면 평상심이 있어야 한다. 침착하고 여유가 있어야 한다.

둘째, 인간은 이기심 때문에 오해를 한다. 이삭은 아내를 빼앗겨도 자신만은 살아야 한다고 생각했다. 리브가 자신의 아내임을 왕이 알게 되면 틀림없이 자신을 죽일 것이라고 생각했다. 과거 왕이 그리했고 지금도 그리할 수 있는 가능성이 있다고 생각했다. 이기심이란 자기 위주로 유익 여부를 생각하는 대단히 강력한 인간 본성을 말한다. 인간은 자기중심으로 판단하고 해석하기 때문에 오해하기 쉽다. 자신의 유익을 위해 판단했지만 결국 오해하게 됨으로 자신에게 불이익을 주는 경우가 우리 주변에 허다하다. 모순이다. 어쩌면 이는 인간의 한계일 수도 있다.

셋째, 인간은 상대를 잘 모르기 때문에 오해하게 된다. 이삭은 왕 아비멜렉을 잘 몰랐다. 왕은 이삭의 아내 리브가를 취할 생각이 전혀 없었다. 오히려 왕은 이삭에게 호의를 갖고 있었다. 그렇다면 왜 이삭은 왕을 잘 몰랐을까? 이삭은 왕의 과거의 행동을 통해 왕을 평가 했다. 왕은 미인을 좋아했고, 자신이 좋아하는 여자를 권력을 통해 취한 경력이 있었다. 이삭은 그런 경력을 근거로 똑 같이 왕은 자신을 죽이고 아내를 취할 것이라는 생각을 했다. 인간은 그 행동을 반복하는 존재이다. 왕에게 그런 개연성이 없는 것은 아니었다. 그러나 그는 개연성을 필연성으로 확대 해석했다. 이는 경솔함이다.

넷째, 인간은 자신의 판단을 지나치게 과신하기에 오해한다. 그가 보기에는 그의 아내는 미인이었으나 왕이 보기에는 그렇지 않았다. 리브가는 미인이었으나 왕에게는 더 아름다운 여자들이 주변에 있었다. 인간은 내가 그렇게 생각하면 남도 그렇게 생각할 것이라고 추론을 한다. 이는 어리석은 생각이다.

다섯째 인간은 하나님의 뜻을 구하지 않았기에 오해한다. 이삭은 이 사건을 해결함에 있어서 하나님께 기도하지 않았다. 만약 그가 기도 했다면 오해를 하지 않았을 것이다. 기도는 하나님의 음성을 듣는 것이고, 경솔한 판단을 극복하는 시간을 버는 것이며, 주어진 상황을 다시 한 번 냉정하게 관찰하게 하는 여유를 갖는 것이다. 기도는 판단을 하기 전에 좀 더 깊이 고민하게 하는 시간을 갖게 한다. 그래서 기도하는 자는 실수를 적게 한다. 결국 이삭은 왕에 대해 오해함으로 아내에게 실망을 주었고, 왕에게 책망을 당하는 수모를 받았다.

마지막으로 세익스피어는 오해야말로 성격의 결과라고 주장했다. 그의 4대 비극 중 오델로는 아내를 오해해서 죽이는 죄를 범한다. 그의 아내는 정숙한 아내였다. 그러나 오델로는 남이 놓은 덫에 걸려 아내를 오해했다. 좀 더 신중했다면 이런 비극은 생기지 않았을 것이다. 의심이 많은 성격이 오해를 만들어 낸다. 성격이 운명을 만들어 낸다.

인간은 오해하는 존재이다. 그리고 그 오해 때문에 본인은 물론 남에게 결정적인 피해를 준다. 오해는 실로 무서운 과오이다. 그러기 때문에 인간은 오해하지 않도록 늘 조심해야 한다. 어떤 경우에도 경솔하게 판단해서는 안된다.

현대 정신병 중에 의처증, 의부증은 결국 부부가 서로 오해하는데서 생기는 질환이다. 오해하는 것도, 오해하게 하는 것도 미련한 짓이다

우상 숭배를 하는 인간

태초에 우상 숭배가 있었다. 아담과 하와가 사탄의 말을 듣고 선악과를 먹는 것은 우상숭배다. 성경에는 다양한 우상 숭배의 유형이 있다. 갈대아 우르, 야곱의 삼촌 라반의 집, 모세가 시내산에 있을 때, 솔로몬 시대, 여로보암 시대 등에서 다양한 우상 숭배가 있었다. 우상의 명칭도 다양하다. 몰렉, 바알, 바알브릿, 바알세불, 이스라롯, 이세라, 벨, 그모스 등 참으로 많다.

우상 숭배의 의식도 각양각색이다. 인신제사(레18/21) 이것은 사람을 죽여 제물로 드리는 잔인한 우상숭배 방법이다. 음란한 제사로 우상숭배를 하기도 했다.(출32/6-25) 이스라엘 백성들은 모압 여자들과 음행을 하면서 우상숭배를 했다.(민25/1-3) 죽은 자를 위한 우상 숭배도 있었다. 우상숭배 방법은 잔인했다. 피를 뿌리기도 했고, 살을 자르기도 했다.(왕상18/28) 우상에게 입을 맞추기도 했고(왕상19/18) 절을 하기도 했고(렘1/16) 우상에게 기도하고 찬양하기도 했다.(삿10/14) 물론 예물을 드리기도 했고, 노래하고 춤을 추며, 음악을 연주하기도 했다.(출32/18-19) 우상의 형태도 다양했다. 태양, 달, 별, 천사의 상, 동물들, 황금송아지, 애굽의 신들, 구리뱀, 석상들, 벽화, 장신구, 수 염소, 재물, 에봇, 인간, 마귀 등이 다 우상이었다. 우상숭배를 하는 자들이 있는가 하면 우상을 타파하는 자들도 있었다. 야곱(창35/2-3) 모세(출32/19-20) 기드온(삿6/28-29) 다윗(대상14/12) 히스기야(왕하18/3-6) 요시야(왕하23/3-4) 들은 우상을 타파한 자들이다.

그렇다면 왜 인간은 우상을 숭배하는가? 우선 인간의 부패한 마음 때문에 우상을 숭배한다.(롬1/21-23) 마음이 부패했다는 것은 마음이 무지하다는 것이다. 무지한 자가 우상을 숭배한다. 우상 숭배자들을 가까이 하면 자신도 우상 숭배를 하게 되고(민25/1-3) 이방 사람들과 결혼하면 상대의 영향을 받아 결국 우상숭배를 하게 된다. 탐심이 우상 숭배를 하는 원인이 된다.(골3/5) 우상숭배는 우상의 힘을 빌러 자신이 원하는 여러 가지를 얻고자 하는 행위이다.

그런데 하나님께서는 우상숭배를 금하셨다.(출20/3) 우상을 마음에 들이지 말고, 우상으로 스스로를 더럽히지 말 것이며, 그 어떤 형상도 만들지 말고, 섬기지 말라고 하셨다. 우상과 언약을 맺지 말 것이며, 경배하지 말고 우상의 이름을 부르지도 말라고 하셨다. 우상에게 드려진 제물도 멀리하라고 하셨다. 하나님께서 이처럼 우상을 섬기지 말라고 하신 이유는 명확하다. 우상은 인간에게 도움을 주지 못한다.(신32/37-38) 우상을 존재하지 않는 것이기에 인간에게 화를 주지도 못하고 복도 주지 못한다.(렘10/5) 허탄한 것이고(시96/5) 부정한 것이고(고후6/16-18) 그래서 파괴되어야 할 것이다.(출23/24)

그러나 불행하게도 우상을 숭배하는 자들이 많다. 그래서 멸망을 당한다.(신8/19-20) 저주를 받고(신32/15-16) 올무에 걸리며(삿2/3) 결국에는 하나님께 버림을 받는다.(왕상9/6-9) 그리스도인들은 우상을 제거하는 사람들이다. 우상 숭배자들을 처벌해야 하고(신17/2-5) 그들의 무지와 탐욕을 신앙으로 공박해야 하며(사44/6-8) 스스로 정욕을 억제해서 우상 숭배를 함정에 빠지지 않아야 한다.(골3/5)

오늘날 그리스도인들 중에는 하나님도 믿고 우상도 숭배하는 자들이 많다. 예수를 믿는다고 하면서도 점쟁이를 찾아가고, 명당자리에 조상을 묻으려고 하며, 꿈을 믿는 것은 다 우상 숭배이다. 엄밀하게 말하면 하나님보다 더 사랑하고 신뢰하는 것은 다 우상 숭배이다. 그것이 돈이건 권력, 명예, 국가이건 심지어 가족이라고 할지라고 하나님보다 더 우선 순위에 두면 다 우상숭배이다. 그러기에 믿는다는 것은 모험이고 위험이며 공포다. 신앙은 우선순위를 분명하게 설정한 후 행동하는 자기 선언이다. 먼저 하나님을 최우선에 두고 그 다음은 각자의 신념과 가치에 따라 서열을 정해 행동해야 한다. 삶은 충돌이다. 하나님과 가족, 하나님과 돈, 하나님과 쾌락, 하나님과 명예, 하나님과 연인 등과 서로 충돌하면서 살아가는 것이 신앙생활이다. 이 충돌이 갈등을 가져 온다. 그러나 우리는 갈등 속에서도 결국 하나님을 먼저 택해야 한다. 그래야 다른 것도 얻는다.

갈등 없는 선택은 진정한 선택이 아니다. 갈등을 통해 선택해야 후회가 없다.

유랑하는 인간

인간은 유랑하는 존재이다. 유랑은 아름답기도 하고 처연하기도 하다. 집시는 유랑하는 인간의 상징적 존재이다. 그렇다면 성경은 언제부터 인간의 유랑을 보여주고 있는가? 인간의 유랑은 가인 때부터라고 성경은 밝히고 있다. 가인이 그 동생 아벨을 죽인 이후 하나님께서는 가인을 심판하면서 유랑하는 존재가 될 것이라고 말씀하셨다. 인간의 유랑은 일종의 형벌이다.

그런데 유랑이란 무엇일까? 그것은 한 곳에 정착하지 못하고 이곳저곳을 방황하는 것이고, 이곳저곳을 기웃거리는 것이다. 유랑은 목표가 있기도 하고 목표가 없기도 한 인간의 행동이다. 유랑은 그 목표를 이루지 못해 다시 떠나는 행동이고, 목표를 이루었다 해도 그 목표에 만족하지 못해 다시 떠나는 인간 행동이다. 유랑은 한 곳에 있으면서도 그 곳에 만족하지 못해 새로운 것을 동경하는 것이다. 인간의 유랑은 행동이면서 동시에 마음 상태이다. 인간은 행동하는 유랑도 하지만 행동 없는 유랑, 즉 마음의 유랑도 한다. 유랑하는 인간은 불안하기도 하고, 새로운 것을 동경하기에 창조하는 용기도 있게 마련이다.

유랑은 문화의 기원이다. 인간은 유랑을 통해 예술을 만들어 내고 문화를 만들어 낸다. 참으로 놀라운 것은 가인의 후손 중에 야발은 목축업을 시작했고, 두발가인은 기계, 즉 도구를 만들어 냈으며, 유발은 음악을 창시했다. 그리고 라멕은 성경 역사상 처음으로 두 아내를 거느리는 남편이 되었다. 일부다처가 시작된 것이다.

문화에 대한 정의는 실로 다양하다. 일반적으로 문화란 인간이 살아가는 모든 의식과 행동 양식을 총칭한다. 언어, 습관, 의복, 예술, 산업, 종교 등이 다 문화의 범주 안에 포함된다. 문화가 다르면 행동 양식이나 가치 기준이 다르고, 정신 상태, 의식 수준이 다르다. 인간의 행복이나 불행, 성공이나 실패도 문화에 따라 그 기준이 다르다. 문화는 변한다. 문화를 만들어낸 가인이 이미 유랑하는 존재이기에 문화도 유랑하기 마련이다. 그러기에 노인의 문화 의식과 청소년의 문화 의식이 다를 수밖에 없다. 흔히 세대 간의 갈등이라는 말이 있지만 이는 문화의 충돌을 의미한다. 이 문화의 충돌은 막을 수도 없고, 그 피해는 실로 엄청나다. 그래서 인류는 문화의 충돌로 인해 망한다는 역사학자도 생겨난다. 성격차이라는 말도 문화의 차이를 뜻하며, 말이 안 통한다는 말도 실상은 문화가 서로 다르기에 어쩔 수 없이 생겨나는 현상이다. 종교 전쟁도 일종의 문화 전쟁이다.

흔히 다르다는 말과 틀렸다는 말은 구분해야 한다고들 한다. 맞는 말이다. 다르다는 의미는 문화가 다르다는 것이고, 틀렸다는 말은 윤리적으로 법적으로 잘못되었다는 말이다. 이런 문화가 유랑하는 가인의 후손들에게서 만들어졌다는 성경의 가르침은 대단히 중요한 의미를 갖는다. 성경은 인간이 만들어 낸 문화는 유랑하는 자에게서 만들어진 것이기에 불완전한 것이고, 변하는 것이며, 변해야 한다는 것을 암시한다.

그렇다면 우리 그리스도인들은 문화에 대해 어떤 태도를 취해야 하는가? 그 길은 3가지가 있다. 문화를 따르는 것, 문화를 거역하는 것, 문화를 변화시키는 것이다. 가장 좋은 방법은 문화를 변화시키는 것이다. 그리스도는 문화를 변화시키기 위해 오신 분이시다. 사실상 기독교는 로마 문화를 변화시켰다. 그러나 불행하게도 기독교는 로마를 변화시킨 후, 계속 변화하지 않았다. 고인 물은 썩게 마련이다. 죄인 가인의 유랑에서 만들어진 문화는 불완전한 유랑의 문화이다. 문화는 계속 완전을 향해 유랑해야 한다.

그리스도의 삶이야말로 완전한 문화의 상징이다. 하나님께서 형벌로서 가인에게 준 유랑하는 삶은 문화 창조의 기원이었다. 그렇다면 가인에게 준 유랑의 형벌은 어떤 의미를 갖는가? 유랑은 형벌이면서 동시에 은총이다. 하나님께서는 가인의 죄에 대해 심판하면서도 그에게 문화 창조의 시조가 되는 축복을 주셨다. 바로 이것이 하나님의 사랑이다. 사랑이란 고통을 주면서도 동시에 창조의 기회를 주는 것이다. 고통과 동시에 다시 시작하게 하는 힘을 주시는 것, 그것이 하나님의 사랑이다. 유랑하는 자에게 창조하는 기쁨이 주어진다. 이 세상에서 가장 어리석은 사람은 유랑하면서도 창조하지 못하는 사람이다.

유언하는 인간

유언이라는 말은 쓸쓸하고 무거운 느낌을 주지만, 장엄하고 간절한 느낌도 동시에 준다. 유언이란 한 인간이 죽어가면서 마지막으로 살아있는 사람에게 주는 말이기 때문이다. 유언은 단순한 말이 아니다. 부탁의 말이다. 그러기에 유언을 듣는 자는 마음이 무겁고 그 말을 명심해서 마음에 새기며, 할 수 있다면 그 부탁을 들어주려는 간절한 자세가 있게 마련이다. 성경에는 유언들이 제법 있다. 야곱은 운명 직전에 그의 열두 아들에게 유언을 했으며, 신명기는 사실상 모세의 유언 설교집이다. 여호수아도 죽기 전에 유언을 했다. 요한복음 15장부터 17장은 주님이 제자들에게 주는 마지막 가르침이라는 점에서 일종의 유언장이다. 사람들 중에는 생전에 유언장을 써 두는 사람들이 제법 많다. 왜냐하면, 죽음이란 갑자기 오는 손님 같은 것이고 아무 유언 없이 인간이 죽으면 남아 있는 자들이 큰 혼란을 당하게 되면서 비극적인 일들이 생겨날 수가 있고, 이를 방지하기 위해 사전에 죽은 자의 뜻을 밝혀 두는 것은 일종이 지혜라고 생각하기 때문이다. 유언을 하려면 몇 가지 조건이 충족되어야 한다. 일단 사랑하는 사람이 있어야 한다. 유언은 지나가는 나그네에게 하는 부탁이 아니다. 유언은 사랑하는 사람에게 마지막으로 하는 부탁이다. 성경이 이를 증명한다. 야곱은 아들들에게, 모세와 여호수아는 그가 40년간 사랑해온 이스라엘 백성들에게, 주님은 3년 동안 그리고 앞으로도 계속 주님의 일을 해야 할 사랑하는 제자들에게 했다. 유언은 누군가를 사랑한 사람만이 할 수 있는 거룩한 행위이다.

그리고 유언은 그 내용이 분명해야 하기에 자기 뜻이 분명한 사람만이 할 수 있다. 뜻을 세우고, 뜻을 이루고, 뜻이 이루어지기를 원하는 사람만이 유언을 할 수 있다. 아무렇게나 인생을 살아온 사람은 유언을 할 수 없다. 유언을 하려는 의지도 없다. 그럴 필요성도 느끼지 않는다. 그러기에 유언을 한다는 그 자체는 인생을 열심히 살아왔다는 하나의 분명한 증거이다.

아울러 유언은 미래를 생각하고, 그 미래를 대처하는 지혜로운 사람만이 할 수 있다. 유언이란 일반적으로 미래의 일에 대한 죽은 자의 생각을 기록해 놓은 것이다. 물론 어떤 사람은 남은 자들에게 지난날에 대한 감사를 기록해 놓기도 하지만, 핵심은 역시 미래의 일에 대한 자신의 생각이다. 그러기에 미래를 생각하지 못하는 사람은 유언을 할 수가 없다. 유언은 죽은 자의 마지막 말이기 때문에 듣는 자에게는 상당한 부담이 된다. 유언은 법적 구속력도 갖는다. 유언대로 행동한다는 것은 죽은 자에 대한 최고의 예의이다. 유언대로 행하지 않으면 사실상 유언한 자와 유언을 받은 자의 관계는 단절되고 소멸된다. 아버지의 유언대로 행하지 않은 아들은 불효자이다.

그런데 유언을 받은 자가 유언대로 행동하기는 쉽지 않다. 모세와 여호수아의 유언은 지켜지지 않았다. 모세와 여호수아는 오직 하나님만 섬기라고 유언을 했다. 그러나 이스라엘 사람들은 그 유언대로 행하지 않아 우상숭배를 하게 되었고 이로 인해 하나님의 심판을 받았다. 다행히 주님의 유언은 그대로 이행되었다. 주님은 제자들에게 복음을 전파하고, 서로 사랑하라고 유언을 했다. 제자들은 모두 복음을 전했으며 그 중 11명은 당당하게 순교를 당했다. 그들은 서로 사랑했다. 초기 예루살렘 교회에 구제문제와 바울 사도 문제로 인해 갈등이 주어졌을 때 그들은 사랑으로 이를 잘 해결했다.

사람들은 자신의 유언대로 집행이 되지 않을 것이라는 것을 예감하기 때문에 유언하는 것을 꺼려하기도 한다. 그러나 인간은 유언하는 존재이다. 유언장을 써두는 것은 일종의 지혜이다. 인간은 유언장을 쓰려고 할 때 많은 것을 생각하게 된다. 죽음을 전제하고 마지막으로 사랑하는 사람에게 쓰는 글이기 때문이다. 자기반성도 하게 되고, 삶에 있어서 가장 중요한 것이 무엇인가를 생각해 보기도 하며, 사랑하는 사람에 대해서도 가장 진지하게 생각해 보기도 한다. 유언장은 죽을 때가 되어서 쓰는 글만은 아니다. 인간은 가끔 유언장을 써보아야 한다. 그래야 인생의 맛과 멋을 알 수가 있고 자신이 전력을 다해 해야 할 사명도 알 수가 있다. 유언장을 써보면 시간 낭비도 줄일 수 있고, 사소한 일에 목숨을 거는 어리석은 일도 하지 않게 되며, 주어진 삶을 보다 진지하게 살 수가 있다. 유언장을 쓸 수 있는 사람은 지혜로운 사람이고 행복한 사람이다.

음식을 먹어야 사는 인간

인간은 음식을 먹어야만 살 수 있는 존재이다. '살기 위해서 먹느냐, 먹기 위해서 사느냐'라는 우문이 있다. 그러나 이 질문은 사실 인간의 삶 속에서 가장 엄숙하고 처절한 질문이다. 사실대로 말하면 인간은 살기 위해서 음식을 먹어야 하는 존재이다. 그러나 음식을 먹어야 살 수 있는 존재이기에 그 사실을 역설적으로 표현하기 위해서 먹기 위해서 산다는 표현을 사용할 수도 있다. 성경을 보면 하나님께서 인간에게 주신 최초의 축복은 음식물을 주신 것이다. 창세기를 읽어보면 이 사실을 알 수가 있다. 하나님께서 나무의 열매와 채소를 만드신 후에 아담에게 열매와 채소를 음식물로 주신다고 말씀하셨다.

인간은 배우자가 없어도 살 수 있고 자식이 없어도 살 수가 있다. 그러나 음식물이 없으면 살 수가 없다. 그러기에 인간은 음식을 먹을 권리가 있다. 이것이 가장 기본적인 생존권이다. 이 땅에 생겨난 모든 이데올로기는 사실상 먹는 문제에 대한 이론이다. 자본주의, 공산주의, 사회주의가 다 그것이고, 민주나 독재, 왕정, 공화제 등도 먹는 문제를 효율적으로 해결하기 위한 정치제도에 대한 이론에 불과하다. 인간은 살아야 한다. 그러기에 음식을 먹는 문제는 가장 큰 문제이다. 성경에 음식에 대한 다양한 규례가 있는 것이 다 이런 이유 때문이다. 먹는 문제가 해결되지 않으면 인간은 짐승이 된다. 따라서 도덕이나 명분, 대의는 의미가 없다. 엘리사 시대에 아람 왕이 이스라엘을 침공하여 도단성을 포위하였다. 결국 이스라엘 사람들은 처음에는 가축을 잡아먹다가 나중에는 인간의 시체를, 결국에는 어린아이들을 잡아 먹었다. 음식을 먹는 문제가 해결되지 않았을 때 생기는 극단적인 예를 우리는 여기서 확인하게 된다.

정부가 하는 가장 기본적인 일은 먹는 문제를 해결하는 것이다. 그 어떤 정치 지도자도 먹는 문제, 즉 경제적인 문제를 해결하지 못하면 국민들에게 지지를 받지 못한다. 예를 들면, 그 당시 독재라고 비난의 대상이었던 박대통령도 경제 문제를 해결하여 국민들로 하여금 가난에서 벗어나게 해주었다고 해서 가장 유능한 대통령으로 추앙을 받고 있고, 미국의 어느 대통령은 도덕적 추문에도 불구하고 경제를 안정시켰다고 해서 재선에 성공했다. 국가간의 전쟁도 사실상 경제 문제로 인해 생긴다. 고구려 광개토대왕은 비옥한 땅을 얻기 위해 백제를 정벌했다.

하나님께서 이스라엘 백성들을 가나안 땅으로 이주 시킨 것도 일차적으로 먹는 문제를 해결하기 위한 것이었고, 그들에게 애굽 탈출의 동기를 부여하기 위해 제시한 구호도 '젖과 꿀이 흐르는 땅으로 가자'라는 것이었다. 여호수아가 가나안 땅을 점령한 후에 땅을 분배할 때, 인구 비례로 땅을 분배했다. 이 역시 먹는 문제를 고려한 배려였다. 이스라엘 장로들이 여호수아에게 따로 개인 소유의 땅을 드린 것 역시 지도자로서 먹는 문제를 해결하여 소위 체면을 유지하도록 하기 위해 한 것이다. 먹는 문제는 생존의 문제이면서 동시에 사회적 체면 문제이다. 그래서 맹자는 '항산(恒産)이 있어야 항심(恒心)이 있다'는 명언을 남긴 것이다. 이 말은 일정한 재산이 있어야 좋은 생각과 행동도 할 수 있다는 뜻이다.

그렇다면 이 먹는 문제를 해결하기 위해 인간은 무엇을 해야 하는가?

첫째는 일하는 것이다. 노동이야말로 먹는 문제를 해결하는 가장 중요한 방법이다. 그래서 바울은 일하지 않으면 먹지도 말라고 경고한 것이다. 하나님께서 인간에게 주신 최초의 명령도 노동에 대한 명령이었다. 생존권이란 일할 권리를 의미한다.

둘째, 하나님의 축복을 받는 것이다. 이스라엘 사람들은 광야에서 40년을 살았다. 광야에서 저들은 노동을 했다. 그러나 저들은 노동만으로는 충분히 먹는 문제가 해결되지 않았다. 광야이기 때문이다. 그래서 하나님께서는 만나와 메추라기를 저들에게 40년간 주었다. 이는 하나님께서 복을 주시지 않으면 인간은 먹는 문제를 충분히 해결할 수 없다는 것을 보여주는 것이다.

셋째, 가난한 사람들을 배려하는 제도를 만드는 것이다. 성경은 이를 분명히 강조한다. 그래서 추수를 할 때도 십분의 일을 남겨 가난한 사람들이 추수할 수 있도록 배려를 했고, 희년이 되면 모든 빚을 탕감하도록 했으며, 동족끼리는 이자를 받고 돈을 빌려주는 제도를 금지한 것이다. 복지제도가 이미 성경에 있었다.

인간은 음식을 먹어야 살 수 있는 존재이다. 음식을 먹으면서 교제하고 친밀해진다. 공동체는 인간의 먹을거리에 책임을 져야 한다.

의심하는 인간

정신 질환 중에 사람을 의심하는 병이 있다. 남편을 의심하면 의부증, 아내를 의심하면 의처증이라고 부른다. 그런데 이런 정신 행동은 인간 실존의 원형 중에 하나이다. 하나님께서 아담과 하와를 만드신 후 그들은 에덴동산에서 행복하게 살았다. 그들이 불행하게 된 것은 하나님의 말씀을 의심했기 때문이다. 하나님께서는 그들에게 선악과를 먹지 말 것과 먹으면 반드시 죽을 것이라고 경고를 하셨다. 그러나 그들은 사탄의 말을 듣고 하나님 말씀을 의심했다. 결국, 그들은 선악과를 먹었고 그 결과 그들은 하나님과의 관계가 단절이 되면서 에덴동산에서 추방되는 형벌을 받았다.

인간의 불행은 하나님의 말씀을 의심하는데서 시작되었다. 사울왕은 그의 사위 다윗을 의심했다. 국민적 지지를 받는 다윗이 왕위를 찬탈할 것이라고 의심한 것이다. 사울왕은 다윗을 죽이려고 무려 13년 동안 집요하게 다윗을 추적했고, 결과적으로 국력을 낭비하고 정사를 잘 돌보지 못해 나라를 망하게 하는 원인을 제공했다. 믿어야 할 인간을 믿지 못함으로 인간은 불행해진다. 대제사장들과 장로들은 주님이 메시아임을 믿지 못했다. 주님은 그들에게 스스로 메시아 즉 그리스도임을 밝혔고 여러 가지 증거를 제시했다. 그러나 그들은 주님을 의심했고 급기야 주님을 죽이는 죄를 범하였다. 의심은 관계의 단절을 가져 온다. 하나님과 아담은 의심 때문에 그 관계가 단절되었다. 의심은 생명의 에너지를 소비시키고, 자신의 책임을 망각하게 되며 불필요한 일에 시간과 돈을 쏟게 하여 결국 스스로 몰락의 길을 걷게 한다. 의심은 상대를 괴롭히고 심지어 죽게 한다. 그러면서도 의심하는 사람은 그것이 죄인 줄 모른다. 상대를 괴롭히면서도 괴롭히지 않는다고 항변하며, 상대를 죽이면서도 그것이 죄인 줄 모른다. 참으로 의심은 모든 불행을 만들어 내는 원흉이다.

그렇다면 왜 인간은 상대를 의심하는가?

첫째, 자신의 이익을 탐하게 되면 상대를 의심한다. 이기주의자가 의심이 더 많다는 것이다. 아담, 하와, 사울, 대제사장들, 그들은 모두 자신의 이익을 우선했기에 상대를 의심했다. 아담과 하와는 선악과를 먹음으로 하나님과 동등하게 된다고 생각했기에 하나님의 말씀을 의심했고, 사울왕은 다윗이 왕위를 찬탈할 것이라고 생각했으며 왕위를 지키기 위해서는 다윗을 죽여야 한다고 판단했다. 대제사장들은 유대교의 최고 지도자들이다. 주님이 오시기 전까지 그들은 종교적 권위로 많은 경제적 이익을 얻었고 백성들의 존경을 받았다. 그러나 주님이 오신 후, 그들의 권위는 무너지기 시작했다. 그들은 주님을 죽임으로 그들의 종교적 이익을 유지하려고 했다.

둘째, 남에게 자극을 받음으로 상대를 의심하게 된다. 아담과 하와는 사탄에게 자극을 받았고, 사울은 다윗을 칭송하는 이스라엘 여인네들에게 자극을 받았으며, 대제사장들은 주님을 따르고 주님을 메시아로 고백하는 백성들에게 자극을 받았다. 의심은 단순한 정신 행동이 아니다. 외부의 자극을 받아 생기는 정신 행동이다. 즉 의심은 그 의심을 만들어내는 외부 요소가 있다는 것이다. 의부증이나 의처증도 마찬가지이다.

셋째, 의심은 합리적인 판단이 결핍됨으로 생긴다. 아담과 하와는 자신을 만드신 분이 하나님이라는 합리적 판단을 망각했다. 사울은 다윗이 자신의 사위라는 합리적 판단을 외면했다. 그리고 다윗이 사울을 죽일 여러 번의 기회가 있었음에도 불구하고 자신을 죽이지 않았다는 합리적 증거를 외면했다. 대제사장들도 마찬가지이다. 주님은 스스로 메시아임을 증명했다. 수많은 기적을 통해, 그의 가르침을 통해 그를 따르는 수많은 민중들을 통해 메시아임을 보여 주었고, 대제사장은 그들이 신봉하는 구약 성서의 예언을 통해 주님이 메시아임을 알수 있었다. 그러나 그들은 그런 합리적 판단을 외면했다.

마지막으로 결단하지 못하면 의심하게 된다. 상대를 믿는다는 것은 실로 어려운 일이다. 인간은 어떤 명백한 증거를 통해 상대를 믿으려고 한다. 이해가 된다. 그러나 매번 상대를 믿을 명백한 증거는 없다. 인간은 믿어야 할 상대이기에 증거 없이 그냥 믿는 결단이 필요하다. 사랑하기에 믿는 것이고, 하나님이시기에 믿는 것이며, 내가 살기 위해서 믿는 것이다. 진정한 믿음은 증거에 의해서 믿는 것이 아니라 결단에 의해서 믿는 것이다.

이기적인 인간

인간은 이기적인 존재이다. 리처드 도킨스는 인간에게는 이기적인 유전자가 있고, 그 유전자가 인간을 진화시킨다고 주장했다. 그의 견해에는 나름대로 일리가 있다. 물론 이기적 유전자에 의한 생물학적 진화론은 하나의 학설일 뿐 그 이상도 그 이하도 아니다. 하나님께서는 인간을 이기적 존재로 창조하셨다. 그리고 그 이기심은 자유라고 하는 행동 양식을 따라 선으로 또는 악으로 나타난다. 아담의 범죄는 하나님과 동등한 존재가 되고 싶어 하는 이기심에서 생겨났고, 아브라함의 가나안 여행도 아들을 얻겠다는 이기심에서 시작되었으며, 가인의 살인 사건도 이기심 때문에 벌어졌다. 아브라함과 롯의 분쟁이나, 다윗에 대한 사울왕의 증오도, 주님에 대한 바리새인들의 핍박, 오해도 다 이기심 때문에 생겨났다.

그러나 이기심이 인간에게 유익한 면도 있다. 이기심이란 본래 자기의 이익을 지키려는 본성에 근거를 둔 생각, 행동을 총칭하는 말이다. 인간에게는 이기심이 있기 때문에 자기를 지킬 수 있으며, 종족을 보전할 수 있고, 새로운 것들을 만들어 낸다. 인간의 문명이나 문화는 이기심 때문에 생겨나고 발전한다. 가장 강력한 추진력은 이기심에 그 바탕을 둔다. 이기심에 자극을 주지 않으면 인간은 강한 추진력을 가질 수 없고, 성취 동기도 가질 수 없다. 이기심에 자극을 주어야 인간은 집중력을 갖게 되면서 큰 성과를 얻을 수 있다. 자본주의와 공산주의의 극명한 차이는 인간이 가진 이기심에 대한 해석에 있다. 자본주의는 인간 이기심을 긍정적으로 받아들여 자유 경쟁을 통해 성과를 극대화하려는 사상이다. 많이 일하면 많이 얻을 수 있다는 논리이다. 분명 이 이론은 인간 이기심을 자극하여 많은 성과를 얻어냈다. 그러나 이 이론은 이기심에 자극을 주어 성과를 극대화 하겠다는 나름대로의 타당성을 지니고 있지만, 그 이기심을 바탕으로 어떤 행동을 할 때 사회적 약자에 대한 배려가 없다.

인간에게 주어진 이기심은 다 동일하지만 인간이 지닌 능력과 환경은 각각 다르다. 그러기에 행동의 성과도 각각 다르다. 그래서 사회적 약자들은 고통을 당하게 되고 약탈의 대상이 될 수도 있게 된다. 반대로 공산주의는 인간이 지닌 이기심을 일정한 수준으로 제한하고 얻어진 성과를 모든 사람들이 골고루 분배하도록 강조하는 이론이다. 사회적 약자들에 대한 배려를 우선시하는 것이다. 그런데 공산주의 이론은 인간 이기심을 제한하기 때문에 큰 성과물을 얻을 수가 없다. 인간은 이기심을 바탕으로 경쟁해야 큰 것을 얻을 수가 있다. 그래서 공산주의는 자본주의에 비해 따듯하긴 해도 발전과 진보가 적고, 성과물도 적어 시간이 흐를수록 무너지게 마련이다. 그래서 이 땅에 공산주의가 망한 것이다.

성경은 인간이 지닌 이기심을 잘 활용하면서 동시에 그 이기심이 타락하지 못하도록 강력한 제동 장치를 해 놓았다. 축복과 저주가 그것이다. 하나님이 주시는 축복은 이기심을 통제하고 이기심이 타락하지 않도록 하기 위해서 주시는 선물이고, 저주 역시 이기심이 타락하는 것을 방지하기 위해 주어지는 형벌이다. 타락하지 않은 이기심을 가진 자에게는 축복을, 타락한 이기심을 지닌 자에게는 저주를 하나님께서 선포한 것이다. 성경을 보라! 하나님의 계명은 이기심을 인정하되 그 이기심이 타락하지 못하도록 하는 장치인 것을 알 수 있을 것이다. 하나님이 주신 계명 중에 가장 최고의 계명은 사랑이다. 하나님께서는 이웃과 하나님을 네 몸처럼 사랑하라고 말씀하셨다. 사랑의 대상은 이웃과 하나님이시지만 그 사랑의 방법은 자기를 사랑하는 이기심을 바탕으로 하고 있다. 인간은 자기를 사랑하는 그 이기심처럼 이웃과 하나님도 사랑해야 한다는 것이다.

왜 사랑이 최고의 계명인가? 사랑이야말로 이기심이면서 동시에 이기심을 극복하는 유일한 방법이기 때문이다. 흔히 자기와의 싸움이라는 말을 많이 한다. 자기를 이기는 자가 큰 승리자라는 말도 있다. 자기와 싸운다는 이 말은 결국 자신 마음속에 내재해 있는 이기심이라는 본성과 싸운다는 뜻이다. 예수님은 이 싸움에서 승리하신 분이시다. 주님은 십자가를 지시기 직전, "내 뜻대로 마옵시고 아버지의 뜻대로 하옵소서!" 라고 기도하셨다. 인간은 이기적 존재이다. 바로 이것이 인간에게는 빛과 어둠이 된다. 신앙이란 결국 이기심을 인정하되 그 이기심이 타락하지 못하도록 막는 힘을 얻는 최고의 통로인 셈이다.

이별하는 인간

   혼히 인간은 만나면 이별하고, 이별하면 다시 만난다고 말한다. 이는 만남과 이별은 인간의 존재 양식이라는 뜻이다. 만남은 쉽지만 이별은 어렵고, 만남은 기쁨이나 이별은 슬픔이다. 성경을 보면 다양한 이별 양식들이 있다. 아브라함과 조카 롯처럼 서로의 유익을 위해 합의하에 이별하는 경우도 있고, 바울과 바나바처럼 서로 의견이 달라 다투고 나서 이별하는 경우도 있다. 에서와 야곱처럼 화를 피하기 위해 한 쪽이 도망가는 이별도 있으며, 야곱과 라반처럼 하나님의 뜻을 이루기 위해 이별하는 경우도 있다. 인간은 이별하는 존재이다. 그러기에 이별은 아름다워야 하고, 의미가 있어야 한다. 이별은 좋은 추억이라야 하고, 창조와 발전이 있는 이별이라야 한다. 이별을 지혜롭게 하지 못하면 서로 저주하게 되고 상처만 남게 되면서 서로 불행하게 된다. 인간은 이별을 잘해야 한다.

   그렇다면, 이별의 지혜는 무엇인가? 우리는 그 지혜를 창31:43-55에서 배울 수가 있다. 야곱은 형을 속인 후, 도망을 하여 외삼촌 라반의 집에서 근 20년간 기숙하면서 살았다. 그곳에서 결혼을 하여 자녀를 낳았고,

돈도 벌어 부자가 되었다. 이제 야곱은 고향으로 돌아가고 싶었다. 외삼촌 몰래 고향으로 돌아가다가 결국 외삼촌에게 붙잡혀 곤혹을 치르게 되었다. 그러나 두 사람은 대화를 통해 아름다운 이별을 하기로 결정했다.

그들의 이별에는 몇 가지 특징이 있었다.

첫째, 그들은 서로 좋았던 시절을 회상하면서 이별을 했다. 인간은 이별할 때, 그동안 있었던 일 중에 부정적인 것들을 서로 말해 상처를 서로 받는 경우가 허다하다. 모든 만남이 다 즐거운 것만 있는 것이 아니다. 사람과의 관계 속에는 서로 섭섭했던 일, 서로 상처를 주었던 말들이 있게 마련이다. 아름다운 이별을 하려면 그런 부정적인 과거를 회상하게 만드는 언행을 하지 말아야 한다. 만약 이별할 때, 서로에게 상처를 주는 언행을 하게 되면 그 이별은 추한 이별이 되기 쉽다.

둘째, 그들은 앞으로 서로 해치지 않기로 약속을 하면서 이별을 했다. 그들은 이해관계가 달라서 이별을 했다. 그러나 그들은 서로 해치지 않기로 약속을 했다. 그들이 비록 갈등과 분쟁으로 이별을 했지만, 그들은 장인과 사위였고 언젠가는 다시 만나야 할 사람들이었기 때문이다. 한 번 이별은 영원한 이별이 아니다. 모든 이별은 다시 만날 것을 전제로 한다. 이별은 새로운 관계를 약속하는 행동이다. 서로 악한 감정을 품지 않아야 하며, 비록 이별하지만 앞으로 서로 도와주면서 살자고 약속해야 한다. 그래야 이별은 창조가 되는 것이다. 인간의 이해관계는 상황에 따라 얼마든지 달라질 수 있다. 오늘 이 상황에서는 서로 적대 관계가 되었지만 내일 새로운 상황이 주어지면 서로 친구가 되어야 하는 경우도 비일비재하다.

셋째, 그들은 서로 하나님의 은혜가 있기를 축원하면서 이별했다. 그들은 감정들이 서로 상해 있었다. 라반은 야곱이 자신을 배신했다고 생각했고, 야곱은 라반이 자신을 홀대해서 정당한 보상을 해주지 않았다고 생각했다. 그러나 그들은 이별할 때, 그런 감정을 누르고 서로 하나님의 축복을 받으라고 덕담을 했다. 이별하는 순간, 서로 한마디 주고받는 말이 그 이별의 품격을 결정한다. 그들은 진심으로 서로가 잘되기를 원했다. 그들은 위선적인 덕담을 한 것이 아니라 진실한 마음으로 덕담을 했다. 그러기에 그들은 서로의 마음을 읽을 수가 있었고, 아름다운 이별을 할 수가 있었다. 인간은 이별할 때 험담을 하기 쉽다. 인지상정이긴 하나 본받을 만한 것은 아니다. 이별하는 사람들은 서로가 품격을 잃지 않도록 노력을 해야 한다.

마지막으로 그들은 하나님 앞에 예배를 드림으로 그들의 이별이 아름다운 이별이 되도록 노력했고, 그들의 이별이 서로에게 유익이 되며, 새로운 창조가 되도록 했다. 아름다운 이별은 하나님 앞에서 이루어지는 이별이다. 하나님의 뜻을 이루기 위한 이별이야말로 최고의 이별이다. 하나님을 위한 이별은 서로에게 축복이 되는 이별이다. 하나님 앞에서의 이별이란 그 이별이 서로에게 창조와 발전이 이루어지는 이별이 되도록 결단하는 이별이다. 하나님의 뜻을 이루기 위해 하나님이 축복하는 이별이야말로 최고의 이별이다.

그렇다. 인간은 이별하는 존재이다. 모든 관계는 이별함으로 끝이 난다. 이별은 달콤한 추억이라야 되며, 새로운 출발이라야 한다. 그래야 인생은 아름다워지는 것이다.

이상을 추구하는 인간

인간은 이상을 추구하는 존재이다. 하나님의 형상을 닮았기에 그렇다. 이상이란 무엇인가? 현실의 문제점을 파악하여 그것을 정당한 방법으로 고쳐 나가면서, 인간들의 삶을 보다 가치 있게 하려는 꿈을 이상이라고 말한다. 인간에게는 그런 이상을 추구하려는 본성이 있다. 이상주의자는 자신의 삶을 이상적으로 가꾸려는 개인적인 이상주의자가 있는가 하면, 자신이 속한 사회를 이상적으로 만들어 보려는 사회적 이상주의자가 있다. 이퇴계는 전자에 속하고, 이율곡은 후자에 속한다고 할 수 있다. 성경에 등장하는 인물 중에 선지자들은 모두 사회적 이상주의자라고 할 수 있다. 베드로인 경우는 비록 주님을 따르긴 했지만 사회를 변혁시키려는 의지가 없었고, 자신의 삶, 즉 어부로서 늘 반복되는 삶에 대한 권태가 주님을 따르는 한 동기가 되었다는 점에서 처음에는 개인주의적인 이상주의자라고 라고 말할 수 있다. 인간은 이상을 추구하는 존재지만 그 이상이 잘못되는 경우도 있다. 예를 들면 바울의 경우가 그렇다. 그는 초기에 예수를 믿는 사람들을 혹독하게 핍박을 했다. 그 이유는 예수를 믿는 자들을 박멸함으로 유대 공동체가 더욱 이상적으로 될 것이라고 판단했기 때문이다. 정치가들 중에도 이런 잘못된 이상주의자들이 있다. 공산주의를 통해 평등 사회를 만들어보려던 칼 막스가 그 대표 격이다.

역사는 이상주의자들에 의해서 발전된다. 이상주의는 두 가지 즉 진보적 이상주의와 보수적 이상주의로 나눌 수 있다. 이상주의를 추구하는 자들의 공통점은 보다 바람직한 개인의 삶과 공동체의 삶을 만들어 내는 것이다. 그렇다면 좋은 전통을 유지하고 보호하는 것이 그 목적을 이루는 데 도움이 된다고 생각하는 사람들도 있을 것이고, 현실의 문제점을 개선해야 그 목적을 이룰 수 있다고 생각하는 사람들도 있을 것이다. 바울의 경우 그는 보수적 이상주의자였지만 주님을 만난 후 진보적 이상주의로 변했다. 베드로의 경우는 개인적 이상주의자로 시작했지만 나중에는 사회적 이상주의자로 변했다.

역사상 가장 완벽한 이상주의자는 주님이시다. 주님은 보수와 진보를 통합한 이상주의이시다. 주님을 율법을 존중했다. 율법은 이 세상이 어떻게 변해도 불변하는 가치라고 말씀하셨다. 그러면서도 주님은 율법은 인간을 위한 것이지 그 자체가 목적이 아니라고 가르치셨다. 율법 해석의 기초는 인간을 억압하는 것이 아니라 인간을 보호하는 것이라고 하셨다. 그러면서 주님은 새로운 세계, 즉 하나님의 나라를 강조하셨다. 주님의 이상은 이 땅에 하나님의 나라를 세우는 것이었다. 모든 인간이 의와 기쁨, 평안한 삶을 살도록 해주는 것이 그 분의 이상이었다.

이상주의자는 그 이상을 실현하기 위해 다음 세 가지를 공유해야 한다. 첫째는 현실과 일정한 거리를 유지하는 것이다. 현실 속에 있고 현실

참여를 하되, 현실에 메이거나 현실에 빠지면 안된다. 주님이 그리하셨다. 둘째는 현실의 문제점을 구체적으로 파악하고 있어야 한다. 이상주의자는 현실을 고치려는 의지를 가진 자이다. 그러기에 현실의 문제점을 분명하게 알고 있어야 한다. 지적으로, 경험적으로, 역사적으로, 미래를 예견하면서 그 문제의 심각성을 알고 있어야 한다. 주님이 그리하셨다. 셋째는 방법을 알고 있어야 한다. 방법이 바로 되지 못하면 이상은 실현되지 못한다. 조광조는 위대한 이상주의자였지만 그 방법이 급진적이고 당파적이었다. 구한 말, 김옥균도 방법이 너무 편협했고 국제적인 시야를 바로 갖지 못했기에 실패했다.

주님은 가장 완벽한 방법을 갖고 있었다. 주님은 그 이상을 실현하기 위해 3가지 방법을 사용했다. 첫째 방법은 치유이다. 가난한 병자들을 주님은 고쳐주셨다. 둘째 방법은 말씀을 바로 가르치셨다. 기존의 가르침이 가진자들 중심이었고, 편견이 많았다. 주님은 율법을 바로 가르치셨으며, 시대에 적합한 새 가르침을 주셨다. 그분의 가르침은 진리 그 자체였다. 마지막 방법은 기쁜 소식을 전하는 것이었다. 즉 복음이다. 누구든지 주님을 믿으면 죄 문제를 해결할 수 있고 하나님의 자녀가 되어 영생을 누릴 수 있다고 외치셨다. 이것이 곧 자유요 평등이다. 주님이 주장한 이상적 사회는 자유와 평등이었고 주님의 복음이 곧 그것을 실현시키는 방법이었다. 인간은 이상을 추구하는 존재이다. 그러나 이기심이 지나쳐 그 이상을 포기한 것이 현대인들이다.

의지적인 인간

인간은 행동하는 존재이다. 그런데 인간의 행동은 그 행동을 하려는 의지가 있어야 한다. 인간의 의지는 그 근원이 다양하다. 일반적으로 가장 강력한 의지는 본능에서 나온다. 본능은 그 자체가 의지이다. 인간의 본능은 살려는 본능이다. 물론 어떤 심리학자는 죽음에 대한 본능도 있다고 주장하지만, 그런 본능은 본능으로서의 가치를 상실한 본능이다. 왜냐하면 인간 본능은 그 생존을 위해서 주어지는 하나님의 선물이기 때문이다. 본능은 그 자체가 선도 악도 아니다. 인간은 그 본능을 어떤 상황에서, 어떤 방법으로, 무엇을 향해 표출하느냐에 따라서 선도 되고 악도 된다. 본능 그 자체 보다는 그 결과에 의해서 판단된다는 것이다. 그 다음 인간 의지는 그가 지닌 지식과 경험에 의해서 생겨난다. 인간은 그가 아는 것을 행동으로 옮기려고 한다. 지식이 많은 사람은 다양한 행동을 하고 지식이 부족한 사람은 그 행동이 단순하다. 여기서 지식이란 인간이 배운 지식도 포함되고 그 자신이 상상으로 배운 지식도 포함 된다. 콜럼버스는 배운 지식 때문에 바다로 나간 것이 아니라 상상으로 확신한 지식 때문에 바다로 나갔다. 경험도 의지의 산물이기에 경험도 일종의 지식이다. 그런데 전자는 학습된 지식이고, 후자는 실험적으로 얻어진 지식이다. 전자는 객관적인 지식이고, 후자는 주관적이 지식이다. 소설 "백치 아다다"를 보면 아다다는 돈만 벌면 남편에게 버림을 받는 경험을 했기에 돈이 생기면 그 돈을 버렸다. 그래야 남편에게 버림을 받지 않을 것이라고 생각했기 때문이다. 인간은 유행 때문에 그 유행을 따르려는 의지를 갖는다. 유행은 공동체의 구성원으로써 다른 사람들에게 소외를 당하지 않으려는 본능의 표현이다. 물론 처음 유행을 만들어 내는 사람은 모방이 아닌 창조이고 그 창조는 지식과 경험 그리고 본능의 종합으로 얻어진 새로운 세계이다.

인간의 감정도 의지를 만들어 낸다. 어쩌면 가장 강력한 의지를 만들어 내는 것이 감정일 수도 있다. 감정에서 나온 의지는 일종의 본능적 의지에 속한다고 할 수도 있지만 그 범위가 광범위하기 때문에 따로 생각해야 한다. 주어진 상황도 어떤 의지를 갖게 한다. 인간은 상황에 영향을 받는 존재이기 때문이다. 그런데 성경은 이런 측면에서 인간은 의지적 존재라고 말하지만 그보다 더 중요한 의지를 강조하고 있다. 그것은 신앙으로서의 의지이다. 신앙을 지녔기에 의지를 갖게 되고 그 의지에 근거해서 어떤 행동을 하게 된다는 것이다. 아브라함이 하나님의 명령에 따라 가나안 땅으로 가기로 작정한 것은 일종의 본능적 의지였다. 그는 아들이 없었다. 종족 보존의 본능이 그로 하여금 고향을 떠나 가나안 땅으로 가려는 의지를 갖게 만든 것이다. 아브라함이 조카 롯과 이별하려는 의지를 갖게 된 것은 지식과 경험에서 생긴 의지였다. 함께 있으면 부족한 목초지와 우물 때문에 자신의 하인들과 조카의 하인들이 큰 싸움을 하게 될 것이고, 그 싸움은 자신들의 싸움으로 확대될 것을 알았기 때문이다. 아브라함이 100세에 얻은 아들 이삭을 죽여 번제로 하나님께 드리려는 의지를 갖게 된 것은 순전히 그가 참된 신앙을 지녔기 때문이었다. 즉 신앙 때문에 그런 의지를 갖게 되었다는 것이다. 신앙에서 나온 의지는 본능과 지식, 경험에서 나온 의지보다 강력하다. 아들을 죽여 번제로 드리라는 하나님의 명령은 본능에서 나온 의지를 초월한다. 본능적 의지가 강했다면 아브라함은 이삭을 죽이려고 하지 못했을 것이다. 그것은 지식과 경험에서 나온 의지를 초월한다. 아버지가 되어 아들을 죽이는 것은 지적 결론의 결과도 아니고, 아브라함이 그런 경험을 전에 해본 것도 아니며, 아들을 죽이려는 어떤 악의적인 감정이 있기에 그런 의지를 갖게 된 것도 아니다. 아브라함의 의지는 순전히 신앙에서 나온 의지였다. 하나님을 믿는 자였기에 하나님의 말씀에 순종해야 한다는 신앙적 결단이 그런 의지를 갖게 했다는 것이다.

인간은 의지적 존재이다. 그래서 행동하는 존재가 되는 것이다. 생각이 창조를 만들 수 있지만 행동이 창조를 만들어 낼 수 있다. 생각 그 자체가 힘이 되는 것이 아니라 그 생각을 행동으로 표출할 때 힘이 된다. 모세는 신명기에서 이스라엘 백성들에게 우상을 숭배하지 말며 예배를 바로 드리고 이웃을 괴롭히지 말라고 가르쳤다. 그러면 살 수 있다고 말했다. 그러나 이스라엘 사람들은 이 모세의 가르침을 과소평가 했다. 강한 의지를 갖지 못하고 결국 행동으로 표출하지 못했다. 그래서 그들은 가나안 땅에서 대부분 힘든 삶을 살게 되었다. 인간은 행동해야 한다. 따라서 행동하려는 의지가 강해야 한다.

인격적 인간

　인격이란 무엇인가? 그 정의가 간단치 않지만 일반적으로 인간이 지녀야 하는 품격을 뜻한다. 흔히 "격"이라는 말은 '그 사물이 지녀야 할 가치 있는 상태'를 의미한다. 격이 높다는 말은 그만큼 가치가 있는 상태가 되었다는 뜻이다. 최근에 우리나라가 경제적으로 성장하면서 국격을 높여야 한다는 말들을 하고 있는 것도 다 이 때문이다. 결국 인격이란 인간이 지녀야 할 가치 있는 상태를 말한다. 인격이 높다는 말은 그 인간이 상당한 수준의 가치 있는 생각과 지식 그리고 행동을 해서, 상대로 하여금 그 인간됨을 인정하고 사랑과 존경을 받을 수 있을 정도가 되었다는 뜻이다. 그렇다면 성격과는 어떻게 다른가? 성격은 한 인간이 지니는 개성을 뜻한다. 인격이 객관적인 의미가 강하고 문화적인 개념이라면 성격은 주관적이고 심리적 경향을 지닌다. 성격은 유전과 환경의 산물이다. 그러기에 스스로 만들어 가는 것이 아니라 삶의 여정 속에서 만들어진 것이다. 스스로 연마하여 만들어지는 인격과는 다르다. 인격은 모든 면에서 좋은 것들이지만 성격은 긍정적인 면이 있으면서도 부정적인 의미도 함께 지닌다. 예를 들면, 적극적인 성격은 추진력이 있는 반면에 경솔할 수 있는 단점도 지니고 있다는 것이다. 그러기에 성격을 통제하는 힘은 인격에서 나온다.

인간은 인격적인 존재이다. 인간은 스스로의 노력과 성령의 도움을 통해 보다 높은 가치와 이상을 목표로 정해서 정당한 방법으로, 그것을 이루려는 자세가 있고 가치 있는 것을 위해 자기희생을 감수하며 이해관계를 넘어 숭고한 가치를 실현하려는 의지가 있다. 그래서 인간은 하나님의 형상을 닮은 존재라고 말하며 존엄한 존재라고 부른다. 인간에게 가능성이 있다는 것은 인간은 스스로의 노력과 성령의 도움을 통해 비천한 위치에서 존엄한 위치로 변할 수 있기 때문이다.

바울 사도를 예로 들어보면 이를 알 수가 있다. 바울은 본래 교만한 사람이고 독선과 편협의 사람이다. 성격이 불같아 인내심이 부족하고 남의 입장을 이해하려는 사람이 아니다. 자신이 세운 원칙에 충실하여 그 원칙에 근거해서 남을 비판하는 사람이었다. 열정은 있으나 냉정함과 조화를 이루지 못해 경솔했고 후일에 생길 일들을 사전에 헤아리는 지혜가 부족했다. 바울은 성격도 그리 좋지 않았고 인격도 그리 높지 않았다. 그러나 그가 신앙생활을 하면서 그 인격은 높아지게 되었고, 결국 그 인격이 그 성격을 통제함으로 성격도 좋아졌다. 교만에서 겸손으로, 편협에서 중용으로, 비판에서 이해로, 경솔에서 신중으로, 불평에서 감사로 그 인격이 성숙되었다. 이런 변화는 아브라함에게서도 확인된다. 아브라함이 처음 가나안 땅으로 갈 때는 이기주의적 발상 때문이었다. 자식이 없는 그에게 하나님께서 자식을 준다고 했으니 그는 오직 자식을 얻을 일념으로 가나안 땅으로 떠났다. 그는 가나안 땅에서 많은 시련을 당했고 그 시련이 그를 인격적으로 성숙시켰다. 그는 조카를 위해 자신의 이익을 버리고 희생했으며 주변 사람들에게 베푸는 삶을 살았다. 자기중심적 삶에서 남을 사랑하는 삶으로 변화된 것이다. 급기야 그는 하나님의 명령에 순종해서 그토록 사랑한 자식 이삭을 번제로 드리려고 결단했다. 남을 위한 그의 삶이 하나님을 위한 영적 삶으로 변화된 것이다. 성경은 인간이야말로 인격적 존재임을 강조하면서 그 인격은 신앙을 통해 다듬어지고 성숙되며 발전되어 간다고 가르친다.

　성경은 참 믿음과 인격은 정비례한다고 가르친다. 성령의 아홉 가지 열매가 모두 인격적인 개념이라는 것이 이를 증명한다. 행함이 없는 믿음은 죽은 믿음이라는 가르침도 이를 뒷받침한다. 그러나 불행하게도 오늘 우리 그리스도인들은 믿음과 인격을 구분하고 있다. 믿음과 인격은 별개라는 것이다. 물론 초기에는 그렇다. 믿음은 순간의 결단일 수 있지만 인격은 오랜 기간 동안 연마되어 만들어 지는 경우도 있기 때문이다. 그러나 신앙생활이 깊어지면서 믿음도 더 깊어지고 결과적으로 인격도 고매해진다. 인간은 인격적 존재이고 그 인격은 수양과 연마를 통해 다듬어지는데, 신앙이야말로 인격을 연마하고 수양하는데 최고의 방법이다. 인간이 인간답게 되는 것은 그 성격에 있지 않고 그 인격에 있다. 인간에게 인격이 없으면 인간은 동물에 불과할 뿐이다. 인간은 보다 나은 삶을 위해 자신의 인격을 다듬어야 한다. 성경은 믿음의 최종 단계는 성화 즉 인격이라고 가르친다.

인내하는 인간

　인간은 인내하는 존재이다. 인내에는 선악의 구분이 없다. 악한 의도에서 인내할 수도 있고, 선한 일을 위해 인내할 수도 있으며, 어쩔 수 없어 인내할 수도 있다. 그러나 인내는 성급함보다는 가치가 있다. 대부분 성급함이란 욕망의 노예가 되었거나, 복수심 또는 흥분 때문에 생긴다. 성급하면 권리를 박탈당하기도 하고, 큰 죄를 범하기도 하며, 어리석은 말을 하기도 한다. 그런데 인내는 그 세운 뜻을 이루는 데 필요한 덕목이다. 그래서 성경은 인내를 아주 강조해서 '인내하라'는 명령을 도처에 기록했다. 인내는 지혜이다. 인내는 한자어로 풀어 보면 마음에 칼을 품은 모습이다. 그러므로 인내하는 사람은 무서운 사람이다. 인내는 기다리는 것이며, 참는 것이고 몸을 숙이는 것이다. 인내란 울어야 할 때 웃는 것이며, 남들이 다 떠날 때, 그 자리에 그냥 책임을 다 하면서 서 있는 것이고, 남들이 그 자리에 앉아 웃고 있을 때, 홀로 자기에게 주어진 책임을 다하기 위해 떠나는 것이다. 인내는 말하고 싶을 때 참는 것이며, 대의를 위해 모욕을 참는 것이고, 억울함을 풀기위해 기다리는 것이다. 인내는 원수를 용납하는 것이고, 덕을 세우는 것이다. 인간은 인내해야 사랑을 할 수 있다. 사랑은 바울이 말한 그대로 시작도 인내요 마지막도 인내이다. 인간은 인내해야 자신의 영혼을 살릴 수 있다. 인내는 신중함이다. 신중하지 못한 인간의 감정, 판단, 언어는 인간을 파괴한다.

성경은 인내를 통해서 큰 축복이 주어진다는 것을 강조한다. 아브라함은 25년 인내해서 아들 이삭을 얻었으며, 모세는 40년을 인내해서 이스라엘의 지도자가 되었다. 다윗은 13년을 인내해서 왕이 되었고, 주님은 40일을 인내해서 하나님의 아들로서 활동했다. 그런데 모든 인내는 그 목적이 있다. 하나님은 인간을 회개시키기 위해서 인내한다. 인간의 인내도 그 목적이 있다. 그러므로 뜻을 세우지 않은 자는 인내할 수 없다. 특히 그리스도인들이 인내해야 할 때가 있다. 어려울 때, 교회를 위해서 일할 때, 죄악과 싸울 때, 주님의 재림을 기다릴 때 인내해야 한다. 인내는 절망을 이기는 힘이다. 절망은 시간의 흐름에 따라 변질되고, 그 힘이 약화되며, 그래서 인간은 절망을 깰 힘을 얻게 된다. 인내는 그 힘을 얻을 때까지 마음 속으로 움직이는 것이다. 절망할 때 그 절망을 이기는 가장 좋은 방법은 그 무엇을 하는 것이 아니라 그 무엇을 하면서 인내하는 것이다.

그렇다면, 인간은 어떻게 인내할 수 있는가? 성격이 인내에 영향을 줄 수도 있고, 그 환경이 인간에게 인내를 강요할 수도 있다. 인내하는 것이 가장 좋은 방법이라는 것을 깨닫는 것이 인내를 만들어낼 수도 있다. 착하고 좋은 마음을 가져야 인간은 인내할 수 있다. 인내는 성품의 영향을 많이 받는다. 착한 마음을 가져야 한다. 그래야 인내할 수 있다. 착한 마음이란 남을 이해하고 배려하며 모든 일을 긍정적으로 받아들이는 열린 마음이다. 필요 이상으로 이기적인 사람, 사물을 삐딱하게 보는 사람, 자기중심으로 모든 것을 판단해 버리는 사람은 인내심이 부족하다. 환란을 즐거워해야 인내할 수 있다. 환란을 대하는 자세는 여러 가지이다. 불평, 전가, 망각, 도피 등이 그 예이다. 그러나 가장 좋은 방법은 그 환란을 즐기는 것이다. 요셉은 억울한 감옥 생활을 할 때, 오직 그 환란을 즐겼다. 하나님의 선한 뜻이 있다고 믿었기 때문이다. 기다림도 인내의 방법이다. 좋은 것을 기다리는 마음이 있으면 인간은 인내할 수 있다. 불필요한 것을 잘라 내는 것도 인내의 방법이다. 인내란 칼을 품은 마음이 아닌가? 그 칼로 무엇을 할 것인가?

인간은 하나님의 형상을 닮은 존재이다. 인내도 그렇다. 그러나 이것만은 분명히 하자. 서두에서 잠시 언급했지만 하나님의 인내와 인간의 인내는 같은 내용도 있지만 다른 내용도 있다. 하나님께서는 인간을 위해 인내하신다. 그러나 인간은 남을 위해서는 인내하기가 어렵다. 인간은 자신을 위해서도 인내해야 하지만 남을 위해서 더욱 인내해야 한다. 인내는 고통이 따르지만 인내의 결과는 그 고통보다 몇십 배 좋다. 무인불승이라는 한자말이 있다. 인내하지 못하면 승리할 수 없다는 뜻이다. 옛날 중국의 한고조와 초패왕 항우가 천하를 놓고 싸울 때, 결국 한고조가 승리했다. 한고조는 평범한 사람이었으나 인내할 줄 아는 사람이었고, 초패왕은 영웅이었으나 인내할 줄 모르는 영웅이었다. 인내, 그것은 성공과 실패를 판가름 내는 최고의 덕목이다.

자극을 받는 인간

인간은 스스로 어떤 생각을 하고 감정을 느끼며 행동하는 존재는 아니다. 생각과 감정은 외부의 자극을 통해서 생기고, 그것이 의지를 만들어내어, 결국 그 의지에 반응하는 행동을 하게 된다. 하나님께서는 그분이 창조하실 때 스스로 생각, 감정, 의지가 일치되어 창조를 하셨다. 아담은 하와라는 또 다른 인간, 그것도 여자를 볼 때 "내 뼈 중에 뼈요, 살 중에 살"이라고 감탄했다. 이 감탄 속에는 생각 즉 내 뼈, 내 살이라는 표현이 들어 있는데 이는, 하와라는 외부의 자극이 생각을 만들고 그 생각이 감정을 자극하여 고백한 행동이다. 선악과를 먹는 장면도 마찬가지이다. 사탄의 자극이 없었다면 아담, 하와는 선악과를 먹지 않았을 것이다. 자극을 받기 전에는 선악과를 볼 때마다 아무런 생각도, 느낌도, 행동도 없었다. 그러나 자극을 받은 후에는 먹고 싶은 생각도 나고, 먹고 싶은 감정도 생기도, 따먹는 행동도 하고 말았다. 이처럼 인간은 외부의 자극을 받아 생각도, 감정도, 의지도, 행동도 생기는 존재이다.

그렇다면 인간에게 자극을 주는 것들은 무엇인가?

첫째는 형태이다. 아담을 감탄시킨 것은 하와의 몸, 즉 형태였다. 직선, 곡선, 그것들이 결합된 형태가 인간을 자극한다. 외부의 모든 것은 일차적으로 어떤 형태를 지니고, 있고 그것이 인간의 시각을 자극한다. 인간은 시각을 통해 많은 외부의 자극을 받는다.

둘째는 색이다. 빨강색, 파란색, 노란색 등 다양한 색들이 인간을 자극한다. 꽃들을 보라! 인간이 꽃을 보며 감탄하는 것은 형태에 색을 입혔기 때문이다. 일출이나 일몰을 보며 눈물을 흘리면서 뭔가 결심하는 것, 그것도 형태에 색을 입혔기 때문이다. 예전에 귀족들은 그 신분을 색으로 표현하기도 했다. 이는 그 색으로 다른 사람에게 자신의 신분을 보여주기 위함이었다.

셋째는 소리이다. 새소리, 음악소리, 사람의 음성, 시냇물 소리 등이 인간을 자극하여 인간으로 하여금 생각하게 하고 느끼게 하며 어떤 의지를 갖게 해서 행동하게 한다. 음악은 인간을 감동시키는 최고의 소리이다. 여기서 감동이란 생각, 느낌, 의지가 하나가 되어 행동하는 최고의 내적 흥분을 의미한다.

넷째는 문자이다. 글은 인간을 감동시킨다. 격문이라는 것이 있다. 예전에 반란이 일어나면 나라에서는 격문을 지방에 내보내 병사를 모아 난을 평정했다. 격문은 힘이 있다. 문자는 인간을 자극한다.

다섯째는 사상이다. 사상은 문자로 정리된, 인간생각의 체계이다. 문자로 표현되기는 했지만 문학적인 문자가 아니라 철학적 문자이고 일종의 해석학이다. 확대하면 신앙적 개념을 포함한 행동지침이다. 역사를 보면 많은 사람들이 신앙 교리, 철학적 해석 등에 감동을 받아 행동해서 새로운 역사를 만들어 냈다.

여섯째는 행동이다. 인간은 진리에 근거한 행동, 선한 행동, 거룩한 행동, 아름다운 행동, 성공적인 행동, 환란 중에도 실망하지 않는 행동, 희생적인 행동 등을 볼 때 인간은 감동을 받아 모방, 재창조의 행동을 한다. 이런 것들이 종합되면 더 큰 효과를 가져 온다.

인간은 외부로부터 오는 자극을 받아 새로운 생각을 하게 되고, 새로운 행동을 하면서 발전과 진보를 이루어 낸다. 그러므로 인간은 늘 외부로부터 자극을 받으려는 의식이 있어야 한다. 이 의식이 부족하면 진보와 발전이 없는 정지된 삶을 살게 되며, 그 의식이 없으면 살아 있으나 사실은 죽은 삶을 사는 것이 된다. 젊다는 것은 그 나이에 있는 것이 아니라 얼마나 자극에 민감하게 반응하느냐에 달려 있다. 자극에 민감하려면 주변 상황에 관조적 관찰을 해야 한다. 성경을 보면 예루살렘 교회는 안디옥 교회의 선교 활동에 자극을 받아 선교 활동에 참여했다. 본래 예루살렘 교회는 선교에 관심이 없었다. 선민의식이 있는 유대인들이 그 구성원이었기 때문이다. 그러나 결국 안디옥 교회의 자극을 받아 수장인 베드로가 교회를 떠나서 선교 활동을 하게 되었다. 그런데 자극을 받는다는 것은 긍정적으로만 이해하면 안된다. 부정적으로 이해하는 것도 포함된다. 자극을 받아 저렇게 해야 하겠구나, 저렇게 하면 안 되겠구나 등이 다 포함된다.

인간은 외부의 자극에 민감하다. 그 자극 때문에 인간은 그 어떤 행동을 하면서 자신의 삶을 만들어간다. 자극은 진보의 동력이다.

자식을 낳아 키우는 인간

하나님께서 인간에게 주신 최초의 명령은 '생육하라'는 명령이었다. 종족을 보존하라는 명령인 것이다. 최초의 여인은 하와였고 그 이름의 뜻은 '어머니'이다. 아브라함은 '열국의 아비'요. 사라는 '열국의 어미'라는 뜻이다. 모두 자손과 연관되어 있다. 구약 성경에 등장하는 하나님의 축복은 땅과 자녀이다. 하나님께서는 그의 백성들에게 땅과 자녀를 약속하신다. 이는 인간이 세상을 사는 동안에 가장 필요한 행복의 요소가 땅과 자녀라는 뜻이다. 땅은 노동과 물질의 축복을 상징하고, 자녀는 관계의 기쁨과 가치를 상징한다. 구약 성경에는 자녀를 하나님의 기업이라는 극상의 용어로 그 의미를 강조하고 있다. 자녀는 하나님이 주시는 기업이라는 뜻이다. 그래서 구약 성경에는 자녀를 얻지 못한 여인이 하나님의 축복으로 자녀를 낳았다는 기록들이 많다. 사라도 하나님의 축복으로 이삭을 얻었고, 리브가도 하나님의 축복으로 야곱을 낳았으며, 라헬도 하나님의 축복으로 요셉을 얻었다. 한나도 하나님의 축복으로 사무엘을 얻었다.

이처럼 인간은 자녀를 낳아 키우는 존재이다. 자녀를 낳아 키우는 것은 하나님의 뜻에 순종하는 행위이다. 인간은 마땅히 자녀를 낳아 키워야 한다. 그것이 공동체를 유지하는 길이요, 인간이 행복해지는 지름길이다. 하나님께서 인간에게 생육하라고 명령한 것은 인간이 계속적으로 생존할 수 있게 하기 위함이었다. 인간은 살기위해 태어났고, 죽기 위해 태어났다. 생존이 먼저이고 죽음은 그 나중이다. 그러기에 생존을 위한 모든 행동은 나름대로 가치가 있다. 인간은 정신적 존재이고, 그 정신은 관계 속에서 유지되고 건강해진다. 인간은 창조주인 하나님과 관계를 맺어야 하고, 주변 사물 특히 자연과 관계를 맺어야 한다. 동시에 같은 인간과 관계를 맺어야 한다.

인간관계 속에 가장 중요한 관계는 자식들과의 관계이다. 인간은 자녀들과의 관계를 통해 건강한 정신을 갖게 된다. 자녀가 있어야 생산성이 높아진다. 인간은 소비하기 위해 먼저 생산해야 한다. 생산은 혼자 힘으로 그 효율성이 극대화 될 수 없다. 뜻이 같은 사람들과 함께 공동 작업을 해야 생산성이 높아진다. 자녀는 함께 노동하면서 생산성을 높일 수 있는 최고의 파트너이다. 자녀가 있어야 인간은 생존이 쉽다. 인간은 자기 방어의 능력이 있어야 생존할 수 있다. 인간은 자연과 싸워야 하고 동시에 다른 인간들과 싸우면서 자기방어를 해야 한다. 자녀들이 있으면 이 방어가 효율적으로 이루어진다. 그래서 인간은 자녀를 낳아야 한다. 자녀들은 유사시에 전사가 되기 때문이다. 그래서 시편은 자녀들을 용사의 손에 쥐어 있는 화살 같다고 노래한 것이다. 이처럼 인간은 자녀를 낳아야 하며 잘 키워야 한다.

그러나 성경은 자녀가 부모에게 큰 화근이 될 수도 있다는 것을 밝히고 있다. 자녀는 부모에게 행복을 가져다주기도 하지만 불행을 가져다주기도 한다는 것이다. 최초의 부모인 아담과 하와는 최초로 살인자의 부모가 되었다. 가인은 아벨을 죽였다. 형이 동생을 죽이는 이 사건을 목격하면서 아담과 하와는 얼마나 통곡했겠는가? 아브라함은 그의 아들 이스마엘을 추방해야 했다. 아들을 추방해야 하는 아버지의 심정이 어떠했겠는가? 리브가는 에서와 야곱, 두 아들 사이에서 야곱의 편을 들어야 했다. 과연 리브가를 행복한 어머니라고 할 수 있겠는가? 다윗은 아들 압살롬의 반역으로 인해 왕의 자리에서 추방당했고 그의 후궁들은 백주에 아들에게 추행을 당했다. 이처럼 부모에게 있어서 자녀는 빛과 그림자이다. 빛이 될 수도 있고 그림자도 될 수 있다. 그러기에 성경은 자녀를 낳아 키우되 양육을 철저히 하라고 가르친다.

잠언은 부모들에게 주는 자녀들의 양육 지침서이다. 잠언의 내용은 아주 구체적이고 사안별로 정리되어 있다. 원칙만을 가르치는 것이 아니라 그 원칙에 근거한 세부 행동 지침도 가르치고 있다. 원칙은 정당하지만 추상적이어서 바로 행동하기가 어렵다. 잠언에서 가르치는 자녀 양육의 원칙 중에 중요한 지침은 자녀들에게 벌을 주는 것이다. 이미 행동주의 심리학에서 증명된 그대로 인간은 상을 받을 때와 벌을 받을 때 그 행동이 쉽게 교정된다.

부모는 자녀들을 엄하게 키워야 한다. 과잉보호는 자녀를 죽이는 살인 행위가 될 수도 있다. 해야 할 일을 잘 하면 상을 주고, 해서는 안 되는 일을 하면 벌을 주어야 한다. 3살 이후에는 해서는 안 되는 일도 있구나 하는 것을 자녀들에게 일깨워 주어야 한다.

자아의식 속에 사는 인간

　"너 자신을 알라"라는 소크라테스의 명제는 심리학적 명제이며, 동시에 사회적, 신앙적 명제이기도 하다. 자신을 안다는 것은 실로 어려운 일이다. 자아라는 말은 생각, 감정, 감각, 행동 등을 통해 외부와 접촉하는 주체로서 '나' 자신을 의미한다. 자아는 자신의 경험을 통일하고 그 경험의 주체가 된다. 자아는 나를 구성하는 집합체이다. 자기 자신이 자기에게 스스로 자각된 전체를 자아라고 말할 수 있다. 일반적으로 생후 15개월 정도 되면 세상과 나를 구분할 줄 알며, 24개월 정도 되면 내 것을 주장할 수 있다는 학설도 있다. 그러나 자아의 본질적 경향이 무엇인지는 아직도 분명하게 밝혀지지 않았다. 그러나 분명한 것은 있다. 인간은 자아에 함몰되어 산다는 것이다. 인간은 자기를 잘 알지도 못하고, 자기 자신을 극복하기도 어렵지만, 자기 속에서 산다. 자기가 하는 행동이 잘못된 행동임을 알면서도 중단하지도 못하며, 심지어는 그 행동이 옳다고 주장하기도 한다.

　성경은 자아에 대해 즉 자기에 대해 부정과 긍정을 동시에 하고 있다.

그리스도와 함께 죽어야 할 것이라고 말하기도 하고(갈2/20) 자기를 기쁘게 하지 말아야 한다고 강조하기도 한다.(롬15/1) 긍정적인 면도 있다. 하나님의 사랑 안에서 자기를 지키라고 가르치며, 믿음 위에 자기를 건축하라고 권하기도 한다.(유1/20)

그런데 성경은 자기에 대해 몇 가지 특별한 교훈을 하고 있다.

첫째는 자기기만이다. 이는 자기 자신을 바로 이해하지 못하는 경우이다. 교만하거나(잠30/12) 성격이 완고하거나(시81/11-12) 거짓 교훈에 빠지면 자기를 바로 알지 못한다.(벧후3/3-4) 말이 많은 사람도 자기기만에 빠지기 쉽다.(약1/26) 자기기만의 끝은 멸망이다.(눅12/20) 아합 왕이 그랬고, 라오디게아 교회가 그랬다. 자기도취도 여기에 속한다. 자기도취란 자기를 과대평가하는 것이다. 자기생각을 절대화 하는 것이다. 이는 미련한 자의 특징이다.(잠28/26)

둘째는 자기부정이다. 자기기만, 자기도취가 부정적인 자아개념이라면 자기 부정은 긍정적인 자아개념이다. 그리스도는 자기를 따르려면 자기를 부인하고 자기 십자가를(마10/38) 져야 한다고 강조하셨다. 자기부정은 자기완성의 길이다. 산제사를 드리기 위해 필요하고(롬12/1-2) 남을 섬기는 삶을 살기 위해 필요하다. 복음을 위해서 필요하고(고전9/28) 겸손을 위해 필요하다.(빌2/5-8) 자기부정은 자기와의 싸움이다.(고전9/25-27) 자기부정이란 자기생활에 얽매이지 않는 삶을 뜻하기도 한다.(딤후2/4) 자기부정은 곧 자유의 길이기도 하다. 그러나 자기부정이란 자기의 것을 다 부정하라는 극단적인 금욕주의를 뜻하는 것은 아니다. 자기부정은 경건하지 않은 것과 세상으로 향하는 욕심을 부정하라는 뜻이다. 신앙적인 인물들은 자기부정을 한 사람들이다. 아브라함과 롯, 아브라함과 아들, 이삭의 관계에서 아브라함이 보여준 행동은 자기부정이다. 모세도, 다니엘도, 에스더도, 사도들도, 초대교인들도 자기부정을 한 사람들이다.

셋째, 자기반성이다. 인간은 반성해야 성장한다. 바른 행동을 하기 위해(시4/4) 하나님께 돌아가기 위해(시119/59) 믿음을 확인하기 위해(고후13/5) 기도 응답을 받기 위해(요일3/20-22) 자기사명을 감당하기 위해(갈6/4-5) 자기반성을 늘 해야 한다.

넷째, 자기용납이다. 자신을 받아들이는 것은 매우 중요하다. 그래야 자존감이 생긴다. 인간은 외모, 지식, 돈, 가문 등에 의해 자기를 학대하는 경우가 많다. 큰 잘못이다. 인간은 하나님께서 지으셨고(엡2/10) 하나님께서 사랑하시며(롬5/8) 무엇보다도 하나님의 형상으로서 이 세상에 어떤 목적을 이루기 위해 태어난 계획된 존재이다. 그리스도께서는 나를 구원하기 위해 죽으셨다. 나는 존엄한 존재이다. 이런 의식이 필요하다. 자아에 대한 개념 중에 자기정죄도 있고, 자기훈련도 있으며, 자기향상도 있다.

인간의 운명은 어떤 자아를 갖고 사느냐에 달려 있다. 긍정적인 자아의식이 필요하다. 우리는 죄인이지만 그리스도안에서 의인이다. 하나님의 자녀다. 이 의식이 중요하다. 신앙의 모든 행위는 이런 긍정적 자아의식을 갖는데 유익하도록 실천되어야 한다.

죄를 지적해서 회개를 촉구하는 것도 좋으나 지나치게 죄만 강조하면 왜곡된 자아의식을 가질 염려가 있다. 균형이 중요하다.

자유를 원하는 인간

인간은 자유로워야 한다. 그것은 인간욕망 이전에 하나님께서 주신 은혜이다. 하나님께서는 자유의 양면성을 잘 알고 계셨다. 자유는 약이면서 독이요, 선이면서 악이 될 수 있고, 아름다움이면서 동시에 추함으로 변할 수도 있다. 그러나 하나님께서는 인간에게 자유를 주셨다. 그래야 인간이 기계가 되지 않기 때문이다. 자유가 없는 생명체는 생명이 있는 존재가 아니다. 동물에게도 자유가 있다. 그러나 동물의 자유는 의지의 결과라기보다는 본능의 결과이다. 하나님께서 인간에게 주신 최초의 축복은 구원도 아니고 먹을 것도 아니다. 자유다. 선악과는 자유의 실체이고 상징이다.

인간은 태어나는 것에 대해서는 선택권이 없다. 그러나 태어난 이후에는 자유가 있기 때문에, 그 자신의 삶을 선택할 수 있고 그 선택에 책임을 져야 한다. 자유는 책임을 동반한다. 책임지지 않는 자유는 악이다. 그러기에 인간은 하나님을 강제로 섬기지 않아도 된다. 그러나 그 역시 그 행동에 대해서 책임을 져야 한다. 성경은 자유로부터 시작된다. 최초의 성경인 출애굽기는 애굽에서 고통당하는 이스라엘 백성들이 신앙의 자유, 정치적 자유를 얻기 위해 가나안 땅으로 떠나면서 기록되었다. 창세기 역시 창조에 대한 하나님의 자유에서 선악과를 먹는 인간의 자유로 시작된다.

자유란 무엇인가? 인간이 주체적으로 자신의 삶을 선택할 수 있는 행동이다. 행동은 결과를 낳기 때문에 그 결과에 대해 책임을 져야 한다는 점에서 자유는 신중해야 한다. 자유는 대상을 알고 자기 위치를 알며 타인에게 미치는 영향을 숙고한 후 행동으로 표출되어야 한다. 그런 점에서 자유는 지적 행동이다.

기독교인들에게 자유는 특별한 의미가 있다. 단순히 자유는 그 무엇에 예속되어 있지 않고 자기의지 대로 행동할 수 있다는 일반적 개념에서 발전하여 그 의미가 구체적이다. 기독교인들에게 자유는 죄에서의 자유요, 정죄로부터의 자유이고, 죽음에서의 자유이다. 공포에서의 자유이며, 불안에서의 자유이다. 소유에서의 자유이고, 세속적 가치에서의 자유이다. 자유는 경우에 따라 제약될 수도 있다. 루소의 사회계약론이 그 예가 될 것이다. 약자는 강자로부터 그 자유를 보장받기 위해 일정한 자유를 제약받으면서도, 자유를 지켜주는 더 강한 자를 연합으로 만들어 낸다. 이것이 국가이고, 국민들은 선택을 통해 국가 지도자를 세우고 그에게 자유의 보장을 요구한다. 국가 지도자는 약자와 강자의 자유를 일부 제한하면서 모두에게 일정한 자유를 보장한다. 자유의 이중성이다. 그러나 이런 정치적 거래는 위험할 수도 있다. 국가 지도자는 자기를 지지하는 세력과 연합하여 모든 자의 자유를 억압하고 자신의 자유만 누린다. 독재국가가 되는 것이다. 결국 자유는 하나님의 선물이요 인간됨의 징표이지만 늘 위험 속에서 살아가는 생물과 같은 것이다.

자유가 선이 되려면 두 가지 원칙을 지켜야 한다.

첫째는 자유의 남용에 대한 경계심을 늘 갖고 살아야 한다.(벧전2/16) 어떤 경우도 남용은 악이다.

둘째, 자유는 사랑을 실천하는 도구로 사용되어야 한다. 자유는 악을 위한 도구가 아니다. 자유는 사랑을 실천하기 위해 주신 하나님의 선물이다.(갈5/13)

그런데 자유를 행하다보면 그 행동이 모든 사람에게 유익이 되지 않고 일부에게는 유익이, 일부에게는 손해가 되는 경우가 있다. 이 경우는 다수의 유익을 위해 자유를 행사해야 할 것이다.(고전10/30-33) 자유는 인간의 본질이며 본능이다. 그리고 그 자유의 방향이 항상 다른 사람과 일치되지 않는다. 이 시대는 억압과 자유의 투쟁이라기보다는 자유와 자유의 투쟁이다. 그래서 더 혼란스러운 사회가 된 것이다. 자유를 억압할 수는 없다. 문제는 나의 자유와 너의 자유가 어떻게 조화를 이루고 서로 협력하느냐에 달려 있다. 미래 사회는 자유를 추구하는 사회가 아니라 자유인들끼리 어떻게 공존하는가? 이것이 큰 화두가 될 것이다. 그러기 위해서 각자의 이기심을 극복해야 한다. 이제 신앙의 핵심은 구원을 넘어 공존이다. 공존하지 못하면 모두가 자유의 이름으로 공멸하는 사회가 될 것이기 때문이다. 과연 이 공존이 가능할까? 공존하기 위한 가장 좋은 방법은 무엇일까? 이것이 우리 시대의 숙제이다.

인간 이야기 **76**

전화위복을 하는 인간

전화위복이라는 말은 '화가 복이 된다'는 뜻이다. 인간은 전화위복의 존재이다. 성경을 보면 이런 유형들이 많다. 아브라함은 자녀가 없었다. 그런데 이것이 복이 되었다. 하나님께서 아브라함을 찾아오셨기 때문이다. 만약 그에게 자녀가 있었다면 하나님께서는 그를 찾아오지 않았을 것이다. 야곱은 고향에서 추방되었다. 그는 광야를 유랑하면서 많은 고생을 했다. 그러나 이것이 복이 되었다. 그는 광야에서 하나님을 만났고 하나님께서는 그에게 동행의 축복을 약속하셨다. 요셉은 형들에게 핍박을 받아 결국 노예가 되었고, 억울한 누명을 쓰고 감옥에 갔다. 실로 참담한 화였다. 그러나 그는 감옥에서 좋은 사람을 만나 애굽의 총리가 되는 행운을 누렸다. 화가 복이 된 것이다. 다윗은 사울 왕에게 생명의 위협을 당했다. 그는 13년간이나 유랑하는 삶을 살았다. 그러나 이것이 그를 왕으로 만드는 계기가 되었다. 룻은 젊은 날 과부가 되어 시어머니 나오미를 섬기면서 가난하게 살았다. 그러나 이로 인해 그는 보아스를 만나 재혼을 하게 되었고 결국 다윗의 할머니가 되었다. 살몬은 여리고 성을 점령하기 위해 정탐꾼이 되어 많은 고초를 당했다. 그러나 그는 이 일로 인해 라합을 만났고 결국 그녀와 결혼하여 다윗의 조상이 되었다. 전화위복의 단초가 된 것이다. 모세도, 여호수아도 마찬가지이다. 이처럼 성경에 등장하는 인물들은 전화위복의 존재들이었다. 사람들은 지금 당하는 고난에 대해 상당히 부정적이다. 고난은 분명 고통이요, 고민이기 때문이다. 그러나 인간은 그 고난은 장차 큰 축복이 된다는 것을 알아야 한다. 물론, 반대인 경우도 생길 수 있다.

이런 일들은 인간에게 상당한 교훈과 지혜를 준다.

첫째, 이런 일들이 있기에 인간은 희망을 가지고 살 수가 있다. 오늘의 눈물이 내일의 웃음이 될 수 있다는 가능성이 있기에, 인간은 오늘 울면서도 용기를 내서 살아간다. 만약 오늘의 화가 내일에도 화가 되고 그 화가 계속 진행이 된다고 생각해 보라. 인간은 희망을 가지고 살 수가 없다. 인간이 희망을 가지고 살 수 없게 되면 삶은 황폐화 되고 인간은 비인간화 된다.

둘째, 전화위복이라는 말은 반대의 경우도 가능하다는 것을 우리에게 가르쳐 준다. 화가 복이 되는 것처럼 복이 화가 될 수도 있다는 뜻이다. 그래서 인간은 겸손을 배운다. 성경에는 이런 유형의 사람들이 제법 많다. 아담과 하와가 그 대표적인 인물이고, 사울 왕도 그런 유형이며 이스라엘의 많은 왕들도 여기에 속한다. 왕이 되었기에 비극적인 삶을 산 사람들이 많았다는 것이다. 화가 복이 되는 것처럼 복도 화가 될 수 있다는 것을 알게 되면 인간은 겸손을 배우게 된다.

셋째, 화가 복이 될 수도 있다는 이 사실을 믿게 되면 인간은 고난당하는 인간에 대한 예의를 지킬 수가 있다. 인간은 약자에게 잔인해지기 쉬운 존재이다. 그런데 그 화를 당하는 약자가 언젠가 그 화로 인해 복이 된다는 것을 알게 되면 인간은 화를 당하는 인간을 무시하거나 멸시할 수가 없다. 내일 일은 모르기 때문이다.

넷째, 전화위복이라는 이 말은 결국 인간은 그 자신의 미래를 확실하게 통제하지 못하는 존재임을 증명하는 것이고, 따라서 인간은 하나님을 믿어야 하며 믿음을 통해 화는 복으로, 복은 여전히 복으로 유지될 수 있다는 사실을 확인하게 해 준다. 인간은 희망을 가지고 살아야 한다. 희망 없는 곳이 지옥이라고 단테는 신곡에서 주장했다. 그렇다면 죽어서 가는 지옥도 문제가 되겠지만 살아서 가는 지옥은 더 문제가 되지 않겠는가! 우리가 희망 없이 살아가게 되면 지금 지옥에 있는 존재가 되기 때문이다. 그런데 한 가지 중요한 사실이 있다. 화가 복이 되는 이 변화는 저절로 이루어지는 것이 아니라는 것이다. 화가 복이 되려면 인내심이 필요하다. 참지 못하면 화는 영원히 화가 될 뿐이다. 화가 복이 되려면 일정한 시간이 지나야 한다. 그때까지 기다리는 자세가 필요하다. 또한, 화가 복이 되려면 그 화의 원인이 정의와 사랑에 근거해야 한다. 인간은 정의롭고 사랑으로 살 때에 복이 오기 전에 화부터 오는 경우가 있다. 화의 원인이 정당성을 가져야 그 화가 복이 된다.

마지막으로 화가 복이 되려면 하나님의 개입이 있어야 한다. 하나님은 모든 변화의 동력이시기 때문이다. 그러므로 하나님을 믿는 것이야말로 전화위복의 근원이다. 우리는 하나님을 믿는다. 그러기에 지금 당하는 화는 장차 복이 될 것이다.

정의를 외치는 인간

정의에 대한 정의를 내리는 것은 대단히 어렵다. 정의란 사회의 기본 구조로서 일종의 사회적, 도덕적 규제이다. 정의는 사람과의 관계요, 개인과 공동체와의 관계이기 때문에 시대성과 상황성을 갖고 있다. 그러기에 대단히 논쟁적인 단어이다. 정의를 본격적으로 철학적 담론으로 제시한 사람은 플라톤이다. 그는 국가론에서 처음부터 정의를 문제 삼고 있다. 그가 정의를 문제 삼는 것은 그의 스승 소크라테스가 억울하게 죽임을 당했기 때문이다. 플라톤은 국가론에서 소크라테스의 말을 빌려 정의는 적절함이라고 주장하고 있고, 그러기에 정의로운 사람은 누구에게도 해를 끼칠 수 없다고 주장 한다. 그는 공동체 안에는 강자도 있고, 약자도 있는데 정의가 세워져야 약자를 보호할 수 있다고 강조하면서 정의는 사실상 약자들을 위한 것임을 암시하고 있다.

아리스토텔레스는 정의를 목적론적 수단으로 생각했다. 좋은 목적, 목표, 본질을 충족시키기 위해 정의가 필요하다는 것이다. 특히 그는 능력 중심으로 정의를 이해했다. 자격 있는 자가 그 합당한 몫을 받는 것이 정의라는 것이다. 일반적으로 정의란 공정함을 의미한다.

정의에는 4가지가 있다. 평균적 정의는 투표권 같은 것이다. 일정한 나이가 되면 누구나 다 같은 권리를 가질 수 있는 정의이다. 분배적 정의는 일정한 원칙 아래에서 똑같이 대접과 분배를 받을 수 있는 정의이다. 교정적 정의는 잘못한 것에 대해 공정하게 벌을 받을 수 있는 정의이고, 절차적 정의는 어떤 판단을 할 때 그 자료들을 공정하게 수집하여 바르게 판단할 수 있도록 하는 정의이다. 그러나 가장 중요한 것은 공동체가 선정한 공동선을 이루는데 도구로서의 정의이다. 정의는 목표이며 수단이다. 목표는 공동체 구성원들이 합의해서 설정하고, 그것을 이루는데 정의로운 방법이 필요하다는 것이다.

그런 점에서 정의는 다음 몇 가지 특성을 지닌다.

첫째, 정의는 일차적으로 약자들을 돕는다는 원칙을 지녀야 한다, 공동체의 공동선이란 다 함께 행복하게 사는 것이다. 그런데 인간은 그 능력, 신분, 환경, 육체적 조건이 다 다르다. 강자도 있지만 약자도 있게 마련이다, 이 경우 약자를 배려하지 않으면 공동선을 이룰 수가 없다.

둘째, 정의가 자유의 한계를 설정해야 하는 경우가 있다. 자유는 하나님께서 주신 특권이다. 이것을 제한하면 공동선을 이룰 수가 없다. 그러나 경우에 따라 공동선을 이루기 위해 자유를 제한할 수도 있다. 이 경우 공동체 구성원들을 충분히 설득을 시켜야 한다. 정의는 합의된 규제이다. 규제는 필요하나 최소화하여야 한다.

셋째, 정의는 균등, 공정, 공평과 깊은 연관성이 있다. 현대 사회에 있어서 정의는 성별, 나이, 출신지, 종교, 사상 등에 차별받지 않고 모두 평등하다는 것을 전제로 한다.

넷째, 정의는 다수의 행복과 관계가 있다. 논쟁적인 주제지만 특별한 경우를 제외 하고는 소수보다 다수에게 유익한 것이 정의라는 것이다. 벤담의 공리주의 영향이다.

성경은 정의를 강조한다. 하나님께서는 정의를 사랑하시며(시33/5) 요구하신다.(렘4/2) 특별히 정의를 외면한 자를 심판하신다.(암6/12-14) 북이스라엘 왕들은 악한 왕들이었다. 그들이 지은 죄는 우상숭배와 정의롭지 못한 통치였다. 모든 인간은 행복하게 살 권리가 있다. 그러나 모든 사람들이 행복해지는 것은 아니다. 행복의 조건들은 다양하기에 그 어떤 국가도 모든 국민들을 다 행복하게 해줄 수는 없다. 그러나 국가는 국가의 힘으로 정의를 실현해 주면, 국민들은 각자의 능력을 최대로 발휘하여 행복의 조건을 스스로 채울 수 있다. 부족한 것은 국가가 도와주면 된다. 정의는 약자의 깃발이다. 약자가 무너지면 강자도 결국 무너진다. 약자들이 정의를 외친다고 해서 강자들이 두려워 할 필요가 없다. 그 외침은 결국 강한 자에게도 유익이 될 것이기 때문이다. 그러나 약자들도 명심할 것이 있다. 강자들을 미워하지 말라. 그들이 있어야 그대들을 도와 줄 사람이 있는 것이다. 강자들을 무너지게 하는 것이 정의가 아니다. 함께 사는 것이 정의이다. 오늘날 정의를 강자와 약자의 대립적 구조로 이해하려는 사람들이 많다. 특히 사회주의자들이 그렇다. 잘못된 생각이다. 다같이 살 수 있도록 사회적 합의를 이루고 그것을 행하는 것이 정의이다.

인간 이야기 **78**

죄인으로서의 인간

인간에게 있어서 타락이란 하나님의 형상에서 죄인으로 떨어진 것을 의미한다. 그렇다면 왜 인간은 죄인이 되었는가? 이점을 우리는 분명하게 알아야 한다. 그래야 인간 실존의 모습을 알 수가 있으며 죄의 본질을 이해할 수가 있고 죄와 싸울 수도 있다. 창세기를 보면 인간의 죄를 범하는 원인은 내부적인 요인과 외부적인 요인이 있었음을 알 수가 있다. 인간이 죄를 범하는 원인은 인간 그 자체가 피조물로서 완전한 존재가 아니기 때문이다. 인간은 하나님의 형상을 닮은 존엄한 존재임에는 분명하나 완전한 존재는 아니다. 외부의 자극에 의해 얼마든지 무너질 수 있다.

인간에게는 더 크게 되려는 욕망이 있다. 이는 본성이고 외부 자극에 반응하는 살아있는 본성이다. 니체는 이를 권력의지라고 했고, 플라톤은 이를 에로스라고 표현하기도 했다. 성경은 이를 교만이라고 말한다. 더 크게 되려는 본성, 이것은 한쪽으로만 흐르는 물결 같은 것은 아니다. 때에 따라서는 이쪽으로 때에 따라서는 저쪽으로 흐를 수도 있다. 아담은 선악과를 먹을 수도 있었고 먹지 않을 수도 있었다. 이것을 자유의지라고 부른다. 인간은 왜 죄를 범하는가? 자유가 있기 때문이다. 만약 인간에게 자유가 없었다면 인간은 죄인이 되지 않았을 것이다.

그렇다면 하나님께서는 왜 인간에게 자유를 주셨는가? 이 문제에 대한 대답은 아주 간단하다. 인간에게 자유가 없다면 인간은 인간이 아니라 기계가 된다. 하나님 입장에서 본다면 기계로서의 인간보다는 죄인으로서의 인간이 더 귀하다. 인류의 역사를 보면 이 본성은 인간을 죄인으로 만들기도 했지만 인류 문명의 발전에 또 하나의 원동력이 되기도 했다. 인간에게 주어진 자유는 칼과 같다. 쓰기에 따라 창조도 파괴도 가능하다. 인간을 죄인으로 만드는 외부 요인은 사탄이다. 사탄은 영적 존재이다. 사탄은 인간 본성을 자극하면 인간은 죄를 범할 수 있다는 것을 너무나도 잘 알고 있다. 사탄은 교만하려고 하는 인간 본성을 자극했고, 인간은 그 자극을 받아 결국 금단의 열매인 선악과를 먹음으로 죄인이 되었다. 그런데 사탄이 인간을 타락시키려고 사용한 방법이 매우 의미심장하다. 사탄이 사용한 방법을 정리해 보면 다음과 같다.

첫째, 하나님의 말씀을 의심하게 하는 것이다. 하나님께서는 아담과 하와에게 선악과를 먹으면 죽는다고 말씀하셨다. 그러기에 선악과를 먹으면 안된다고 경고하신 것이다. 그런데 사탄은 이 하나님의 말씀이 거짓이라고 강조하면서 아담으로 하여금 하나님의 말씀을 의심하게 만들었다. 성경은 죄는 하나님의 말씀을 의심하거나 불순종하려는 생각, 행동을 의미한다. 죄는 도덕적, 법률적인 내용 이전에 영적인 개념이다.

둘째, 사탄은 하와에게 선악과를 먹으면 하나님과 같이 된다고 선동하였다. 사탄은 인간 본성, 더 커지려는 욕망, 즉 이기심에 불을 지핀 것이다. 없는 것을 있는 것처럼, 불가능한 것을 가능한 것처럼 말했다. 원래 자극이란 상대에게 이익이 될 것임을 전제로 하여 달콤하게 거짓을 속삭이는 것이다. 아담과 하와는 하나님의 명령을 외면하고 자신들의 이익만을 생각했다. 죄란 자기의 이익만을 생각하고 행동하는 것이다. 아담과 하와는 선악과를 먹으면 자신이 하나님과 같이 될 것이라고 착각하고 결국 선악과를 먹었다. 인간의 이기심, 즉 본성은 그 자체는 선도 악도 아니다. 문제는 그 본성을 자극하는 외부의 존재가 누군가에 따라 악으로 가기도 하고 선으로 가기도 한다. 창세기는 사탄을 간교한 자라고 표현했다. 간교한 자의 자극과 선동은 결국 인간으로 하여금 죄를 짓게 만들었다. 만약 인간이 선한 하나님의 자극을 받았다면 죄를 범하지 않았을 것이다.

인간은 곁에 누가 있느냐, 누구의 영향을 받느냐에 따라 그 진로가 결정된다. 사탄의 영향을 받은 아담과 하와는 이제 생각이 달라졌다. 생각이 달라졌으니 사물을 보는 해석도 달라졌다. 이제 선악과는 먹음직하게 보였고 결국 먹었다. 죄인이 된 것이다.

인간의 죄는 본성보다는 자유에 근거한다. 그러므로 자유의 남용을 막는 것이 중요하다. 자유를 주되 책임을 물어야 한다. 책임지지 않고 자유를 행하려는 욕심이 인간을 더욱 죄인으로 만든다. 현대 사회가 이처럼 혼탁해지는 것은 책임 없는 자유가 아스팔트 위에 난무하기 때문이다.

지도자를 세우는 인간

사람이 모이면 여러 가지 문제들이 생기고 그 일을 주도적으로 해결하는 인물도 생겨난다. 이를 흔히 지도자라고 부른다. 지도자가 있어야 문제의 핵심을 바로 찾아내기가 쉽고, 그 일을 해결하기도 쉽다. 성경을 보면 그 시대마다 다양한 방법으로 지도자들이 등장했다. 첫 번째 등장하는 지도자상은 스스로 지도자가 되는 것이다. 니므롯이 그 대표격이다. 니므롯은 바벨탑 쌓는데 주도적인 역할을 한 사람이다. 성경은 사람들이 그를 영웅이라고 불렀다고 기록하고 있다. 성경은 그가 그 누구의 선택을 받아 영웅이 되었다고 기록하지 않았다. 하나님의 선택을 받았다는 기록도 없다. 영웅은 스스로 자신의 능력으로 영웅이 된다. 그래서 사람들이 따른다. 인간은 어떤 특별한 카리스마가 있어야 영웅이 된다. 니므롯에게도 그런 카리스마가 있었을 것이다. 영웅은 교만하다. 스스로 영웅이 되었기에 그럴 수밖에 없다. 역사를 살펴보면 모든 영웅은 그 나름대로 위대한 일을 했다. 그러나 그 일을 통해 수많은 사람들이 희생당했고, 영웅은 자신이 이룩해 놓은 업적을 통해 더욱 교만해졌다. 그래서 영웅은 살아있는 동안은 영웅이 되지만 그가 죽고 나면 그 업적은 과소평가가 된다. 니므롯의 업적은 결국 무너졌다. 알렉산더나 진시황, 나폴레옹 등 소위 영웅들의 삶을 보면 이와 유사하다는 것을 알 수 있다. 그런데 그런 영웅이 지도자가 되는 시대는 지났다.

그 다음 하나님께서 지도자를 선택해서 세우는 시대가 있었다. 하나님께서는 사울을 선택해서 이스라엘의 왕으로 삼았다. 이런 유형은 성경에 그 예가 많다. 모세도 여호수아도 다윗도 바울도 베드로도 모두 하나님께서 세운 지도자들이다. 하나님께서는 하나님의 일을 위해 스스로 지도자를 세우셨다. 세상 사람들이 보기에는 부족하지만 하나님의 입장에서 하나님의 일을 하기위해 그 사람을 지도자로 세우셨다. 스스로 영웅이 된 사람들은 그 말로가 좋지 않았지만, 하나님께서 세운 지도자는 비교적 그 말로가 좋았다. 하나님께서 하나님의 일을 위해 세운 지도자이기에 하나님이 보호해 주셨고, 지도자들 역시 하나님께 책임지는 삶을 살려고 노력했기 때문이다.

마지막으로 백성들이 세운 지도자가 있다. 이스라엘 역사를 보면 백성들이 왕을 세웠다. 이러한 유형을 민주주의라고 부르면서 지금까지도 이런 형태로 많은 공동체들이 지도자들을 세우고 있다. 사무엘은 이런 방법을 원하지 않았지만 하나님께서는 백성들이 원하는 것이니 수용하라고 명령하셨다. 그런데 이 방법은 민주적이라는 장점이 있지만 지도자를 선택하는 백성들이 현명하게 판단하지 못하면 상당한 부작용이 있다. 즉, 백성들에 의해서 선택된 지도자에 의해서 백성들이 억압을 당하고, 그는 정당하지 못한 방법으로 계속 지도자의 자리에 앉을 수 있다. 이는 하나님께서 지적한 경고이다. 하나님의 경고는 역사적 당위성을 갖는다. 북아프리카의 여러 나라, 중동 국가들의 정치 형태를 보면 이를 증명할 수가 있다. 앞으로 이런 유형으로 지도자들이 계속 세워질 것이다.

지도자는 그 공동체의 운명을 결정 짓는다. 그러므로 공동체 구성원들은 지도자를 바로 세워야 한다. 구성원들은 지도자를 세울 때, 공동체에 유익이 되는지 여부를 일차적으로 판단해야 한다. 공동체에 무익한 지도자는 결국 사리사욕에 빠지고, 공동체를 위험에 처하게 만든다.

모든 공동체는 구성원들이 합의한 목표가 있다. 지도자는 그 목표를 이룰 수 있는 자질을 갖추어야 한다. 자질 중에 가장 중요한 것은 능력과 도덕성이다. 능력을 우선하느냐 도덕성을 우선 하느냐에 대해서는 상당한 논란이 있을 수 있다. 우선순위는 상황에 따라 달라질 수 있다. 난세에는 능력이 도덕성보다 앞서야 하고, 평화시에는 능력보다 도덕성이 우선되어야 한다. 개인이건 공동체건 간에 최우선 순위는 생존에 있다. 개인과 공동체의 생존에 우선되는 지도자의 덕목은 능력이다. 힘이 있어야 생존할 수 있다. 백성들은 공동체가 위기에 빠지면 생존을 위해 도덕적 흠결이 좀 있다 해도 능력 있는 자를 지도자로 세운다. 그러나 그 위기가 사라지면 능력 있는 자를 버리고 도덕적인 사람을 택한다. 백성들은 이렇게 영악하다. 이런 백성들을 미워해서는 안된다. 인간은 누구나 다 자기에게 이로운 방법으로 모든 선택한다. 예수 그리스도를 제외하고는.

지적 인간

인간은 지적 존재이다. 인간을 만드신 하나님이 지적 존재이시고 그 하나님이 만든 인간이기에 인간은 지적 존재일 수밖에 없다. 하나님께서 천지를 창조하시는 순서를 보면 하나님이 지적 존재임을 알 수가 있다. 지적이라는 말은 지식이 있다는 말이고 지식에 관심이 있다는 뜻이며, 지식을 얻기 위해 행동한다는 뜻이다. 인간은 정신적 존재이다. 이 말은 인간은 사고하고 지식을 얻으며 자기 인식이 가능하고 목표지향적인 행동을 한다는 뜻이다. 여기서 지식이란 어떤 사물에 대한 명료한 의식, 알고 있는 내용이고, 철학적으로 해석하면 인식에 의해서 얻어진 성과를 뜻한다. 그러기에 바른 지식은 원리적이고, 통일적이며, 객관적 타당성을 가지고 있으면서 조직적이다.

성경을 보면 영생에 대한 주님의 가르침이 매우 지적임을 알 수 있다. 영생에 대해서 사람들이 묻자 주님은 영생이란 하나님과 그가 보내신 주님을 아는 것이라고 대답하셨다. 영생을 최고의 행복이라고 해석할 때, 그 최고의 행복은 하나님과 주님을 아는 지식에 의해서 체험 된다는 뜻이다. 주님은 우리 그리스도인들은 지적 인간이 되어야 한다는 것을 강조하셨다. 그러므로 설교는 지적이어야 한다. 성경을 통해 나타난 하나님의 뜻을 알고 그것을 전하는 것이 설교이며, 그것을 행동으로 실행할 수 있도록 설득하여 행하게 하는 것이 설교이다. 설교는 유머도 농담도 아니다. 하나님께서 인간에게 율법을 주신 것은 인간이 지적 존재이기 때문이다. 인간이 지적 존재가 아니면 인간은 율법을 이해할 수 없고 따라서 행할 수도 없다. 엘리야가 선지학교를 만들어 제자들을 가르친 것도 인간이 지적 존재임을 증명하는 예이며, 주님께서 제자들을 가르치신 것도 인간이 지적 존재임을 밝히는 사례이다.

성경에 등장하는 인물 중에 가장 지적인 사람은 솔로몬과 사도 바울이다. 솔로몬은 동물, 식물에 대한 지식도 많았고 건축에도 일가견이 있었다. 물론 율법에 대한 지식도 많았다. 그는 경제에 대한 지식도 많았고 정치에 대한 식견도 많았다. 그는 자신의 경험을 체계화하여 지식으로 만든 사람이고 그것을 문학적으로 잘 표현한 사람이다. 바울은 배움을 통해 지식인이 된 사람이다. 그는 가말리엘 문하에서 많은 것을 배웠다. 그는 로마의 법, 그리스의 철학, 유대교의 율법에 대해 능통한 사람이었다. 그리스 철학자들은 지식에 대한 상당한 관심들이 많았다. 소크라테스는 자신을 아는 것이 지식임을 강조했고, 아리스토텔레스는 남을 설득시키는 지식이 있어야 한다고 가르쳤다. 아우구스티누스는 자연 속에 숨겨진 하나님의 뜻을 발견하는 것이 지식이라고 했다.

그렇다면 인간은 어떻게 해야 지적 존재가 되는가? 지적 존재가 되려면 배우는 존재가 되어야 하고, 자신이 경험한 것을 체계화하는 사람이 되어야 한다. 전자는 배워서 얻은 지식이고 후자는 경험해서 얻은 지식이다. 인간은 자연, 역사, 문학, 사상, 다른 사람 그리고 하나님께 배워야 한다. 자연, 역사, 사람 그리고 하나님은 우리에게 스승이다. 공자는 '지나가는 세 사람 중에 반드시 한 사람은 내 스승이다'라고 말했다. 남의 모든 것, 실패, 성공 등에서 배울 것이 있다는 뜻이다. 스스로 경험한 것들을 체계화하면 이 또한 지식이 된다. 독창적인 지식이 된다는 것이다. 예술적 지식 등이 여기에 속하지만 다른 모든 분야에서도 경험을 조직화하면 지식이 된다. 그런데 전자는 주로 객관적인 지식이지만 후자는 주관적인 지식이 될 수 있기 때문에 그 한계를 잘 알고 수용해야 한다.

인간이 지닌 최고의 지식은 하나님과 자신에 대한 지식이다. 하나님을 알고 자신을 아는 것이야말로 최고의 지식이다. 이 지식을 바탕에 두고 다른 지식을 얻으면 그 지식은 유용한 지식이 될 수 있다. 지식은 양날의 칼과 같다. 잘 이용하면 유익하나 잘못 사용하면 큰 해가 된다. 지식에는 쓸모 있는 지식도 있으나 쓸모없는 지식도 있다. 예전에 알고 있던 지식 중에 잘못된 지식도 많다. 늘 새롭게 지식을 얻어 자신이 알고 있는 지식을 검증해야 한다.

인간은 분명 지적인 존재이다. 그러나 그 지식을 맹종해서는 안된다. 인간이 지닌 지식은 부분적인 지식이고 어떤 경우에는 오도된 지식도 있다. 고집이란 자기가 알고 있는 지식을 절대화하거나 자신의 감정을 끝까지 고수하려는 데서 생긴다. 지식을 얻되 절대시하지 말고 하나님을 아는 지식을 최우선하여, 다른 지식을 알아 그것을 종합하는 자세가 필요하다. 그러면 진정한 지적 존재가 된다.

죽어야 하는 인간

결국 인간은 죄인이 되었다. 하나님께서는 아담에게 죄를 범하면 죽는다고 사전에 경고를 했지만 아담은 이를 무시하고 선악과를 먹었다.

그렇다면, 하나님께서 말하는 죄의 결과로서 죽음이란 과연 어떤 실체인가? 성경은 이에 대해 상세하게 그 죽음의 의미를 서술하고 있다. 아담이 죄인이 되는 순간부터 아담은 힘든 인생을 살게 되었다. 이제 그 힘든 인생의 모습을 기술해 보자.

첫째, 아담은 죄의 결과로서 두려움 즉 공포를 지니게 되었다. 그래서 아담을 찾는 하나님을 피해 나무 사이로 숨었다. 인간에게 주어지는 공포, 불안은 사실상 죄의 결과였다.

둘째, 아담은 부끄러움을 알게 되었다. 죄를 범하기 전에 아담은 부끄러움을 몰랐다. 여기서 부끄러움이란 자신의 죄에 대한 부끄러움이다. 인간은 죄를 범하면 제아무리 그 죄를 합리화시켜도 결국에는 죄인이 되었다는 수치심을 버릴 수는 없다. 부끄러움이란 인간으로서의 당당함을 잃어버리는 것이다. 흔히 양심의 가책이라는 것이 있다. 이 가책은 일종의 죄책감으로 인간을 고통스럽게 만든다.

셋째, 생존을 위한 노동이다. 아담은 죄를 범하기 전에도 노동을 했다. 그러나 그 노동은 창조를 위한 노동이다. 이제 노동은 그 목적이 변질되었다. 인간은 죄로 인해, 생존을 위한 노동을 해야 하는 존재가 되었다. 그리고 그 노동은 노동의 대가를 충분히 보상받는 노동이 아니었다. 인간은 힘들게 노동을 하지만 충분한 보상을 받지 못한다. 이로 인해 인간에게 무기력감이 주어졌다.

넷째, 아담은 흙으로 돌아가는 존재가 되었다. 인간은 흙으로 지어진 존재이다. 비록 하나님의 형상을 닮은 존재였지만 이제 죄로 인해 그 형상은 파괴되었고, 인간을 거룩하게 만들었던 영은 그 육체와 분리되는 과정을 겪게 되었다.

다섯째, 아담은 죄를 범한 이후에 그의 아내 하와에게 죄에 대한 책임을 전가시키면서 불화하였다. 사회적 관계의 단절과 갈등이 생겨난 것이다. 처음 아담은 하와를 본 순간 감동을 해서 "뼈 중에 뼈요, 살 중에 살"이라고 노래했다. 그러나 이제는 감동이 아닌 미움의 대상이 되었다. 책임지는 존재에서 서로 책임을 전가시키는 존재로서 아담과 하와는 그 관계가 변질되었다.

여섯째, 아담은 에덴동산에서 추방을 당했다. 상실이다. 이제 인간은 가지고 있는 것을 잃어버리는 존재로 전락했다. 인간은 많은 것을 가지고 태어나지만 세월이 가면서 그 모든 것을 하나씩 하나씩 잃어버리게 되었다. 가족, 건강, 사랑, 꿈, 권력, 명예, 돈, 인간은 스스로 가치 있다고 생각하는 모든 것을 결국 잃어 버리면서 살아가는 존재가 되었다. 그래서 인생을 허무하다고 사람들이 탄식을 하는 것이다.

마지막으로 아담은 스스로의 힘으로는 다시 에덴으로 돌아갈 수 없는 존재가 되었다. 하나님께서는 아담이 다시 에덴으로 돌아올 수 없도록 화염검으로 에덴 입구를 막아 버렸다. 인간은 이제 무능한 존재가 되었다. 주님께서 말씀하신 그대로 인간은 가치 있는 일은 주님의 도움을 받지 않고서는 아무 것도 할 수 없는 존재가 되었다.

하나님께서 경고한 죽음의 의미는 단순히 숨이 멈추는 생물학적 상태가 아니다. 죽음이란 종합적 상태이다. 그러기에 인간은 그 육체가 살아도 실상은 죽은 상태의 삶을 살 수 있는 존재이다. 움직인다고 다 살아 있는 것은 아니며, 먹고 마신다고 다 살아 있는 것이 아니다. 인간은 살아도 죽을 수 있으며, 죽어도 살아 있을 수 있는 존재이다.

성경에서 말하는 죽음이란 결국 관계의 단절이다. 하나님과의 단절, 이웃과의 단절, 자연과의 단절, 자신과의 단절, 그것이 죽음이다. 그렇다면 죽은 인간이 다시 살아나는 길은 무엇인가? 그것은 예수 그리스도를 믿는 것이다. 주님을 믿음으로 우리는 죽음의 현상들을 극복할 수 있다. 공포를 극복할 수 있으며, 수치심에서 벗어날 수 있고, 열매 있는 노동을 할 수 있다. 주님을 믿음으로 이웃에 대해 책임을 질 수가 있으며, 상실이 아닌 획득의 삶을 살 수가 있고, 다시 에덴으로 돌아갈 수가 있다. 마침내 육과 영이 일치를 이루는 사람으로 살 수가 있다.

인간은 죄인이다. 이미 죽은 존재이다. 그러나 주님은 생명을 살리려고 오셨다고 선언하셨다.

지혜로운 인간

인간은 지혜로운가? 이 질문에 대한 해답은 그리 간단하지가 않다. 인간에게 지혜가 없다면 인간들은 문화를 만들어 내지 못하고 역사는 발전하지 못한다. 만약 인간에게 지혜가 있다면 인간은 선악과를 먹지 않았을 것이고 인간의 삶이 이토록 어려워지지 않았을 것이며, 인간은 근심 걱정을 대폭 줄이면서 행복하게 살아갈 수 있었을 것이다. 일반적인 관점에서 볼 때 인간에게는 지혜가 있다고 해야 할 것이다. 물론 지혜는 모든 인간에게 골고루 주어지는 보편적인 축복은 아니다. 우리 주변을 살펴보면 지혜로운 사람이 있는가 하면 어리석은 사람도 있기 때문이다. 성경은 지혜는 하나님을 경외하는 데서 생긴다고 강조한다. 이는 지혜는 하나님의 선물이라는 뜻이다. 성경을 보면 지혜는 자신의 경험과 지식으로 얻은 인간적인 지혜와 하나님의 은사로 주어지는 신적 지혜가 있다고 나와 있다. 그리고 그 지혜는 보석보다도 가치가 있고, 열 명의 권력자보다도 능력이 있다고 강조하고 있다.

지혜는 최상의 재산이고, 악에서 떠나게 하는 힘이며, 주어지는 문제들을 잘 해결하는 능력을 준다고 했다. 지혜로운 사람은 영광을 기업으로 얻으며, 현명한 사람들을 얻고, 멸망에서 구원을 받는다고 했다. 그러기에 성경은 지혜를 매우 강조한다. 지혜를 의인화하기도 하고, 성경의 중심 주제로 삼기도 한다. 욥기, 잠언, 전도서는 그 주제가 지혜이다. 성경에 등장하는 신앙적이고 성공한 인물들의 공통적인 특징은 그들이 다 지혜로운 사람들이라는 것이다. 솔로몬은 지혜를 구했고, 요셉은 지혜로 총리의 직책을 잘 감당했고, 다윗은 자신을 핍박하는 사울 왕을 죽이지 않는 지혜로 천하를 얻었다. 야고보는 지혜를 구하는 사람이 되어야 한다고 강조했으며 베드로는 지혜로 예루살렘 교회의 분열을 막았다.

그렇다면 지혜를 얻는 길은 무엇인가? 하나님과 동행하는 삶을 살고, 기도로 그 지혜를 구하며, 성경을 상고하고, 체계적으로 배워야 한다. 다른 사람들의 갖고 있는 지혜를 보고 배우며, 스스로 겸손해져야 한다. 교만한 자는 절대 지혜를 얻을 수가 없다. 지혜는 지혜자의 권고와 권면을 들을 때 생겨난다. 지혜를 얻지 못하게 하는 것들도 있다. 무식하거나 방탕해서 미혹당하거나 뇌물을 좋아하면 지혜를 얻지 못한다. 스스로 지혜롭다고 생각하거나 자기로서 자기를 헤아리고 남과 비교하면 지혜를 얻지 못한다. 특히 말이 많으면 지혜를 얻지 못한다. (잠10/19)

인간의 지혜는 분명 한계가 있다. 그래서 성경은 인간의 지혜가 아니라 하나님이 주시는 신적 지혜를 가져야 한다고 강조한다. 인간의 지혜는 헛되며 유한하고 사사롭다. 인간적인 지혜가 많으면 도리어 번뇌도 많다. (전1/18) 인간적인 지혜는 유혹에 빠지게 하는 원인을 제공하기도 하고, 더러워 질 수도 있다. 인간은 인간적 지혜로 악을 생각하게 되고 화를 자초하게 되며 분쟁을 만들어 내기도 한다. 인간적인 지혜는 결국 인간을 망하게 만드는 원인을 제공하기도 한다. 그러므로 믿는 사람들은 인간의 지혜가 아닌 하나님의 지혜를 얻어야 한다.

성경은 인간들이 지혜로워야 할 것들을 다음 세 가지로 강조한다. 첫째는 생각이다.(롬12/3) 생각을 지혜롭게 해야 한다. 생각이 어리석으면 그 인생도 어리석게 된다. 둘째는 행동을 지혜롭게 해야 한다.(잠28/26) 행동은 인간의 삶에 결정적인 영향을 미친다. 어리석은 생각도 행동으로 나타내지 않으면 그나마 다행스러운 결과를 낳는다. 그러나 어리석은 생각을 하고 어리석게 행동하면 그 결과는 참담하다. 마지막으로 말을 지혜롭게 해야 한다.(마12/42) 지혜 문서라고 하는 잠언에서 제일 강조하는 지혜는 말에 대한 지혜이다. 욥기가 고난에 대한 지혜를, 전도서가 허무에 대한 지혜를 강조한다면 잠언은 말에 대한 지혜를 강조한다고 볼 수 있다. 생각해 보라. 인간의 성공과 실패, 행복과 불행은 어디서 오는가를! 그 모든 것들은 돈이나 명예, 권력, 건강에서 오기보다는 지혜에서 오는 것이다. 지혜는 세상을 바로 해석하는 힘이고, 세상의 문제를 풀어내는 힘이며, 악과 싸워 이기는 능력이다. 인간에게는 지혜가 있어야 한다. 스스로 배우고 깨닫고 경험해서 얻은 인간적인 지혜가 아니라 신앙을 통해서 얻은 지혜가 있어야 한다. 우리는 왜 신앙생활을 해야 하는가? 이 질문에 대한 정답은 참으로 많다. 그 정답 중에 가장 중요한 하나가 바로 이것이다. 인간은 하나님의 주신 지혜를 얻기 위해 신앙생활을 한다는 것, 그리스도인들이 꼭 기억해야 할 깨달음이다.

진실을 전하지 못하는 인간

인간에게는 나름대로의 진실이 있다. 진실이란 사실 그 자체를 의미한다. 어떤 감정이나 이념이건 간에 사실 그 자체를 진실이라고 부른다는 것이다. 그러기에 진실이란 선악을 떠난 사실 그 자체이다. 그런데 우리는 진실이라고 부를 때 매우 긍정적인 뜻으로 사용한다. 거짓이 없는 사실, 그 속에는 착하고 바르고 아름답고 때로는 거룩한 어떤 것이 있다는 뜻으로 사용된다는 것이다. 그래서 인간은 진실을 알고 싶어 하고 진실에 감동을 받기도 한다. 거기에는 거짓이 없기 때문이다.

그렇다면 인간은 과연 진실을 남에게 전할 수 있을까? 인간은 남의 진실을 제대로 알 수가 있을까? 이 점에 대해서 성경은 부정적이다. 인간은 죄인이기 때문이다. 여기서 죄라는 의미는 '결핍되다'라는 뜻이다. 인간은 완전한 존재가 아니다. 즉 결핍된 존재이다. 따라서 죄를 범할 수밖에 없다. 인간이 결핍된 존재라면 자신이 품고 있는 진실을 남에게 충분히 전할 수 있는 능력도 없게 마련이고 남의 진실을 충분히 받아들일 능력도 없게 마련이다. 그래서 진실은 외로운 것이고, 진실을 품은 사람은 서러운 것이다. 인간은 이처럼 진실을 품고 있을 수는 있지만 그것을 충분히 남에게 전할 수도 없고, 남의 진실을 충분히 이해할 수도 없는 존재이다.

다윗과 사울 왕의 관계를 보면 알 수 있다. 다윗은 사울 왕을 진실로 섬겼다. 그는 사울 왕을 배격하고 왕이 될 생각을 전혀 하지 않았다. 설령 백성들이 왕으로 추대한다고 해도 그럴 의사가 없었다. 그러나 사울 왕은 그렇게 생각하지 않았다. 백성들이 다윗을 좋아하고 있는 한 언제든지 다윗은 반역해서 왕이 될 수 있다고 생각했다. 사울 왕은 다윗의 진실을 알지 못했다. 그래서 13년간이나 다윗을 죽이려고 했던 것이다. 다윗의 아내 미갈은 법궤가 예루살렘으로 돌아올 때, 다윗이 감격해서 백성들과 춤을 추는 것을 보고 다윗을 크게 책망했다. 왕의 권위를 내던지고 추하게 춤을 추었다고 생각했기 때문이다. 미갈은 다윗의 진실을 이해하지 못했다.

바울과 바나바의 갈등도 서로 진실을 알지 못하는데서 생겼다. 두 사람은 동지였다. 특히 바울은 바나바에 의해서 역사의 무대에 올라선 사람이다. 그러나 두 사람은 결국 마가 때문에 싸워서 헤어졌다. 서로 진실이 전해지지 못했기 때문이다. 바울은 바나바가 마가는 그의 친척이기 때문에 변호한다고 생각했고, 바나바는 바울이 독자적으로 행동하려고 마가 문제를 들고 나왔다고 생각했다. 두 사람의 선교 여행 중에 사실 바나바 보다는 바울이 더 사람들에게 호감을 주었기 때문에 바나바가 이런 생각을 하는 것은 어쩌면 당연한 일이었다. 그러나 사실은 그런 것이 아니었다. 바나바가 마가를 다시 동행시키고자 하는 것은 마가에게 기회를 한 번 더 주어 선교 동역자로 만들기 위함이었고, 바울이 마가를 배척한 것은 선교의 효율성을 우선적으로 생각했기 때문이다. 두 사람이 다 선한 생각을 하고 있었다. 그러나 선한 생각을 하는 것과 그 선한 생각이 상대에게 그대로 전해지는 것은 다른 것이었다. 진실은 있으나 그 진실은 전해지지 않았다.

그렇다면 왜 진실은 전해지지 않는 것일까? 첫째, 인간은 선입관에 따라 사실을 해석하는 본성을 지니고 있다. 선입관을 만드는 요소는 다양하다. 지식, 정보, 경험, 상대에 대한 감정 등이 선입관을 만든다. 특히 상대에 대한 감정은 선입관을 만드는데 가장 큰 변수이다. 미운 사람이 가진 진실은 가려진 진실이다. 둘째, 인간은 이해관계에 따라 상대의 진실을 해석하려는 경향이 있다. 인간은 자기에게 유리하게 사실을 해석하려고 한다. 진실이란 유리하냐 불리하냐가 아니라 사실 그 자체를 의미한다. 그러나 인간은 그 진실을 이해관계에 따라 다양하게 색칠하기 때문에 진실을 전하지도, 알지도 못하는 것이다. 셋째, 인간은 상황에 따라 진실을 해석하려고 한다. 진실은 어떤 상황 속에서 만들어진다. 그러기에 진실을 제대로 이해하려면 그 상황에 대한 정확한 통찰이 필요하다. 그러나 인간에게 그런 통찰력이 부족하다. 남에게 들은 이야기, 상황에 대한 잘못된 통찰 등으로 인해 진실은 가려질 수 있다.

그렇다면 인간은 영원히 진실을 모르는 채 살아가는 존재인가? 그렇지 않다. 진실은 전해지지 않지만 세월이 흐르면 증명될 수는 있다. 아브라함에 대한 하나님의 진실은 25년 세월이 흐른 후에 증명되었다. 진실은 말하는 것이 아니라 시간 속에서 증명되는 것이다. 세월이 흘러야 한다. 그래야 진실이 보인다.

질문하는 인간

모세는 하나님을 처음 만났을 때, 당신은 누구십니까? 그리 물었다. 이때 하나님께서는 "나는 스스로 있는 자니라", 그리 대답하셨다. 이는 인간은 질문하는 존재임을 밝히는 장면이다. 아담이 죄를 범해 숨었을 때, 하나님께서는 아담을 찾아오시어 '네가 어디 있느냐' 라고 물으셨다. 이는 하나님도 질문하시는 존재임을 밝히는 장면이다. 사탄은 아담과 하와에게 하나님이 참으로 동산의 모든 나무의 실과를 먹지 말라고 하시더냐? 그리 물었다. 모든 인격적 존재는 질문하는 존재이다. 질문은 묻고 대답하는 존재들의 결합 여부를 결정 짓는 요소이다. 바른 질문, 바른 대답은 관계를 밀착사키고, 소통을 가능하게 하며 새로운 창조를 만들어낸다. 성경에는 다양한 질문들이 등장한다. 이름을 묻고(창32/29) 안부를 물으며(창43/27) 생업을 묻는다.(창46/33) 형편을 묻고(느1/2) 장래 일을 물으며(사45/11) 길을 묻는다.(렘50/5) 일의 진상을 묻고(단7/16) 율법을 물으며(학2/11) 소망을 묻는다.(벧전3/15) 왜 인간은 이런 질문을 던지는가? 상대를 알기 위해 묻는다. 상대의 신분, 생사, 소원, 의향을 알기 위해 묻는다. 상대를 유혹하기 위해, 시험하기 위해 묻는다. 사악한 존재는 악한 의도로 질문한다. 또한 재판을 위해서, 생사를 확인하기 위해서, 전황을 알기 위해서, 사람을 찾기 위해서, 사명을 주시기 위해 질문하기도 한다. 병을 고치기 위해, 말씀의 뜻을 알기 위해, 믿음을 확인시켜 주기 위해, 심문하기 위해 질문하기도 한다. 인간은 사실을 확인하기 위해, 관계를 맺기 위해, 새로운 것을 창조하고 진실을 고백하기 위해 상대에게 질문한다.

그렇다면, 어떤 자세로 질문을 해야 하는가?

첫째, 겸손한 자세로 질문해야 한다. 질문은 확실한 답변을 들어야 그 질문은 가치가 있다. 그런데 질문하는 자가 교만하면 대답하는 사람은 바로 정확하게 대답해 주지 않는다. 그리되면 질문 자체가 의미가 없어진다. 의미 없는 질문을 하는 것은 어리석은 짓이다.

둘째, 질문의 의도를 잘 설명해 주어야 한다. 모든 질문은 숨어 있는 의도가 있다. 의도를 숨기는 것은 상대를 이용하겠다는 악한 생각이 있는 것이고, 그것을 눈치챈 상대는 바른 대답을 해 주지 않는다. 경우에 따라서는 잘못된 정보를 줌으로 질문하는 사람을 속일 수가 있다. 난처한 일이 생길 수 있다. 그렇기 때문에 난처한 질문을 할 경우에는 질문하는 이유를 충분히 설명해 주어서 최대한 편한 마음으로, 진지하게 사실을 알려 줄 수 있도록 상대를 배려해 주어야 한다.

셋째, 질문은 정보를 캐는 활동이다. 제공된 정보를 사용하는 것은 어쩔 수 없는 일이라고 해도, 특별한 것은 그 출처나 제공해 준 사람의 신원을 보호해 주어야 한다. 그렇지 않으면 다음에는 그 어떤 대답에도 바로 답해 주지 않고, 심지어는 역정보를 제공해 주어 질문한 자를 위험에 빠트릴 수 있다. 질문은 단순히 사람에게만 하는 것이 아니다. 역사에 대해서, 신앙에 대해서, 학문적 성과에 대해서, 기존의 학설에 대해서도 질문해야 한다. 이 경우는 이미 죽은 사람에게 질문하는 것이 아니라 기존의 가치에 대한 결과를 질문하는 것이다. 예를 들면, 민주주의가 가장 좋은 제도인가? 왜 인간은 이념의 노예가 되는가? 무신론은 옳은가? 인간은 정말 이기적인가? 한국사회는 장차 어떻게 될 것인가? 교회제도, 이대로 좋은가? 이런 질문들을 해야 한다는 것이다. 실존적 질문도 해야 한다. 즉, 자기 자신에 대해서 질문해야 한다는 것이다. 나는 누구인가? 나는 지금 어디로 가고 있는가? 나의 장단점은 무엇인가? 이런 질문을 해야 한다는 것이다.

　인간은 질문하는 존재이다. 질문을 통해 상대와 바른 관계를 맺으며, 진실과 진리를 알 수 있고, 자기 자신에 대해서 진지해 질 수 있다. 질문하지 않는 것, 그것은 그 삶이 정체되어 있다는 증거다. 질문은 진보와 개혁의 원동력이다. 그러나 분명한 것이 있다. 모든 질문은 그 동기가 중요하다. 하나님은 구원을 위해서 질문하셨고, 사탄은 유혹을 위해 질문했다. 즉, 선을 위해서 질문할 수도 있고, 악을 위해서 질문할 수도 있다는 것이다. 우리는 질문하면서 살아간다. 그렇다면 우리의 질문의 동기는 과연 무엇인가? 선인가? 악인가? 창조인가? 파괴인가? 질문하기 전에 스스로에게 물어보아야 한다. 남에게 질문하기 전에 자신에게 먼저 질문해야 한다.

　순종은 먼저 자신에게 질문한 후 결단하여 행하는 아름다운 삶이다.

질투하는 인간

이제 인간은 죄로 인해 에덴동산에서 추방당하는 존재가 되었다. 남과 비교하여 더 뛰어난 존재가 되겠다는 의식, 책임을 전가하려는 의지, 그리고 두려움과 부끄러움이라는 부정적 정서를 지니고 추방당했다. 죄인으로서의 인간은 이 두 가지 의식과 두 가지 감정으로 인해 비인간화의 길을 걷게 되었다. 죄인으로서의 인간의 모습을 질투하는 인간으로 그 본색을 드러낸다. 아담은 두 아들을 두었다. 가인과 아벨이다. 그들은 하나님께 제사를 드렸다. 그런데 하나님께서는 가인의 제사 즉 예배는 거부하셨고, 아벨의 제사 즉 예배는 받으셨다. 가인은 아우 아벨을 질투했다. 아벨이 없으면 하나님의 사랑을 독차지 할 수 있을 것이라는 어리석은 생각을 했다. 그래서 아벨을 죽였다. 최초의 살인 사건이 터진 것이다.

이처럼 질투는 무서운 것이다. 질투는 이처럼 더 큰 죄를 낳는다. 인간의 질투심은 남과 비교하는 데서 생긴다. 때문에 자기보다 못한 사람에게는 질투의 감정이 생기지 않는다. 가인은 아벨과 자신을 비교했고, 아벨이 자기보다 더 나은 인간이라는 판단을 하게 됨으로 살인을 저질렀다. 질투는 판단력을 흐리게 한다. 가인은 질투 때문에 바른 판단을 하지 못했다. 질투심이 없었다면 가인은 자신의 제사를 하나님께서 거절하실 때, 그 이유를 꼼꼼히 분석을 해서 다음 제사 때는 바른 제사를 드릴 수가 있었을 것이다. 그러나 불행하게도 가인은 그렇지 못했다. 질투심은 이성을 마비시켜 분별과 판단을 그르치게 만든다. 그래서 질투가 무서운 것이다.

인간은 질투심 때문에 책임을 회피하게 된다. 하나님께서는 가인에게 동생 아벨이 어디 있느냐고 물었다. 그러자 가인은 내가 동생을 지키는 자냐고 하나님께 퉁명스럽게 되물었다. 질투심 있는 자는 자기에게 주어진 책임을 외면하고 오직, 질투의 대상이 되는 상대에게만 관심을 두고 그를 파멸시키려고 애쓰면서 자멸의 길을 걷는다. 사울 왕이 그 본보기가 된다. 사울왕은 다윗에 대한 질투심 때문에 13년간 정사를 돌보지 않고 오직 다윗을 죽이려는 일에 열중했고, 그 결과 자결하는 자멸의 길을 걸었다. 바리새인들이나 장로들도 예수님에 대한 질투심 때문에 결국 예수님을 죽이는 일에만 열중했다. 이처럼 질투심은 인간을 악에게 몰두하게 만든다.

질투로 인해 생긴 살인의 결과는 비참했다. 가인은 이제 유랑하는 존재가 되었다. 아담은 자식들을 위해 에덴 동쪽에 에녹성을 쌓아 자녀들에게 행복한 삶을 살 수 있도록 노력했지만, 가인은 그 성에서 살지 못하고 유랑하는 삶을 살게 되었다. 유랑은 그 자체가 형벌이다. 그의 유랑은 두려운 유랑이었다. 동생을 죽인 자라는 치욕이 그를 영원히 괴롭혔고, 그는 사람들에게 죽임을 당할까 하는 공포의 삶을 살게 되었다. 이제 그는 유랑하면서 생존을 위해 많은 수고를 하게 되겠지만, 그의 수고는 열매를 맺지 못하는 수고가 되었고, 그는 가난한 삶을 살 수밖에 없는 신세가 되었다.

인간은 죄인이 되면서 질투하는 존재가 되었다. 인간은 질투 때문에 분별과 판단이 흐려져, 사랑해야 할 상대를 죽이는 죄를 범하게 된다. 죄가 죄를 낳은 것이다. 그리고 그 죄의 대가를 받음으로 곤경에 빠지게 된다. 흔히 사람들은 자신과 싸워야 한다는 말들을 많이 한다. 이 말 속에는 자기 마음속에 독사의 혀처럼 날름대는 질투심과 싸워야 한다는 뜻이 포함되어 있다.

성경 역사에 질투심을 극복한 위대한 인물이 있다. 바로 요나단이다. 그는 자기 친구인 다윗이 여러 가지 면에서 자기보다 훌륭하다는 것을 인정했다. 그래서 다윗을 살려내려고 아버지 사울 왕과 대립했고, 자신보다 다윗이 왕이 되었으면 나라가 크게 발전할 것임을 확신했다. 바나바도 질투심을 극복한 사람이다. 그는 바울이 자신보다 더 위대한 선교사가 될 것을 믿었다. 그래서 바울을 선교사로 사도들에게 천거한 것이다.

인간은 질투하는 존재이다. 동시에 그 질투심을 극복해야 하는 존재이다. 그렇다면 인간은 어떻게 질투심을 극복할 수가 있는가? 남과 비교하되 남이 가지고 있는 좋은 점을 인정해 주고, 자신의 가지고 있는 좋은 점을 발견하여 그 좋은 점을 극대화시키는 삶을 살면 된다. 한마디로 말해 남을 모방하는 삶을 살지 말고, 자신의 삶에 충실하면서 자신이 가야 할 길에 몰두하면 질투심은 극복될 수가 있다. 목표를 정해 사는 것, 그것이 질투를 극복하는 현명한 삶이다.

책임을 전가하는 인간

인간은 윤리적 행동을 하는 존재이다. 여기서 말하는 윤리적 행동이란 선을 위해 인간이 마땅히 해야 할 행동을 뜻한다. 인간이 동물과 다른 것은 바로 이러한 윤리적 행동을 하기 때문이다. 인간의 윤리적 행동은 4가지 유형이 있다. 하나는 목적론적 행동이다. 목적이 좋으면 수단은 정당화될 수 있다는 생각에서 하는 행동이다. 수양이 단종을 폐위하여 왕이 된 것은, 나라를 건지기 위해 그런 혁명을 주도했다는 주장들이 여기에 속한다. 나름대로 이해는 되지만 위험한 발상이다. 수단 방법을 가리지 않는 행동이 목적을 정당화시킬 수는 없다. 때로는 이루고자 하는 선보다 더 악한 방법을 선택할 수가 있기 때문이다.

상황적 행동도 있다. 상황에 적합한 행동을 하는 것이 좋다는 것이다. 평시에는 살인은 죄지만 전쟁 때에는 살인 그 자체가 공이 되는 것이 좋은 예가 된다. 정당방위 이론, 자위권 이론이 다 여기에 속한다. 그러나 이 이론에도 약점은 있다. 인간은 상황을 자기 편리대로 해석하는 존재이기 때문이다. 정당방위를 근거로 살인을 고의적으로 할 수도 있다.

도덕적 행동 이론도 있다. 인간은 이미 검증된 도덕을 갖고 있는데 그 도덕적 지침에 의해서 행동하면 된다는 주장이다. 유교에서 특히 강조하는 이론이다. 종교를 가진 사람들도 이 부류에 속한다. 칸트의 주장대로 한다면 양심에 근거해서 행동하면 된다는 것이다. 가장 객관적인 이론이다. 인간의 도덕은 역사적으로, 사회적으로 객관화된 기준이요, 그 도덕은 사회 안정을 위한 기초에서 성립된 것이기 때문이다. 그러나 여기에도 문제는 있다. 칸트 스스로가 지적했듯이 인간이 과연 양심적이냐 하는 문제도 있고, 도덕도 사회 현상에 따라 결국 변하는 것인데, 변하는 도덕을 기준으로 인간의 행동을 구속한다는 것이 과연 바른가에 대한 의문이 생기기 때문이다.

마지막으로 책임적 행동 이론이 있다. 인간은 자유롭고 자유에 따라 행동하는 존재이지만 동시에 자신이 한 자유의 행동에 책임을 져야 한다는 이론이다. 말을 했으면 그 말에 책임을 져야 하며, 죄를 범했으면 죄값을 스스로 감당해야 한다는 것이다. 인간은 자유롭게 행동하는 존재이고, 그 행동에 대해 스스로 책임을 져야 하는 존재이기에 어떤 행동을 할 때는 신중해야 하고, 그 책임에 대한 성찰도 있어야 한다는 주장이다. 논리적으로, 현실적으로 가장 타당한 유형이다.

그런데 인간은 책임을 지기도 하지만 책임을 전가 시키는 존재이다. 책임지기보다는 전가시키는데 더 익숙한 존재가 바로 인간이다. 선악과를 먹은 아담에게 하나님께서 그 범죄의 이유를 묻자, 아담은 그 책임을 아내인 하와에게 전가시켰다. 더 나아가 하나님께 전가시켰다. 하나님께서 만들어 자신에게 보내준 하와 때문에 선악과를 먹었다는 그의 논리는, 인간이야말로 책임을 남에게 전가시키는 존재임을 극명하게 보여주는 예이다. 인간은 에덴동산에서부터 책임을 남에게 전가시키는 존재였다. 이런 예는 성경에 수없이 많다. 아론도 우상을 만든 이유를 백성들 때문이라고 변명했고, 사울왕도 제사를 집전한 것은 백성들이 원해서 그리한 것이라고 주장했다.

그렇다면 왜 인간은 자신이 져야 할 책임을 남에게 전가시키는가? 첫째는 공포 때문이다. 인간은 두려우면 책임을 남에게 전가시킨다. 둘째는 이기심 때문이다. 인간은 자기의 이익을 지키기 위해 책임을 남에게 전가시킨다. 셋째는 무지 때문이다. 동기, 상황, 결과 등을 모르기에 책임을 전가하는 것이다. 책임지는 인간은 책임을 전가시키는 이보다 더 아름답다. 책임을 전가시키면 이익을 지킬 수는 있어도 마음은 편하지 않고 남에게 비난을 받는다. 많은 것을 잃어 버릴 수도 있다. 책임을 지면 이익은 사라지지만 마음은 평안하고, 주변 사람들은 책임질 줄 아는 사람을 도우려고 하고 돕는다. 결국 책임지는 것이 더 유익한 것이다. 사람들은 이 이치를 모른다. 그러기에 책임을 지려고 하지 않는 것이다. 인간이 책임을 남에게 전가시키는 것은 인간이 죄인이기 때문이다. 아담은 죄를 범하고 난 후에 책임을 아내에게 전가시켰다. 그러나 하나님의 사람들은 책임을 전가시키지 않고 스스로 책임지려고 했다. 여호수아는 아간에게 책임을 전가시키지 않았고, 모세는 그를 괴롭히는 이스라엘 백성들에게 책임을 전가시키지 않았다. 스스로의 무능을 탓했을 뿐이다. 모든 인간은 자유롭다고들 외친다. 그러나 책임을 지려고 하지는 않는다. 그래서 자유는 남을 괴롭히는 자유로 타락하고 있다.

축복하는 인간

축복이란 가장 아름다운 행동이다. 인간이 그 누구를 축복한다는 것은 가장 영적인 행위이다. 왜냐하면, 하나님께서는 아담과 하와를 창조하신 후에 가장 먼저 하신 행위가 그들을 축복하는 것이었기 때문이다. 성경은 이러한 행위를 다양하게 기술해 놓았다. 이삭은 죽음을 앞두고 그의 아들 야곱을 축복했다. 모세 역시 죽음을 앞두고 이스라엘 12지파를 축복했다. 야곱도 그 파란만장한 삶을 마감하면서 그의 아들들을 축복했다. 축복은 하나님의 행위이면서 동시에 인간의 행위이다. 신앙이란 하나님의 뜻을 따르는 행위이기에 우리 인간도 하나님이 하신 것처럼 우리 주변에 있는 자들을 축복해야 한다.

그렇다면 축복이란 무엇인가? 축복에는 두 가지 형태가 있다. 하나는 복 그 자체를 주는 행위이고, 다른 하나는 복을 빌어주는 행위이다. 복이란 인간이 그 인생을 살면서 필요한 모든 좋은 것들을 총칭하는 말이다. 예를 들면 건강, 자녀, 좋은 배우자, 물질, 형통 등이다. 물론 영적인 복도 있다. 영생, 구원, 하나님의 자녀 되는 것, 평안 등이 여기에 속한다. 하나님께서는 인간에게 복 그 자체를 주시는 분이시다. 하나님은 창조주시기에 그 누구에게 복을 비시는 분이 아니시다. 그러나 인간은 다르다. 인간은 피조물이기에 복을 하나님께 비는 존재이다. 경우에 따라 인간이 복을 주는 경우도 있다. 아버지가 아들에게 물질은 준다든가, 의사가 환자에게 건강을 되찾아 준다든가 하는 행위가 여기에 속한다. 그러나 이 경우도 엄밀히 말하면 하나님이 주신 복을 인간이 대신 다른 인간에게 나누어 주었다고 말할 수 있을 것이다. 정리해서 말한다면 하나님은 복을 주시는 분이시고, 인간은 하나님께 복을 비는 존재이며, 하나님께 받은 복을 나누어 주는 존재이다.

하나님께서 인간에게 주시는 복은 그 대상에 따라 두 가지 형태로 나타난다. 하나는 모든 인간에게 주시는 복이다. 인간은 하나님의 형상을 닮은 존재이고 모두 하나님에 의해서 창조된 피조물이다. 따라서 모든 인간은 차별 없이 생존에 필요한 모든 복을 하나님께로부터 받는다. 불신자들도 얼마든지 건강, 자녀, 형통, 성공, 물질의 축복을 받을 수가 있다는 것이다. 믿음이 있든지 없든지 생존에 필요한 복을 받는다는 것이다. 불신자들 중에 잘 사는 분들이 생기는 이유가 여기에 있다.

다른 하나는 믿는 자들에게만 주시는 복이다. 하나님께서는 믿는 자들에게는 한 가지 더 중요한 복을 주신다. 흔히 영적인 복이라고 부르는 복이다. 천국 입성, 죄를 사함 받는 것, 고난 극복, 구원의 확신을 가지고 당당하게 사는 것 등이 여기에 속한다. 이제 우리가 깊이 생각해야 할 것이 있다. 하나님께서는 아브라함에게 '너는 복의 근원이 될지라'라는 축복을 주셨다. 이것은 하나님께서 주신 복을 남에게 나누어 주는 사람이 되라는 뜻이다.

그렇다면 우리는 누구를 축복해야 하는가? 일차적으로 자녀들을 축복해야 한다. 자녀들을 축복하는 것은 부모의 권리이자 책임이다. 자녀 교육의 첫 출발은 자녀들을 과외 시키고 학원으로 보내는 것이 아니라 자녀들을 축복하는 것이다. 매월 첫날을 자녀 축복의 날로 정해서 실천해야 한다. 그다음 가족들을 위해서 축복 기도를 해야 하고, 어려움에 처한 사람들을 축복해야 한다. 그것이 사랑이다. 교인들은 교회와 주의 종들을 축복해야 한다. 그래야 그 복이 자신에게로 되돌아 온다. 가장 아름다운 축복 기도는 원수를 위해 드리는 축복 기도이다. 하나님께서는 원수를 위해 복을 비는 행위를 참 아름답게 여기신다. 원수를 위해 축복 기도를 드리는 행위는 참으로 어려운 일이지만, 이를 행하기만 하면 하나님을 감동시킬 수 있다.

아브라함은 하나님을 감동시켜 믿음의 조상이 되었고, 하나님의 친구가 되었다. 인간은 어떤 존재인가? 비록 죄인이기 하지만 인간은 하나님의 형상을 닮은 존재이다. 믿음 안에서 거룩한 행동을 할 수 있는 존재이다. 가장 거룩한 행동은 무엇인가? 남을 위해 축복기도를 드리는 것이다. 남을 축복하는 사람이 성공한 사람이 되고 행복한 사람이 되며, 하나님께 영광을 돌리는 사람이 된다. 사람을 미워하지 말고 사람을 축복해야 한다. 그것이 지혜요, 형통의 길이다. 남을 축복하는 만큼 내가 복을 받는다. 상대가 복을 받을 자격이 없는 자라면 그 복은 나에게로 돌아온다. 남을 축복하는 것이 자기를 축복하는 것이다.

평등을 추구하는 인간

　자유와 평등은 인간이 갖는 가장 원초적인 욕구이다. 자유란 자신의 의지대로 그 무엇인가를 하고 싶은 욕구이고, 평등이란 남과 차별받지 않고 모든 것에 동등하게 대우받고 싶은 욕구이다. 한 개인이 주체적으로 삶을 살려면 이 두 가지가 반드시 있어야 한다. 그래서 인류 역사는 자유와 평등의 확장사라고 할 수 있다. 그런데 자유는 하나님께서 인간에게 주신 권리로서 본성이 되었지만, 평등은 외부의 자극에 의해서 인간 스스로가 의식화된 본성이다. 남과 여는 서로 다르지만 서로 평등하다. 하나님께서 아담을 창조하실 때 흙으로 창조하셨다. 그런데 하와는 남자의 갈비뼈로 창조하셨다. 아담과 하와는 그 질료가 분명 다르다.

　하지만 남자와 여자는 공통점이 있다. 하나님께서 창조하셨다는 점과 갈비뼈의 원 질료가 흙이기 때문에, 결국 남자와 여자도 비율의 차이는 있지만 모두 흙이라는 질료로 통일된다. 특히 아담이 하와를 보는 순간 "내 뼈요 내 살"이라고 감탄을 했는데. 이는 나와 너는 하나라는 표현이다. 남녀는 평등하다. 그런데 평등이 하나의 행동으로 구체화된 것은 선악과를 먹는 순간이다. 사탄이 아담과 하와에게 선악과를 먹으면 하나님과 동등하게 될 것이라는 그 유혹은, 인간 무의식에 숨어있는 평등의 욕구가 행동으로 표현되는 계기가 되었다. 인간끼리도 평등하지만, 인간은 창조주와도 평등하려는 의도가 결국 선악과를 먹게 된 동기를 유발시켰다는 것이다. 결국 선악과를 먹는 이 사건은 인간의 자유와 평등에 대한 인간의 욕망이 실현된 사건이라고 말할 수 있다. 이후 인간은 끝없이 자유와 평등을 실현하려고 정치, 경제, 사회, 문화, 전반에 걸쳐 노력해 왔다.

인류 문명의 발전은 자유와 평등을 확장시키려는 인간의 노력 결과라고 해도 과언은 아니다. 평등이라는 개념은 사회적, 정치적인 개념이면서도 동시에 신앙적인 개념이다. 모든 인간은 하나님의 피조물이고(행17/26) 모든 인간은 차별 없이 죽는다.(롬5/12) 모든 인간은 죄인이며(롬3/10) 모든 인간은 심판을 받는다.(시9/8) 구원은 모든 사람에게 열려져 있고(요3/16) 모든 사람은 믿음 안에서 그리스도와 한 몸을 이룬다.(갈3/26-28) 거듭난 사람은 인간적 구별이 소멸된다.(골3/10-11) 그런데 평등을 추구하는 인간의 욕망은 죄를 만들어 낼 수 있다. 자유가 죄를 낳듯이 평등도 죄를 낳는다. 성경은 인간의 생명, 그 소중함은 그 어떤 조건 속에서도 평등하다고 선언한다. 과거처럼 신분제도를 인정하지 않는다. 그러나 개개인이 갖는 능력은 차이가 있고 그 기능은 다르다는 것을 성경은 가르치고 있다.(고전12/1-14) 그러기에 우리는 개개인의 삶의 질은 다르고, 그 사는 모습도 다르다는 것을 인정해야 한다. 이것을 인정하지 못하면 평등은 투쟁의 깃발이 된다. 자유란 개인 스스로가 자신의 삶을 선택할 수 있다는 것을 뜻하고, 평등이란 개인들이 선택한 삶은 다른 사람과 비교될 수 없으며, 각각의 삶이 차별 없이 귀하고 가치 있다는 것을 뜻한다.

오늘날 사람들은 평등의 개념을 정치적으로, 사회적으로 특히 경제적으로 이해하려는 경향이 있다. 모든 인간은 정치적으로, 사회적으로 평등하다. 이제 남은 것은 경제적인 평등이다. 복지제도란 이 경제적 평등을 어느 정도 구체화하려는 노력이다. 그런데 경제적 평등은 국가의 힘으로만 이루어지는 것은 아니다. 개인의 노력이 절대적으로 필요하다. 정치적, 사회적 평등보다 경제적 평등이 더 중요하다. 경제적 평등은 일차적으로 생존의 문제와 직결되기 때문이다. 개인의 노력은 부족하고 국가가 힘으로만 경제적 평등을 강화하려고 한다면, 결국 모든 사람들이 가난하게 되는 하향평등만 남는 위험성이 있다. 그러나 더 중요한 것은 자신의 삶을 남과 비교하면서 평등을 원하는 것보다는, 자신의 삶에 가치를 부여하여 귀하게 여기는 실존적 평등을 추구하는 것이다. 이 실존적 평등은 깨달음에서 얻어진다. 현대 사회의 비극은 인간에게 가장 귀한 자유와 평등의 욕구가 인간 갈등의 원인을 제공하고 있다는 것이다.

자유와 평등은 대립적일 때가 많다. 자본주의는 자유를, 사회주의는 평등을 더 우선시한다. 그래서 역사는 혼돈 속으로 더 깊이 빠져들고 있다. 그러나 자유와 평등의 대립은 인간들이 만들어 낸 일종의 족쇄이다. 자유와 평등은 함께 있어야 하는 상호 필수적인 요소이다. 정치가들은 이 대립을 조장하여 자기 권력을 공고히 하려는 사람들이다.

평화를 이루는 사람

평화는 성경적 주제이다. 평화는 싸움이 없는 상황이요, 평안한 마음
상태이고, 공존하는 현실이다. 이스라엘 사람들은 서로 만나면 '샬롬'이
라는 인사를 한다. '샬롬'이라는 말은 '평화'라는 뜻이다. 주님은 평화를
자주 말씀하셨다. 부활하신 후에 하신 처음 인사가 '평안하냐?'라는 것
이었고, 내가 주는 평안은 세상이 주는 평안과는 다르다고 말씀하시어
차별화하셨다. 주님은 평화를 심는자는 복이 있다고 하셨다. 그래서 팔
복에 화평케 하는 자는 복이 있다고 하신 것이다. 평화는 주님이 이 땅에
오신 목적 중에 하나이다. 성탄의 주제는 평화다. 그래서 천사들이 노래
하기를 "하나님께 영광이요 땅에서는 그 기뻐하심을 입은 사람들 중에 평
화로다"라고 한 것이다. 죄는 하나님과 인간 사이에 있었던 평화를 깨는
독소이다. 그래서 죄가 문제가 되는 것이다.

그렇다면 우리는 우리 자신에게 물어보아야 한다. 과연 인간은 평화를
심는자가 될 수 있는가? 물론이다. 인간은 평화를 이룰 수 있다. 아브라
함을 예로 들어 보자. 아브라함과 그의 조카 롯은 하나님의 은혜로 부자

가 되었다. 가축들은 많아졌지만 이로 인해 그들의 목자들끼리 싸우는 일들이 자주 생겼다. 목초지와 가축들에게 먹일 물이 부족했기 때문이다. 아브라함과 롯은 이 일로 인해 감정들이 상하게 되고 급기야 더 큰 갈등이 생길 조짐이 보였다. 아브라함은 더 큰 싸움이 생기기 전에 이 문제를 해결하기로 결심하고, 여러 가지 방안을 모색하다가 결국 서로 이별하기로 작정했다. 아브라함은 동쪽으로, 롯은 서쪽으로 갔다. 평화가 이루어졌다. 이별은 평화를 이루는 한 방법이다. 모든 이별이 다 나쁜 것은 아니다. 창조적 이별도 있다. 싸우기 보다는 이별하여 평화를 이루는 것이 더 좋다.

바울과 바나바도 서로 싸워서 이별했다. 평화를 위해 그들은 이별했다. 서로 평화를 약속해서 평화를 이루는 방법도 있다. 여호수아는 가나안 정복 전쟁을 할 때, 기브온 족속과 협약을 맺었다. 두 민족이 서로 싸우지 않고 공존하기로 협정을 맺은 것이다. 그 후 이스라엘과 기브온 족속은 사울 왕이 그 협약을 깨기 전까지, 오랫동안 싸우지 않고 평화를 누리며 공존했다. 용납과 관용으로 평화를 이룰 수도 있다. 다윗은 사울 왕이 전사하자 유다 지파 사람들의 추대로 남쪽에서 왕이 되었다. 그러나 북쪽에는 사울왕의 아들이 왕위를 계승해서 통치하고 있었다. 나라가 둘이 되었다. 전쟁은 당연했다. 그러나 다윗은 북쪽에 있는 사울의 아들이 왕된 것을 인정했다. 전쟁으로 통일하려고 하지 않았다. 전쟁을 통해서 얼마든지 그들을 정복할 수 있었지만 그는 평화를 원했다. 다윗의 인정과 관용의 정책은 결국 북쪽에 있는 사람들을 감동시켜, 다윗은 피 흘리지 않고 나라를 통일할 수가 있었다. 전쟁의 승리를 통해 평화가 주어지는 경우도 있다. 잔인한 방법이지만 어쩔 수 없는 방법이기도 하다. 여호수아가 가나안 정복 전쟁을 다 마친 후, 그 땅에 평화가 주어졌다고 성경은 말한다. 이는 평화를 위한 전쟁이 있을 수 있다는 것을 의미한다. 이 경우 상당한 대가를 지불해야 한다. 평화는 단순히 얻어지는 것이 아니다. 어느 경우든 평화는 눈물의 결과이다. 통치자의 지혜를 통해서 평화가 주어지는 경우도 있다. 솔로몬은 지혜의 왕이다. 그는 지혜로 나라를 다스렸고, 그 나라에 평화가 임했다. 다윗은 전쟁으로 평화를 얻었지만 솔로몬은 지혜로 평화를 얻었다.

하나님께서 평화를 주셨기에 평화가 이루어지는 경우도 있다. 아사 왕 때 나라가 평화로웠다. 그 평화는 하나님께서 주신 평화였다. 평화는 은총이다. 하나님께서는 싸움의 원인들을 제거해 주심으로 평화를 주신다. 그러나 이 경우 평화는 인간이 이루는 평화는 아니다. 오래 참음으로 평화가 이루어지는 경우도 있다. 바울은 사랑의 속성은 평화라고 했다. 사실 사랑하면 평화롭다. 그런데 평화를 이루는 사랑을 하려면 오래 참아야 한다. 오래 참는 사랑, 모든 것을 견디는 사랑을 하면 평화는 이루어진다. 쉽지는 않다. 이기적 인간이 과연 그런 사랑을 할 수 있을런지. 물론 불가능한 것은 아니다. 바울은 고린도교회 교인들에게 그런 사랑을 보여주었다. 그래서 평화가 이루어졌다. 평화는 귀한 것이다. 인간은 평화를 이루는 사람이어야 한다. 그럴 능력도 하나님께서 주셨다. 성 프란치스코는 그래서 평화의 도구가 되게 해달라고 기도한 것이다. '주여, 나를 평화의 도구로 써 주십시오.' 분쟁을 일으키는 자는 망하고 평화를 이루는 자는 흥한다.

하나님과 동행하는 인간

    동행이란 함께 목표를 향해 가는 행위이다. 서로 사랑하고 서로 협력하며, 서로 도와주면서 함께 가는 동행은 실로 아름답다. 부부는 함께 동행해야 하며, 좋은 친구도 함께 동행해야 한다. 동지란 함께 동행하는, 뜻이 같은 사람을 말할 때 사용하는 단어이다. 그런데 인간은 늘 함께 동행할 수 없는 존재이다. 어느 한 사람이 먼저 죽을 수도 있고, 언젠가는 서로 의견이 달라 이별할 수도 있기 때문이다. 모세와 아론은 끝까지 동행하지 못했다. 아론이 먼저 죽었기 때문이다. 바울과 바나바도 끝까지 동행하지 못했다. 마가라는 청년 때문에 의견이 달랐기 때문이다. 환경이나 사명이 다르기에 동행하지 못하는 경우도 있다. 사도들은 각처에 흩어져 복음을 전해야 하기에 예루살렘을 떠나 각자가 가야할 곳으로 떠났다. 인간은 동행을 약속하기는 하지만 그 약속을 지키지는 못한다. 그러나 하나님은 영원히 우리와 동행하시는 분이시다. 성경을 보면 하나님께서는 그가 선택한 자에게 동행의 약속을 하시는 분이심을 알 수가 있다. 하나님께서 모세를 불러 애굽으로 가서 동족을 구원하라는 사명을 주시면서 모세와의 동행을 약속하셨다. 하나님께서는 모세의 후계자가 되어 가나안 정복 전쟁을 지도할 여호수아에게 어디를 가든지 함께 동행하겠다고 약속하셨다. 모세나 여호수아는 하나님께서 동행하셨기에 저들에게 주어진 사명을 감당할 수가 있었다. 하나님의 동행은 야곱에게 동행을 약속하신 부분에서 구체적으로 나타난다. 야곱이 형 에서가 받을 축복을 가로채자 에서는 야곱을 죽이려고 했고, 결국 야곱은 어머니 리브가의 지시로 외삼촌 집으로 도망가게 되었다. 야곱이 외롭고 피곤한 사막 여행을 하다가 지쳐 돌을 베개 삼아 잠들었을 때, 하나님께서 나타나시어 야곱에게 동행의 약속을 하셨다. 하나님께서는 동행의 약속을 하시면서 세 가지 축복을 하셨다. 자녀의 축복, 보호의 축복, 귀향의 축복이 그것이다. 야곱은 동행하시겠다는 하나님의 약속을 믿게 되면서 힘과 용기를 얻게 되었고, 결국 모든 축복을 받아 성공적인 삶을 살았다.

그렇다면 하나님께서는 어떤 인간에게 동행의 약속을 하시는가? 성경을 보면 몇 가지 해답을 얻을 수 있다. 첫째, 하나님께서 주신 사명을 감당해야 하는 사람에게 동행의 약속을 하신다. 모세와 여호수아가 이 경우에 속한다. 둘째, 하나님께서는 하나님의 축복을 갈망하는 자에게 동행하시겠다는 약속을 하신다. 야곱이 이 경우에 속한다. 셋째, 하나님이 원하는 신앙생활을 한 조상이 있을 때, 그 후손에게 동행하시겠다는 약속을 하셨다. 모세의 설교가 이를 뒷받침해 준다. 이스라엘은 아브라함의 후손들이다. 하나님께서는 이스라엘 백성들에게 동행의 약속을 하셨다. 그래서 이스라엘 백성들은 애굽에서 탈출할 수 있었고, 바벨론 포로 생활 속에서도 살아남아 귀향할 수가 있었다. 하나님께서 인간과 동행하신다는 것은 인간에게는 희망이 있다는 뜻이다. 희망에는 세 가지가 있다. 자신이 만든 희망, 남에게서 얻은 희망, 하나님께로부터 오는 희망이 그것이다. 인간은 하나님과 동행할 때, 하나님께로부터 오는 희망을 체험할 수가 있다. 하나님께서 인간에게 동행의 약속을 하는 것은 인간을 사랑하기 때문이요, 그 사랑은 책임지는 사랑이다. 하나님의 동행은 하나님을 믿어준 사람에게 주시는 하나님의 보상이다. 아무리 동행이 중요하고 좋은 것이라고 해도 인간은 아무에게나 동행을 약속하지는 않는다. 정반대로 동행이 아름답고 중요하고 좋은 것이기에 특별한 사람에게만 동행의 약속을 한다. 하나님도 마찬가지이다. 하나님께서는 모든 인간에게 동행의 약속을 하시는 분은 아니시다. 하나님께서는 믿는 자에게만 동행의 약속을 하신다. 우리 인간은 참으로 어려운 인생길을 여행한다. 그래서 시인 다윗은 '사망의 음침한 골짜기'라는 표현을 사용했다. 그러나 인간은 하나님과 동행함으로써 그 인생 여행을 아름답게, 보람 있게, 바르게 살 수가 있다. 그러므로 지혜로운 인간은 무엇보다도 하나님의 동행을 사모한다. 동행의 약속을 받을 수만 있다면 그 어떤 고난 속에서도 열매가 있는 삶을 살 수 있기 때문이다. 그런데 사실상 동행의 약속은 그리 어려운 약속은 아니다. 하나님을 위해 살겠다는 결심을 하거나, 믿음이 좋은 조상이 선대에 있거나, 하나님의 축복을 갈망하는 처절한 마음이 있다면, 그리고 하나님을 철저히 믿는 믿음이 있다면 하나님께서는 동행의 약속을 하신다. 인간은 몰라서 진리를 행하지 못하거나, 어려워서 그것을 행하지 못하는 것이 아니라, 교만하고 애절하지 못해서 진리를 행하지 못한다.

하나님께서 찾아오시는 인간

인간은 하나님께 스스로의 힘으로는 찾아갈 수가 없다. 인간과 하나님은 전적으로 다른 존재이다. 하나님은 영적인 존재이고 인간은 육적인 존재이다. 인간에게 있어서 하나님은 전적 타자이다. 때문에 인간은 하나님께로 갈 수가 없고 하나님이 인간에게 오실 뿐이다. 인간의 고귀함은 인간이 지닌 능력에 있는 것이 아니라, 하나님께서 인간을 사랑하시어 인간에게로 찾아 오신다는데 그 근거가 있다. 하나님은 인간을 사랑하신다. 인간은 하나님의 형상으로 창조된 하나님의 일등 피조물이기 때문이다. 하나님께서 인간을 찾으시는데 인간의 죄나 무능력은 아무 장애가 되지 않는다. 오히려 하나님은 인간이 죄를 범했을 때, 무능력감에 빠져 절망할 때 찾아오신다. 아담이 범죄하여 두려움에 떨며 숨었을 때, 하나님께서 아담을 찾아오셨다. 가인이 동생을 죽이는 죄를 범했을 때, 하나님께서 가인을 찾아오셨다. 하나님께서는 노아를 찾아오셨고, 모세를 찾아오셨으며, 그 많은 예언자들을 찾아오셨다. 결국 하나님께서는 인간이 되시어 우리에게 찾아 오셨다. 그리고 33년을 우리와 함께 사셨다.

소위 성육신 하신 것이다. 하나님이 인간이 되어 오신 예수님께서도 인간을 찾아오시는 일을 계속하셨다. 예수님은 베드로를 찾아 오셨고, 바울을 찾아오셨다.

그렇다면 왜 하나님께서는 인간을 찾으시는가? 결론적으로 말하면 인간을 사랑하시기 때문이다. 사랑은 상대를 기다리는 것이 아니라 근본적으로 상대에게 다가가는 것이다. 그런데 하나님께서 인간을 찾으시는 이유는 그리 단순하지가 않다. 하나님께서 아담이나 가인을 찾으시는 것은 죄를 묻고 심판을 하며, 동시에 구원의 길을 가르치시기 위함이었다. 하나님께서 노아를 찾으신 것은 노아의 순결함을 칭찬하시고, 그 가족들을 구원하기 위함이었다. 하나님께서 모세를 찾으신 것은 모든 훈련이 끝났으니 이제 애굽으로 가서 동족을 구원하라는 사명을 주시기 위함이었다. 하나님께서 예언자들을 찾아오신 것은 말씀을 전해 이스라엘 백성들을 구원하시기 위함이었다. 하나님께서 인간이 되어 이 땅에 오신 것도 같은 이유 때문이었다. 하나님께서 인간에게 오시는 것은 구원을 위함이요, 구원을 이루기 위한 사명을 주시기 위함이었다. 그래서 하나님께서는 인간이 지닌 능력을 보고 인간을 찾아오시는 것이 아니라, 오직 하나님의 뜻대로 그의 주권에 따라 자의적으로 인간에게 찾아오신다. 실로 하나님의 선택은 불가사의이다. 바로 이 점이 우리에게는 희망의 근거가 된다. 만약 하나님께서 의인만 찾아오시고, 능력 있는 자만 찾아오시며, 사회적으로 명망이 있는 자들에게만 찾아오신다면 이것이야말로 불평등이요, 수많은 보통 사람들을 억울하게 하는 차별이다.

하나님께서는 인간을 찾아오신다. 그 대상이 누구인지는 하나님께서만 아신다. 그래서 보통 사람들에게는 희망을 주며 잘난 사람들에게는 위기감을 준다. 실로 통쾌한 일이다. 하나님께서 인간을 찾으실 때 인간의 반응은 다양했다. 하나님이 찾아오시니 그냥 만나는 경우도 있다. 아담과 가인이 그 좋은 예가 될 것이다. 하나님께서 찾아오시어 사명을 주었을 때, 이를 거부하는 경우도 있다. 하나님 입장에서 보면 불경이지만 인간 입장에서 보면 겸손이요, 자기의 무능력에 대한 고백이다. 모세나 예레미야, 기드온 등이 다 그랬다. 하나님께서 주신 사명을 감당하기에는 스스로 너무 무능했기 때문이다. 이런 경우 하나님께서는 인간의 반응을 충분히 이해하시어, 그 사명을 감당할 수 있는 힘을 주셨고 함께 일할 수 있는 동지들을 보내 주셨다. 하나님이 찾아오시니 그냥 당황하는 경우도 있다. 바울이 그 좋은 예가 될 것이다. 하나님이 찾아오시어 사명을 주니 믿음으로 순종하는 경우도 있다. 노아가 그 예가 될 것이다. 드문 예지만 인간을 시험하기 위해서 찾아오시는 경우도 있다. 하나님께서 아브라함을 찾아오시어 백세에 낳은 아들 이삭을 번제로 드리라는 명령을 했다. 아들을 죽여 제물로 드리라는 끔찍한 명령이었다. 물론 이 경우도 이삭의 생명을 죽이려는 마음은 없으셨다.

하나님은 인간을 찾아오시는 분이시다. 인간이 하나님께로 갈 수 없으니 당연한 일이지만, 하나님께서 인간을 사랑하시어 지은 죄와 가진 능력에 상관없이 인간을 찾아오시어 인간을 구원하고, 구원을 위한 사명을 주시며 아름다운 시험을 주시니 이것이 바로 복음이 아닌가?

하나님의 약속을 받는 인간

성경은 하나님의 약속을 기록한 책이라고 흔히 부른다. 구약은 하나님께서 이스라엘 백성들에게 옛날에 하신 약속이고, 그리스도인에게 하신 약속을 신약이라고 부른다. 인간은 하나님의 약속을 받는 존재이다. 그래서 희망이 있고 그래서 믿음을 지녀야 한다. 하나님의 사랑이란 한마디로 말해 우리 인간에게 복을 약속하시는 사랑이고, 그 약속 속에서 우리 인간은 희망을 가지고 살게 된다. 인간은 하나님의 약속을 믿어야 하고, 그 약속 안에서 우리에게 희망이 주어진다는 것을 믿어야 한다. 그래서 믿음이 중요한 것이다. 하나님의 약속을 믿는다는 것은 쉬운 일이 아니다. 하나님께서는 시험을 통과한 사람에게만 약속을 주시고, 그 약속은 지금이 아니라 미래에 이루어질 약속이기 때문에, 현실 중심의 삶을 사는 인간으로서는 그 약속을 믿기가 어렵다. 그런 면에서 믿음은 결단이고 모험이다. 용기가 절대 필요하다. 모든 결단은 비합리성을 지닌다. 근거가 분명하고 이루어 질 가능성이 충분히 있을 때, 인간은 결단이 아니라 판단을 한다. 결단은 판단 그 이상이다. 판단하는 사람은 많아도 결단하는 사람은 적다. 모험도 그렇다. 모험이란 장벽이 있음에도 불구하고 결단하여 행동하는 것이다. 하나님께서는 아브라함에게 복을 약속하셨다. 그의 후손들이 이방 사람들에게 430년 동안 고난을 당하겠지만, 때가 되면 하나님께서 그의 자손을 괴롭힌 이방 나라를 심판하실 것이며, 자손들은 물질의 축복을 받을 것이고, 약속의 땅으로 돌아오게 될 것이라고 그리 약속하셨다. 아브라함에게도 장수를 약속하셨고 평안하게 세상을 살다가 죽을 것임을 약속하셨다. 본인에게도 그 자손에게도 복을 약속하신 것이다. 아브라함은 이 하나님의 약속을 굳게 믿었다. 그의 일생은 하나님의 약속을 기다리며 산 일생이다.

인간은 하나님의 약속을 받는 존재이다. 그렇다면 우리는 두 가지를 깊이 생각해 보아야 한다. 첫째는 어떤 인간이 하나님의 축복을 약속 받느냐 하는 것이고, 둘째는 어떻게 그 약속의 징표를 알 수가 있느냐 하는 것이다. 이 질문에 대해 하나님께서는 창 15장을 통해 분명한 해답을 우리에게 주셨다. 하나님은 분명 아무에게나 그 축복의 약속을 주시는 분이 아니시다. 하나님께서는 하나님의 명령에 순종하는 자에게 축복의 약속을 주신다. 하나님께서는 아브라함에게 아주 어려운 명령을 주셨다. 100세에 얻은 아들, 이삭을 제물로 바치라는 명령이 그것이다. 아브라함은 이 어려운 명령을 고심 끝에 순종했다. 물론 결정적인 순간에 하나님께서는 이 명령을 취소하셨다. 하나님의 명령에 순종하는 자에게 하나님께서는 복을 약속하신다. 바로 이 점에서 우리 하나님은 철저하게 계산적이시다. 하나님께서 계산적이신 것은 하나님의 약속이 싸구려가 아니기 때문이다. 모든 사람에게 주시는 약속은 이미 약속이 아니다. 또, 하나님의 약속은 징표가 따른다. 성경을 보면 하나님께서는 아브라함에게 약속을 하시면서 약속의 징표를 주셨다. 현대적인 표현을 쓴다면, 계약서를 쓰셨다는 것이다. 그 자세한 내용이 성경에 기록되어 있다. 우리가 하나님의 약속을 받고 그 약속을 믿으면 하나님께서는 우리에게 징표를 주신다. 물론 그 징표는 다양하다. 마음을 편하게 해주신다든가, 예배를 간절히 드리고 싶다든가, 전도를 하고 싶다든가 하는 것들이 다 징표이다. 이는 약속을 받은 사람에게는 일종의 어떤 변화가 주어진다는 것이다. 그러기에 우리 인간은 자신의 삶에 대한 성찰이 필요하다. 하나님의 징표는 이처럼 내부에서 오기 때문이다. 물론 징표는 외부에서도 온다. 직장생활에 변화가 오거나 괴롭히던 사람이 떠나거나, 또는 그 마음이 변해서 친절하게 대해주는 그런 일들을 한다든가 하는 것이 다 하나의 징표가 되는 것이다.

인간은 하나님의 약속을 받아야 그 삶이 풍성해진다. 입학을 약속받은 학생, 직장 취업을 약속받은 사람, 건강을 약속받은 환자 등을 살펴보면 행복은 어떤 약속을 받을 때 시작되는 것임을 알 수가 있다. 행복은 그 시작에서 느껴진다. 이제 우리는 하나님의 약속을 받은 사람들이 되어야 한다. 매일 매일 우리에게 들리는 하나님의 음성을 듣고 그 말씀에 순종하는 훈련이 있어야 한다. 인간은 연약하다. 하나님께서는 이 점을 잘 알고 계시다. 때문에 인간은 모든 하나님의 명령을 다 순종할 능력이 없고 하나님께서도 이 점을 인정하신다. 철저하게 할 수 있는 것, 한두 가지부터 실천해 보는 것이 중요하다.

하나님의 축복을 갈망하는 인간

인간은 하나님의 축복을 갈망하는 존재이다. 야곱의 인생을 보면 이를 극명하게 알 수가 있다. 야곱은 이삭의 아들이다. 그에게는 쌍둥이 형 에서가 있었다. 에서와 야곱을 비교해 보면 모든 면에서 에서가 야곱보다 나았다. 성격으로 보면 에서는 호탕하고 남성적이며, 야곱은 소심하고 여성적이었다. 지금 시대는 여성적이라는 것이 나쁜 평은 아니지만, 그 시대에는 남성주위 시대이기에 남자는 남자다워야 한다는 통념이 있었다. 에서는 효자였다. 아버지 이삭을 위해 사냥을 자주 했고 별미를 손수 만들어 대접했다. 그는 일류 요리사였던 것이다. 그러나 야곱은 어머니 리브가 옆에 늘 붙어 다니는 삶을 살았다. 용기도 독립심도 에서를 따를 수가 없었다. 에서는 통이 커서 자질구레한 계산을 하지 않는 사람이었다. 그러나 야곱은 아주 계산적인 사람이었다. 한마디로 말해 야곱은 에서에 비해 여러 가지 면에서 부족한 사람이었다. 그런데 이상한 것은 하나님께서는 에서를 택하지 않고 야곱을 택하여 그 구원의 섭리를 이어 가셨다. 그 이유를 우리는 분명히 알 수가 없다.

그런데 야곱은 한 가지 면에서 에서보다 뛰어난 점이 있었다. 그것은 하나님의 축복을 갈망하는 마음이었다. 야곱은 하나님의 축복을 받지 못하면 살 수가 없다는 생각을 늘 갖고 있었다. 야곱은 스스로 형 에서에 비해 부족한 존재라는 것을 알고 있었다. 자신의 부족함을 채우기 위해서는 하나님의 축복을 받는 것 외에 다른 방법이 없다는 것을 잘 알고 있었다. 그래서 그는 하나님의 축복을 받아야겠다는 결심을 하게 되었고 치밀한 계획을 세워 그 일을 실행에 옮겼다. 그는 우선 하나님의 축복을 상징하는 장자의 권리를 형에게서 뺏어야겠다고 생각하고 형이 사냥에서 돌아오는 날, 배가 고파 허기진 그 때를 이용하여 형이 좋아하는 팥죽을 쑤어 형을 유혹하였고, 결국 팥죽 한 그릇을 통해 장자의 권리를 사는데 성공했다. 그는 장자의 권리를 자신이 소유하면 하나님의 축복을 받아 부자가 될 것이라고 생각했던 것이다. 야곱의 그 다음 행동은 아버지가 돌아가시기 직전, 형에게 하실 축복기도를 자신이 대신 받는 것이었다. 이 일은 그리 쉬운 일이 아니었다. 아버지 이삭은 신중한 사람이었고, 이삭은 아버지로서 오직 한 번만 할 수 있는 축복기도를 장자인 에서를 위해 하려고 작정을 하고 있었기 때문이다. 그는 변장을 했다. 에서처럼 팔에 짐승 털을 붙여 위장했고, 목소리를 형처럼 흉내를 냈다. 참으로 비장한 노력이요 눈물겨운 연극이다. 야곱은 이처럼 하나님의 축복을 받기위해 몸부림을 쳤다. 그 결과 그는 부자가 되었고, 많은 아들을 얻었으며, 이삭의 영적 후계자가 되어 예수 그리스도의 조상이 되었다.

왜 인간은 하나님의 축복을 갈망하는가? 그 이유는 간단하다. 인간은 하나님의 축복을 받지 않고서는 살아갈 수가 없기 때문이다. 그래서 하나님께서는 창세기에 기록된 그대로 인간을 창조한 후, 인간에게 복을 주신 것이다. 인간은 연약한 존재이다. 하나님의 도움 없이는 아무 것도 할 수가 없다. 복이란 인간이 살아가는 동안에 행복한 삶을 살아가는데 필요한 모든 좋은 것을 총칭하는 단어이다. 그 내용은 다양하지만 건강, 부귀, 다산, 영화, 선종 등을 복이라고 부른다.

그런데 하나님께서 주시는 복은 두 종류로 나눌 수 있다. 하나는 세상적인 것이요, 다른 하나는 영적인 것이다. 그런데 이 두 가지는 서로 다르다. 예를 들면 세상적인 복은 신자는 물론 불신자들도 받는다. 불신자들 중에 건강하고 부자이어서 아주 행복하게 사는 사람들이 많다. 세상적인 복은 그의 수고와 노력의 결과로 주어진다. 영적인 복은 불신자들은 받지 못한다. 왜냐하면 영적인 복은 오직 예수 그리스도를 통해서만 얻을 수 있기 때문이다. 구원, 영생, 천국, 진정한 평안 등이 여기에 속한다. 에서를 보면 이를 알 수가 있다. 에서는 장자의 권리를 빼앗겼고, 아버지의 축복 기도도 받지 못했지만 그 역시 부자가 되었고, 그 후손들은 일국의 왕들이 되었다. 그러나 야곱은 부자가 될 뿐 아니라 하나님의 구원 섭리에 참여하여 예수 그리스도의 조상이 되었다. 에서는 세상적인 복을, 야곱은 세상적인 복에다 영적인 복을 다 받은 것이다. 인간은 연약한 존재이고 세상은 알 수 없는 변수로 가득 차 있다. 우리는 복을 받기 위해 계획하고 행동해야 한다. 스스로 노력하면서 하나님의 축복을 받으려는 진지한 결심과 행동을 해야 한다.

인간 이야기 **94**

하나님의 형상으로서의 인간

하나님께서는 인간을 하나님의 형상을 닮도록 창조했다. 여기서 말하는 형상이란 그 모습을 닮았다는 뜻이다. 원래 형상이라는 말은 조각, 부스러기, 한 부분이라는 뜻이다. 인간은 하나님은 아니지만 하나님의 속성의 한 부분을 소유하고 있다. 때문에 하나님이 존엄하시니 인간도 존엄하다. 하나님이 능력이 있으니 인간도 능력이 있다. 인간은 창조의 과정이 다른 피조물과 다르다. 모든 피조물들은 말씀으로 창조되었지만, 인간은 특히 하나님의 손길을 통해서 창조되었다.

특별한 존재로써의 인간은 몇 가지 특성을 지니고 있다.

첫째, 하나님의 형상으써의 인간은 의도된 존재이다. 하나님께서 인간을 창조하실 때 그 목적이 있었다. 하나님께서는 하나님의 창조한 모든 세상을 다스리게 하시기 위해 인간을 창조하셨다. 인간은 인간을 다스릴 수 없다. 다스린다는 뜻은 단순히 억압하고, 지시하며 착취하는 것이 아니라 보호하고 보존하며 그 본래의 가치를 유지, 발전시키는 모든 행위를 총칭하는 말이다. 인간은 하나님을 대신해서 하나님의 뜻을 따라 만물을 다스리는 존재이다.

둘째, 하나님의 형상으로서의 인간은 사회적 존재이다. 하나님께서는 남자와 여자를 창조하셨다. 남자와 여자는 결혼을 했다. 이는 인간은 홀로 사는 존재가 아니며 홀로 살 수도 없고, 홀로 살아서도 안 되는 존재임을 뜻한다. 인간은 서로 협력해야 하며 그래야 그 형상이 보존된다. 서로 협력한다는 뜻은 서로에게 주어진 책임을 잘 감당할 때 이루어진다.

셋째, 하나님의 형상으로서의 인간은 하나님의 축복을 받는 존재이다. 모든 행위는 책임이 동반된다. 하나님께서도 그가 창조한 인간에 대해 책임을 지셔야 한다. 그래서 하나님께서는 인간에게 복을 주신 것이다. 복이란 삶의 원동력이다. 인간은 하나님의 축복을 받아야만 생존이 가능하다. 인간이 복을 받고자 하는 것은 기복 때문이 아니라 생존 때문이다.

넷째, 하나님의 형상으로써의 인간은 노동하는 존재이다. 하나님께서는 인간에게 노동을 명하셨다. 인간은 노동을 통해서 하나님의 창조 사역에 동참한다. 하나님은 노동하는 하나님이시다. 하나님은 노동을 통해 천지를 창조하셨다. 그러므로 인간도 노동을 통해 하나님과 협력할 수가 있다. 인간의 노동은 생존을 위한 노동이 아니라 창조를 위한 노동이다. 인간은 하나님이 이미 주신 것을 통해 또 다른 것을 만들어내는 존재이다. 인간은 이런 노동을 통해 그 삶을 발전시키고 주어진 책임을 감당해 나간다.

다섯째, 하나님의 형상으로써의 인간은 먹는 존재이다. 하나님께서는 인간에게 먹을 것을 주셨다. 채소와 열매를 주신 것이다. 인간은 음식물을 먹어야 한다. 그래야 생존할 수 있고 책임을 이행할 수 있으며 노동할 수가 있다. 먹는 행위는 거룩한 행위이다. 인간에게는 먹거리가 있어야 한다. 인간은 먹을 권리가 있다. 모든 제도는 인간에게 먹을 권리를 보장해 주어야 하며, 먹는 일 때문에 죄를 짓지 않도록 각별한 노력을 해야 한다.

여섯째, 하나님의 형상으로서의 인간은 아름다운 존재이다. 하나님께서는 인간을 창조하신 후에 보기가 좋다고 감탄을 하셨다. 인간의 행동, 예를 들면 책임을 다하는 모습, 노동하는 모습, 먹는 모습, 동산을 거니는 모습 등이 보기가 좋았다는 뜻이다. 인간은 아름답게 창조된 존재이다. 인간은 아름다워야 한다. 물론 그 아름다움은 외적인 것도 내적인 것도 있다. 인간은 그 삶 자체가 아름다워야 한다.

마지막으로 하나님의 형상으로써의 인간은 언어를 사용하는 존재이다. 아담은 하와를 처음 볼 때 감탄하면서 "내 뼈 중의 뼈요 살 중의 살"이라고 고백했다. 인간이 사용한 최초의 언어는 상대를 칭찬하고 상대와 자신의 관계를 긍정적으로 표현하는 언어였다. 비난과 불평, 단절의 언어는 하나님의 형상으로써 인간이 할 언어가 아니다.

성경은 인간을 하나님의 형상이라고 예찬하고 있다. 그러므로 우리는 인간으로 태어난 것을 감사해야 하며 하나님의 형상으로 유지하려고 노력해야 한다.

흔히 인간은 존엄한 존재라고 부른다. 그래서 인권이 중요한 화두가 되기도 했다. 인간의 존엄성은 인간이 가진 능력에 근거한 것이 아니라, 인간이 하나님의 형상을 닮았다는데 그 근거를 둬야 한다.

학대받는 사람

성경은 학대받는 사람들을 위해 처음 기록되기 시작했다. 사람들은 창세기가 제일 먼저 기록되었다고 생각하지만 사실은 출애굽기가 가장 먼저 기록되었다. 출애굽기가 어떤 성경인가? 애굽 땅에서 학대받는 이스라엘 백성들을 구원하기 위해 하나님께서 모세를 선택하여 그 구원 사역을 하는 모습을 기록한 책이다. 인간은 학대받는 존재이다. 학대란 어떤 대상이 다른 대상을 괴롭히는 것이다. 학대란 한마디로 괴롭힘을 당하는 것이고 고통을 당하는 것이다.

인간을 학대하는 최초의 존재는 사탄이다. 에덴동산에 살던 아담 부부를 그는 유혹했다. 유혹은 그 유혹을 당하는 사람을 학대하는 것이다. 생각해 보라. 아담 부부가 사탄의 유혹을 받고 난 후 얼마나 고민하였겠는가? 죄도 인간을 학대하는 실체이다. 인간은 죄 때문에 상당한 고통을 당한다. 성경은 죄의 결과는 죽음이라고 강조한다. 죄는 죄책감을 낳는다. 그 죄책감은 인간을 다양한 방법으로 학대한다. 주님께서 십자가를 지심은 이런 죄의 고통에서 인간을 해방시키기 위함이었다. 정치적 권력이 인간을 학대하는 경우도 비일비재하다. 성경은 모든 권력은 하나님께로부터 나온다고 강조한다. 현대인들은 이 사실을 부정한다. 모택동은 그의 자서전에서 권력은 총구에서 나온다고 설파했다. 아주 직설적인 표현이다. 민주주의를 신봉하는 사람들은 모든 권력은 국민으로부터 나온다고 주장한다. 자본주의 체제에서는 권력은 돈에서 나온다고 많은 사람들이 주장한다. 엘빈 토플러는 현대의 권력은 지식과 정보에서 나온다고 주장한다. 다 일리 있는 주장이다. 그러나 성경은 권력이야말로 하나님께로부터 나온다고 강조한다. 그런데 하나님이 주신 권력은 인간을 섬기기 위해서 주어지는 권력이다. 이 권력이 타락하면 인간을 지배하고 다스리고 학대하는 권력이 되고 만다. 바로의 권력이 그 대표격이다. 애굽 왕 바로는 스스로 태양의 아들이라고 자칭하면서 태양신이 준 권력으로 국민들 특히 이스라엘 백성들을 학대했다. 이스라엘 여자들이 낳은 자녀들 중에 아들은 모조리 죽였고, 여자들은 노예로 삼았으며, 장정들에게는 노역을 시켰다. 인간은 이렇게 정치권력에 의해 학대 받는 존재이다. 인간은 굶주림으로 학대를 받는다. 인간은 생물이고 생명체는 음식을 먹어야 살 수가 있다. 음식이 주어지지 않으면 인간은 학대받는 존재가 된다. 인류 역사를 보면 인간은 이 굶주림으로 인해 학대를 받았다. 인간은 인간을 굶주리게 함으로 인간을 학대했다. 노동 착취가 그 전형이다. 모든 정치, 경제, 사회 제도는 인간을 굶주리게 해서는 안된다. 인간이 만든 모든 제도의 일차적 목표는 인간을 굶주리게 하지 않는 데 있다. 인간을 굶주리게 하는 그 어떤 것도 그 제도의 정당성을 가질 수 없다. 인간은 병으로 인해 학대 받는다. 병에 걸려 보라. 얼마나 고통스러운가를 알게 될 것이다. 병은 인간을 비인간화 시킨다. 병은 인간의 정신과 영혼을 파괴시키며 급기야 인간을 동물로 전락시킨다. 병이야말로 인간을 학대하는 주범이다. 그 외에도 인간을 학대하는 것들은 많다. 잘못된 제도와 관행, 규제, 인간의 이기심, 본능 등도 인간을 학대 한다. 주님은 이런 학대 받는 사람들을 구원하기 위해서 이 세상에 오신 분이시다. 주님이 하신 모든 사역을 살펴보라. 이 사실을 알게 될 것이다. 주님은 굶주린 사람들에게 먹을 것을 주셨고, 병든 사람들을 고쳐 주셨다. 잘못된 규제와 제도의 상징인 안식일을 새롭게 해석했고, 죄 문제를 해결해 주시기 위해 스스로 목숨을 버리셨다. 학대받는 사람들에게 자유를 주시기 위해 진리를 가르치셨고, 사람들에게 학대 받지 않기 위해 사람을 비판하지 말라는 교훈을 주셨으며 원수를 사랑하라고 설파하셨다.

주님은 인간을 사랑하라고 가르치셨다. 사랑의 본질은 무엇인가? 상대를 학대 하지 않는 것이다. 그러나 서글프게도 인간은 사랑이라는 이름으로 상대를 학대하고 있다. 인간은 이중성을 갖는다. 그래서 인간은 슬픈 존재이다. 남에게 학대를 받을 때는 이를 민감하게 느끼고 이에 대해 저항한다. 그리고 이를 당연하게 여긴다. 그러나 자신이 남을 학대하는 경우에는 이를 느끼지 못한다. 학대한다고 생각하기보다 상대를 위해서 충고하며 잘되도록 도와주는 것이라고 합리화 시킨다. 충고하고 비판할 때는 기분이 좋으나 비판을 받고 충고를 받을 때는 기분이 나쁘다. 인간을 학대 하는 것들이 많으나 그 중 가장 핵심은 세 가지이다. 사탄, 인간, 그리고 자기 자신이다.

협력해야 하는 인간

서로 다른 인격체들 간의 협력은 삶의 존재 양식이다. 이 세상에 있는 모든 존재는 협력이라는 행동을 통해 실재한다. 하나님도 예외는 아니다. 창세기를 보면 하나님께서 천지를 창조하실 때 '우리'라는 말을 사용하셨다. 여기서 '우리'라는 말은 성부와 성자와 성령을 의미한다. 그래서 우리는 하나님을 삼위일체의 하나님이라고 부른다. 하나이면서도 셋이요 셋이면서도 하나라는 뜻이다. 인간 이성으로는 이해할 수 없는 신비이다. 그래서 하나님을 신학자 칼 바르트는 전적 타자라고 불렀다. 성경을 보면 협력이야말로 생존의 방식이요, 창조적 일을 하는 지혜임을 알 수 있다. 아브라함은 아들 이삭의 협력을 얻어 모리아 산의 위기를 극복하고 믿음의 조상이 되었다. 모세에게는 아론과 여호수아가, 다윗에게는 요나단이, 드보라 여선지자에게는 바락 장군이 있었다. 바울에게는 바나바가, 베드로에게는 요한과 야고보가 있었다. 자연도 마찬가지이다. 식물이건 동물이건 빛과 공기, 물 등의 협력이 없이는 살아 갈 수가 없다. 생명의 잉태도 암수가 협력해야 가능하다. 협력은 공존의 지혜이다. 사회도 협력이 중요하다. 기업주와 노동자들이 서로 협력해야 생산성이 높아진다. 상사와 그 부하가 서로 협력해야 함께 살 수 있고 회사도 발전한다. 가정도 마찬가지이다. 남편과 아내, 부모와 자녀들이 서로 협력해야 행복한 가정을 꾸밀 수가 있다. 실로 협력이야말로 존재 양식이요 존재 방법이다.

그렇다면 왜 인간들은 협력하지 않으려고 하는가? 우선 경쟁해야 하는 사회의 구조 때문이다. 자본주의의 원리는 개인의 자유와 시장 경제이다. 때문에 경쟁은 필연적인 현상이고 서로 경쟁해야 하기에 협력은 어려워진다. 그래서 인간 세상은 만인이 만인과 싸우는 현장이라고 하는 것이다. 또한 인간이 서로 협력하기 어려운 이유는 인간은 가치 지향적인 존재이기 때문이다. 인간은 자신과 같은 생각을 가진 사람을 선호한다. 자기와 생각이 다르고 추구하는 가치가 다르면 경계하고 심지어 미워한다. 사람들은 이를 가리켜 '속이 좁다'는 표현을 쓰지만 사실 인간은 그리 너그러운 마음을 가진 존재가 아니다. 인간이 관용의 마음을 가지려면 상당한 수양을 쌓아야 한다. 인간은 이해 관계에 따라 협력하기도 하고 훼방하기도 한다. 인간들이 서로 협력하지 못하는 이유 중 하나는 서로 끌리는 어떤 매력이 서로에게 없기 때문이다. 인간들이 서로 협력하려면 명분이나 실리가 있어야 하고, 상대에게 어떤 인간적인 매력이 있어야 한다. 명분도 실리도 없고 상대에게 어떤 인간적 매력도 없으면 인간은 굳이 협력하려고 하지 않는다. 협력한다는 것은 어떤 형태로든지 희생이 따르기 때문이다. 인간들이 서로 협력하다가 그 협력 관계가 끊어지면 이를 배신이라고 부른다. 그래서 배신은 당하는 쪽에서 보면 상당한 아픔이다. 인간은 서로 협력해야 한다. 협력은 하나님의 뜻이다.

그렇다면 어떻게 해야 인간의 협력이 가능하고 오래 갈 수가 있을까? 첫째, 인간은 스스로의 힘으로는 아무 것도 할 수 없는 나약한 존재임을 깨달아야 한다. 주님은 제자들에게 나를 떠나서는 아무것도 할 수 없다는 것을 명심하라고 경고하셨다. 둘째, 서로 협력하려면 명분과 실리를 분명하게 밝히고 그것을 나누려는 마음이 있어야 한다. 인간은 독식하려는 사람과는 절대 협력하려고 하지 않는다. 나눔이야말로 협력의 지름길이다. 셋째, 협력할 수 있도록 만드는 기술이 있어야 한다. 협력하지 않으려는 사람도 설득해서 협력하게 만드는 기술이 있어야 한다는 것이다. 예를 들면, 그 방면의 전문적인 지식, 인간적 매력, 도움을 청하는 기술, 사람을 감동시키는 화술, 협력하는 방법에 대한 명료한 설명 등이 있어야 한다. 이 기술이 있으면 원수도 설득할 수 있다. 넷째, 평소에 성의 있는 인간관계가 있어야 한다. 인간은 언제 상대방에게 협력을 청해야 하는지를 알 수가 없다. 평소에 잘해야 한다. 그래야 급박한 상황이 주어질 때 협력을 청하면 상대가 들어 준다. 협력하다가 깨어지는 경우도 있다. 이 경우에도 상대에게 예의를 지켜야 한다. 떠나는 사람에게 욕을 하면 그는 다시 돌아오지 않을 것이고, 심지어 원수가 되어 괴롭힐 수도 있다. 마지막으로 하나님께 도움을 청해야 한다. 인간의 마음을 변화시키시는 분은 하나님이시다. 하나님이 도와주시면 인간은 누구의 협력도 받을 수 있다. 하나님은 에서의 마음을 변화시켜 원수인 야곱을 돕게 하셨다.

인간은 협력해야 살아남는다. 남에게 도움을 받는 것은 생존의 지혜이다.

형통하는 인간

만사형통이라는 말이 있다. 모든 일이 잘 풀린다는 뜻이다. 한국 사람들이 좋아하는 한자 숙어이다. 그런데 만사형통이라는 이 말을 사용할 때 조심해야 할 전제가 있다. 잘 풀린다는 뜻 속에는 어려운 일이 있는데, 그 때 그 때마다 잘 풀린다는 내용이니 이 단어는 반드시 어려운 일이 전제되어야 사용할 수 있는 단어이다. 만약 그 어떤 어려운 일이 주어지지도 않는데 모든 일이 잘된다는 뜻으로 사용된다면, 이는 형통의 의미를 잘못 이해한 것이다. 인생이란 문제의 연속이다. 문제없는 인생이란 없다. 인생이란 주어지는 문제를 해결하면서 무덤으로 가는 행진이다.

그런데 인생 문제를 푸는 합리적 방법에는 두 가지가 있다. 하나는 스스로의 힘으로 그 문제를 푸는 것이고, 다른 하나는 하나님의 도움으로 문제를 푸는 것이다. 전자는 지혜로 푸는 것이고, 후자는 형통으로 푸는 것이다. 인간의 지혜란 경험과 지식, 그리고 얻어진 각종 자료와 근거를 바탕으로 한 이성의 판단을 뜻한다. 물론 지혜에는 인간 스스로 얻어진 지혜와 하나님께서 주신 지혜가 있지만 인간은 자신이 얻은 지혜로 주어진 문제를 해결하면서 삶을 산다. 그런데 형통은 다르다. 형통은 인간의 힘으로는 도저히 주어진 난제를 해결할 수 없을 때, 하나님의 도움으로 문제가 해결되는 상황을 설명할 때 사용하는 단어이다. 기적과 유사하지만 기적과는 다른 면이 있다. 기적이란 초자연적인 하나님의 섭리를 뜻하지만 형통은 인간 이성으로 충분히 이해되어지는 상황이라는 점에서 다르다. 기적은 일순간에 이루어지지만 형통은 시간이 걸린다는 점도 다르다.

성경에는 이런 사건들이 많다. 예를 들면, 요셉의 일생을 보면 그 일생은 기적의 일생이 아니라 형통의 일생이다. 그가 형들에게 미움을 받아 죽임을 당하게 되었지만 형들 중에 유다의 도움으로 생명을 건졌다. 많은 형제들 중에 한 사람 정도는 그래도 동생에 대한 연민의 정을 가질 수 있다. 이는 합리적인 생각이고 현실이기도 하다. 요셉이 억울한 누명을 쓰고 감옥으로 갔지만 그가 죽임을 당하지 않는 것도 합리적으로 이해가 간다. 사실 당시의 법으로 볼 때, 요셉은 마땅히 죽임을 당해야 되지만 감옥으로 가는 것으로 마무리가 되었다. 왜 그랬을까? 요셉의 주인인 보디발 장군은 요셉의 인격을 신뢰해서 노예였던 그를 해방시켜, 집안의 모든 일을 총괄하는 집사로 임명을 하였다. 비록 아내가 요셉이 자신을 겁탈하려고 했다는 말을 했지만 보디발은 그 말을 반신반의했다. 요셉의 인격으로 볼 때 아내의 말을 그대로 믿을 수가 없었기 때문이다. 그렇다고 요셉을 계속 집안에 남게 할 수도 없었다. 그래서 보디발은 요셉을 감옥으로 보낸 것이다. 합리적인 해결 방법이었다. 이 사건은 기적의 사건이 아니라 형통의 사건이다. 결국 형통이란 하나님의 도움으로 주어진 난제를 합리적으로 해결되는 과정을 뜻한다. 다윗의 경우도 마찬가지이다. 그에게는 여러 가지 난제들이 주어졌지만 모두 하나님의 도움으로 그 문제들이 합리적으로 해결되어 그는 위대한 왕이 되었다. 그는 자신을 죽이려는 사울 왕을 죽일 수도 있었지만 죽이지 않았다. 그로인해 오랜 세월 유랑하는 고단한 삶을 살았지만 결국 그의 덕행이 민심을 얻어 왕이 되었다. 그가 왕이 되는 과정을 보면 하나님께서 도우시어 합리적 판단을 함으로 왕이 되었다.

그렇다면 어떤 사람들이 형통하는가? 성경은 한마디로 제아무리 어려운 상황에 처해 있다 해도 믿음으로 살아가는 사람이 형통한다. 하나님께서는 믿음으로 살아가는 사람에게 형통의 복을 주신다. 요셉도, 다윗도 모두 믿음으로 산 사람들이다. 결국 인간은 이 형통의 축복을 통해서 주어지는 문제를 해결하면서 살아간다. 바로 이점 때문에 믿는 자에게는 희망이 있다. 그런데 형통의 복은 인내심이 있어야 한다. 형통은 기적처럼 단 시일에 일어나는 것이 아니라 흐르는 세월 속에서 일어나는 것이기 때문이다. 결국 믿음을 키우는 것과 그 믿음으로 인내하는 삶이야말로 형통하는 삶을 사는 지름길이다. 다시 말하지만 인간에게 주어지는 난제들을 해결하는 길은 3가지이다. 인간 스스로의 힘으로 그 문제를 풀어가는 것과 믿음과 인내로 문제를 풀어가는 형통의 삶, 그리고 하나님의 특별한 섭리 속에 단숨에 그 문제가 풀리는 기적이 그것이다. 이중에 가장 좋은 것은 만사형통으로 문제를 해결하는 것이다. 인간의 능력으로는 역부족인 경우가 많고 기적은 자주 일어나지 않기 때문이다.

화해하는 인간

인간은 싸우는 존재이다. 빅토르 위고의 말대로 한다면 그렇다. 그는 인간의 싸움을 세 종류로 분류했다. 자연과의 싸움, 인간과의 싸움 그리고 자신과의 싸움이 그것이다. 성경을 보아도 그의 주장은 타당성을 갖는다. 주님은 서로 사랑하라, 용서하라, 관용을 베풀라 등의 말씀을 하셨는데 이는 싸움을 전제로 한 말씀이다. 성경에는 화해에 대한 내용도 많다. 에서와 야곱의 화해가 그 전형이고, 바울과 마가의 화해, 바울과 베드로의 화해, 사울 왕과 다윗의 화해 등도 이 범주에 속한다고 할 수 있다. 화해란 싸움 다음에 오는 서로간의 이해와 용서, 그리고 관계의 회복, 더 나가 상호 지원을 의미한다. 화해는 단순히 갈등을 봉합하는 것이 아니다. 화해는 이해하고 용서하는 것으로 끝나는 것도 아니다. 화해의 완성은 상호 지원해서 서로 돕고 서로 잘되도록 도와주는 것이다. 성경은 에서와 야곱의 화해를 통해 이를 증명한다. 야곱은 형 에서를 속여 형이 갖고 있는 장자로서의 권한을 빼앗고, 형이 받을 아버지의 축복을 빼앗았다. 에서는 이런 야곱을 죽이려고 했고 결국 야곱은 어머니의 권고를 따라 외삼촌 집으로 피신을 했다. 오랜 세월이 흘러 야곱이 부자가 되어 고향으로 돌아온다는 소식을 들은 형 에서는, 다시 야곱을 죽이려고 부하들을 대동하고 야곱에게 달려 왔는데, 결국에 이 두 형제는 서로 목을 끌어안고 울면서 화해를 하게 되었다. 두 형제의 화해는 야곱이 자신의 재산 절반을 형에게 주려고 하고 형이 그것을 사양하는 데서 완성이 된다. 그 후 두 형제는 비록 따로 살았지만 다시는 다투지 않았고 서로 도와주는 인생을 살았다. 진정한 화해란 바로 이런 것이다.

그렇다면 인간은 어떻게 화해해야 진정한 화해를 할 수가 있는가? 에서와 야곱의 화해를 통해 성경은 다음 몇 가지의 화해의 지혜를 가르쳐 준다.

첫째, 화해를 하려면 기도해야 한다. 화해는 일차적으로 자신의 허물을 찾아서 용서를 받아야 하겠다는 결단이 있어야 한다. 화해는 타협이 아니라 자신의 죄를 인정하는 진실성에서 시작된다. 그런데 인간은 자신의 죄를 스스로 찾기가 쉽지 않다. 하나님의 도움이 필요하다. 기도는 바로 자신의 허물을 찾는 거룩한 노력이다. 야곱은 평생 남을 속이면서 살아온 사람이다. 그런데 그가 강가에서 절박한 심정으로 기도할 때 그는 자신의 허물을 찾았고, 형 에서의 상처 받은 마음, 그의 복수심을 이해할 수가 있었다.

둘째, 화해를 하려면 겸손한 언어가 필요하다. 화해의 표현은 언어로 시작된다. "미안합니다. 죄송합니다. 제가 잘못 했습니다. 절 받아주십시오." 이런 언어가 있어야 화해가 시작된다. 야곱은 형 에서와 화해하기 위해 겸손한 언어를 사용했다. 그는 형을 주인이라고 불렀다. 에서는 자신을 주인이라고 부르는 동생을 죽일 수가 없었다.

셋째, 화해를 하려면 상대에게 동정을 받을 수 있는 약한 모습을 보여야 한다. 화해는 용서를 받아야 되고 용서를 받기 위해서는 동정을 받을 수 있는 약한 모습을 보여야 한다. 야곱은 에서에게 나아갈 때, 다리를 절뚝거리며 나아갔다. 하나님께서는 당당한 모습으로 형에게 나아가지 못하도록 그의 환도뼈를 쳐서 절뚝거리게 만들었다. 에서는 그런 동생 야곱을 보면서 불쌍히 여기는 마음이 생기면서 결국 동생을 용서했다.

마지막으로 화해를 하려면 가해자가 피해자에게 충분한 물질적 보상을 해야 한다. 야곱은 형이 받을 장자권과 축복을 빼앗았다. 야곱은 이를 보상하려고 자신이 얻은 재산의 절반을 형에게 주었다. 그러나 에서는 이를 거절했다. 자기에게도 충분한 재산이 있었기 때문이다. 야곱은 가해자로써 물질적 보상을 하려고 했고, 에서는 욕심을 부리지 않고 그 보상을 거절했다. 에서가 원했던 것은 물질이 아니라 동생 야곱의 마음이었다. 에서는 동생이 진심으로 잘못을 뉘우치고 있다는 것을 알았다. 그토록 재물에 욕심이 많은 동생이 재산의 절반을 자신에게 주려고 애쓰는 모습을 통해 그것을 확인할 수가 있었기 때문이다. 에서는 참으로 관용의 사람이었다. 비록 그가 하나님이 선택을 받지 못했지만 신앙적인 면을 제외하고는 모든 면에서 야곱을 능가하는 사람이었다.

화해는 말로 하는 것이 아니라 마음으로, 행동으로, 보상으로 하는 것이다. 진정한 화해가 어려운 것은 화해를 말로만 하려고 하기 때문이다. 남을 배려하는 생각, 행동, 보상이 없이는 진정한 화해는 불가능하다.

회개하는 인간

죄는 죽음을 가져온다. 그러기에 성경은 이 세상에서 가장 무서운 것은 죄라고 가르친다. 가난, 질병, 노화, 실직, 실연, 실수 등이 다 무섭지만 죄처럼 무섭지는 않다. 그런 것들이 인간에게 고통을 주고 인간을 고뇌하게 만들지만 죽음에 이르게 하지는 않기 때문이다. 그런데 인간은 어쩔 수 없이 죄를 범하는 존재이다. 성경은 '의인은 없나니 한 사람도 없다'고 탄식한다. 인간은 죄를 범할 수밖에 없고 죄의 값은 사망이니 이로써 인간은 절망할 수밖에 없는 존재가 된다. 그러나 하나님께서는 인간에게 회개할 수 있는 기회를 주셨다. 하나님은 사랑이시기 때문에 회개하는 자를 용서하신다. 인간은 회개해야 살 수 있고, 인간은 회개하는 존재이기도 하다. 회개가 진정한 회개가 되려면 다음 몇 가지 요소를 충족시켜야 한다. 첫째, 자신이 무슨 죄를 지었는지를 분명하게 알아야 한다. 막연하게 자신을 죄인이라고 고백하는 것은 진정한 회개를 하는데 방해가 된다. 그런데 인간이 자신의 죄를 깨닫는다는 것은 쉽지가 않다. 인간은 이기적 존재이고, 자기 합리화를 잘하는 존재이기 때문이다. 우리가 사는 사회는 죄를 고백하면 용서받기보다는 불이익을 당하는 경우가 많다. 무엇이 죄인가를 알고 자신이 죄인이라고 고백하는 것은 믿음에서 오는 성령의 역사함이 있어야 한다. 그러므로 진정한 회개는 예수 그리스도를 믿어 성령을 영접함으로써 가능해진다. 성령의 역사하심을 통해 이루어지지 않은 회개는 회개가 아니라 일종의 자기반성이요, 후회이다. 둘째, 회개는 원상태로 돌아가는 것이다. 예를 들면, 남의 돈을 훔친 사람이 회개하면 그 돈을 원 주인에게 돌려주어야 한다는 것이다. 남의 돈을 훔친 후, '잘못 했구나' 탄식만 하고 그 돈을 돌려주지 않으면 이는 진정한 회개가 아니다. 셋째, 회개는 당사자에게 해야 한다. 예를 들어 보자. 손해를 끼친 당사자에게는 회개하지 않고 다른 사람에게 회개한다면 이는 진정한 회개가 아니다. 남의 물건을 훔쳤으면 그 물건의 주인에게 회개해야 한다. 다른 사람에게 내가 남의 물건을 훔친 적이 있다고 고백하는 것은 회개가 아니고 일종의 반성이다. 넷째, 회개는 그 시간이 짧을수록 좋다. 아침에 죄를 범했으면 저녁에 회개하는 것이 좋다. 한 달 후, 심지어 일 년 후에 회개한다면 이는 진정한 회개가 아니다. 물론 당시에는 죄인 줄 몰랐다가 일 년 후에 죄인 줄 알고 그 때 즉시 회개한다면, 이는 진정한 회개라고 할 수 있다. 다섯째, 인간에게 지은 죄는 그 인간에게 회개해야 하고 하나님께 지은 죄는 하나님 앞에서 회개해야 한다. 만약 인간에게 지은 죄를 하나님께만 회개한다면 이는 일종의 회피이다. 물론 인간에게 지은 죄를 바로 그 인간 앞에서 회개한다는 것은 쉬운 일이 아니다. 그래서 대부분 사람들은 인간에게 지은 죄를 하나님 앞에서 회개한다. 그것이 편하기 때문이다. 인간에게 지은 죄는 인간 앞에서도 회개해야 하고 하나님 앞에서도 해야 한다. 왜냐하면 인간에게 해야 할 도리를 가르치신 분이 하나님이시기 때문이다. 그래서 인간에게 지은 죄는 하나님께 지은 죄와 같다. 여섯째, 죄를 용서하시는 분은 오직 하나님 한 분이시다. 인간에게는 죄를 용서할 수 있는 권한도 능력도 없다. 인간에게 지은 죄를 그 인간 앞에서 회개하여 그 사람에게 용서를 받는다 해도, 하나님께서는 용서하지 않을 수도 있다. 정반대인 경우도 있을 수 있다. 사람 앞에 지은 죄를 회개했지만 그 사람이 그 죄를 용서하지 않는 경우도 생긴다. 그러나 하나님께서 용서하시면 그 죄는 사함을 받는다. 마지막으로 회개한 후 용서를 받았다고 해서 그 책임이 전적으로 면해지는 것은 아니다. 용서받는 것과 죄에 대한 벌을 받는 것은 다르다. 용서받는 것은 개인적인 차원이고 벌을 받는다는 것은 사회적인 차원이다. 다윗을 보면 이를 알 수가 있다. 그가 간통한 후 회개했고 하나님께서는 그 죄를 용서했다. 그러나 밧세바와의 사이에서 얻은 아들은 다윗의 간절한 기도가 있었음에도 불구하고 결국 병으로 죽었다. 이는 하나님의 심판이다. 그렇다면 하나님의 용서란 아무 의미가 없는 것일까? 그렇지 않다. 다윗은 비록 아들을 잃었지만 왕위를 지켰고 다시 아들을 얻어 후계자가 되는 은혜를 받았다. 그가 솔로몬이다. 심판은 가볍고 심판 이후에 주어지는 은혜는 깊고 넓다.

인간은 회개하는 존재이다. 인간에게 희망이 있는 것은 능력이 있기 때문이 아니다. 비록 죄를 범하기는 하지만 회개할 수 있기 때문이다.

희망을 지니고 사는 인간

　인간에게 희망이 있는가? 희망이란 긍정적인 미래상이다. 인간이 바라고 원하는 그 무엇이 이루어질 수 있다는 기대를 희망이라고 한다. 단순히 욕망과는 다르다. 욕망, 욕구는 일종의 심리학적 용어이다. 인간에게는 본능적으로 그 무엇을 원하는 마음이 있다. 그것을 욕망, 욕구라고 한다. 그런데 희망은 그런 욕구, 욕망이 이루어질 수 있다는 기대가 있는 경우를 지칭한다. 욕망이나 욕구는 단순히 그 무엇을 원하는 본능 그 자체이고, 그것을 이루고자 하는 행동이지만 희망은 그것이 이루어질 수 있다는 가능성에 보다 비중을 둔다. 희망은 물론 이루어질 수 없는 경우도 있다. 그러나 이루어질 수 있다는 확신을 갖고 있을 때, 그것을 희망이라고 부른다. 희망은 윤리적이고 사회적인 성격을 갖는다. 욕망이나 욕구는 경우에 따라 비윤리적이고 반사회적일 수 있다. 그러나 희망은 대부분 윤리적이고 사회적이다.

　인간은 욕망과 욕구의 존재지만 그것을 넘어 희망을 지니고 사는 존재이다. 희망은 크게 두 가지로 나눌 수 있다. 하나는 스스로 원해서 또는 타인에 의해서 만든 희망이고, 다른 하나는 하나님께서 주시고 하나님께서 가지라고 명하시어 갖는 희망이 그것이다. 즉 희망은 그 출처가 두 가지인 것이다. 하나는 인간이요, 다른 하나는 하나님이시다. 어느 쪽이건 희망은 중요하다. 인간은 희망이 있어야 동력이 생긴다. 희망이 있어야 계획을 세우게 되고 그 계획에 따라 행동하게 되며 결과적으로 합리적이 된다. 그러므로 인간은 반드시 희망을 지니고 살아야 한다. 성경은 자신의 욕망이나 욕구를 바탕으로 그 무엇인가를 바라고 원해서 행동하면, 그 결과가 참담하다는 것을 가르친다. 아담과 하와는 사탄의 사주를 받아 선악과를 먹으려는 욕망과 욕구를 지녔고 결국 그 욕망과 욕구를 채우기 위해 행동했다. 그 결과는 비참했다. 그들은 원하는 것을 얻지 못했을 뿐 아니라 에덴동산에서 추방되었고 하나님과는 단절이 되고 말았다. 성경은 욕망과 욕구를 채우기 위한 행동은 죄를 낳는다고 선언한다.

성경에 등장하는 인물들 중에 실패한 사람들은 모두 욕망과 욕구를 채우기 위해 행동하다가 그리 되었다. 그러나 하나님께로부터 온 희망을 갖고 산 사람들, 이것을 사명이라고 부르기도 하는데, 그들은 모두 그 희망을 이루었고 모두 풍성한 삶을 살았다. 모세도, 아브라함도, 기드온도 그런 삶을 산 사람들이다. 하나님을 위한 희망을 갖고 산 사람들도 풍성한 삶을 살았다. 베드로나 바울 그리고 많은 신앙의 선배들은 하나님을 위한 희망을 지니고 살았다. 인간은 희망을 가지고 살아야 한다.

그렇다면 인간은 어떻게 하나님이 주시는 희망을 지니고 살거나 하나님을 위한 희망을 지니고 살 수가 있는가? 하나님이 주시는 희망은 하나님이 선택한 자에게만 주어진다. 이것은 본인의 희망과는 상관없다. 하나님의 절대 주권 속에서 이루어진다. 모세에게는 이스라엘 백성들을 가나안 땅으로 인도하겠다는 희망이 있었다. 그런데 이 모세의 희망은 본인의 의사와는 상관이 없었다. 일방적으로 하나님께서 모세를 선택하시어 모세에게 그런 희망을 주셨다. 모세로서는 불가항력이었다. 이것은 일종의 운명이다. 예레미야도 마찬가지이고 다윗도 마찬가지이다.

그런데 하나님을 위한 인간의 희망은 본인 스스로의 결단의 결과이다. 즉 예배 생활, 기도 생활, 봉사 생활을 하다가 스스로 깨닫고 하나님께 감사드리면서, 하나님을 위해 무엇인가 보람 있는 행동을 해야 하겠다고 결단할 때, 하나님께서 주시는 것이 바로 이런 희망이다. 슈바이처나 리빙스턴 등 선교사들이 이런 희망을 지니고 살았다. 사실 바른 신앙생활을 하는 사람들은 누구든지 반드시 이런 희망을 지니고 산다. 만약 이런 희망이 없다면 그런 사람은 바른 신앙생활을 하는 사람이 아니다. 하나님을 위한 희망은 반드시 크고 사람을 감탄하게 만드는 희망은 아니다. 그런 희망도 있을 수 있지만 소박하나 아름다운 작은 희망들도 있다. 예를 들면 평생 예배드리는 일을 잘하겠다는 희망, 십일조 생활을 평생 하겠다는 희망, 평생에 10명을 전도하겠다는 희망, 믿음의 가정을 꾸미겠다는 희망 등도 있다.

인간은 희망을 가지고 사는 존재이다. 그러나 명심할 것이 있다. 희망이 아니라 욕망이요 욕구인 경우, 그것은 이루어지지 않을 수 있으며 이루어졌다 해도 그것이 인간을 불행하게 만들 수 있다는 사실을! 그래서 우리는 욕망, 욕구가 아닌 희망을 가지고 살아야 한다. 그리고 그 출처가 하나님께 있어야 한다.

맺는 말

인간은 어떤 존재인가? 하나님의 형상을 닮은 존재이면서도 죄인이다. 바로 이 점이 문제이다. 정반대의 의미가 하나로 혼합되어 있다. 인간을 구성하는 질료 역시 이원론적이다. 흙이라는 자연물과 하나님의 영이 혼합되어 있다. 이런 점을 전제로 해볼 때, 인간은 몇 가지 특성을 지닌 존재임을 알 수가 있다.

첫째, 인간은 신비하다. 보이는 것과 보이지 않는 것, 거룩한 것과 속된 것이 혼합되어 있어 그 정체를 정확하게 알 수가 없다. 거룩한 것 속에 속된 것이, 속된 것 속에 거룩한 것이 숨어 있다. 인간에 대해 단정적으로 말하는 것은 교만이고 무지이다. 그러나 자신을 안다는 것은 평생의 과제이다. 소위 행복이란 것은 자기를 아는 데서 시작된다. 아는 만큼 세상이 보이고 따라서 행복해진다. 행복해 지려면, 가치 있는 삶을 살려면 자기를 아는 일에 최선을 다 해야 한다.

둘째, 인간은 영악하다. 본질은 형상이고 흙은 현상이다. 본질과 현상, 이 두 가지는 서로 대립, 조화, 균형, 상호작용을 하면서 인간은 다양한 가면을 쓰고 살아간다. 인간은 그가 지닌 지식, 경험, 깨달음, 소유, 상황에 따라 자신이 지닌 가면을 활용하면서 생존본능을 이어 간다. 그러기에 인간은 어떤 경우에는 도덕적으로, 어떤 경우에는 비도덕적으로, 이런 상황에서는 영적으로, 저런 상황에서는 육적으로 살아간다.

셋째, 인간은 진화한다. 인간은 불변하는 것을 지키려는 것과, 주어진 상황에 적응하려는 의지가 서로 대립, 조화, 균형, 상호작용을 하면서 갈등을 만들어 내고 그 갈등을 통해 진화한다. 그러므로 갈등은 진화의 동력이다. 갈등하는 자 만이 앞으로 갈 수가 있다. 갈등을 통해 인간은 망하기도 하고 흥하기도 한다. 갈등을 조절하는 것이 지혜이다. 신앙은 갈등을 제거하는 단순한 노동이 아니라 그 갈등을 창조적으로 관리하는 능력을 얻는 인간 최고의 활동이다.

넷째, 인간은 소멸한다. 인간은 죽음을 통해서 본질과 현상이 분리되어 현상은 사라지고 본질만 남는다. 그렇다면 본질은 어디로 가는가? 본질도 사라지는가? 다른 곳으로 가는가? 새로운 본질로 변하는가? 바로 이것이 인간에게 주어진 마지막 과제이다. 이 과제를 푸는 열쇠가 신앙이다. 신앙은 본질을 탐구하고 본질로 회귀하려는 인간의 활동이다. 신앙은 현상을 통해서 본질로 가려는 인간의 노력이다. 설교는 현상 속에서 본질을 밝히고 선언하는 하나님의 활동이다. 그러므로 설교는 가벼운 농담도 아니고 살아온 삶에 대한 자랑이나 한탄도 아니며 즐거운 놀이도 아니다. 설교가 타락하면 신앙도 타락한다.

다섯째, 인간에게는 희망이 있다. 그리고 그 희망은 사랑에 기초한다. 소유, 예를 들면 돈, 지식, 권력, 명예 등등이 희망이 기초가 아니라 사랑이 희망이 기초이다. 하나님의 사랑, 하나님에 대한 사랑, 그녀의 사랑, 그녀에 대한 사랑, 삶에 대한 사랑, 고민, 고통, 고뇌, 고독 등에 대한 사랑, 자연, 예술 등에 대한 사랑 등등은 희망이 기초이다. 사랑할 줄 모르면 희망도 없다. 하나님이 인간에게 주신 최대의 축복은 사랑할 수 있도록, 사랑하고 싶도록 인간을 만드신 것이다. 아담이 선악과를 먹은 것은 사탄의 유혹에 넘어간 것이 원인이지만 동시에 그를 감탄하게 만든 그 여자, 하와에 대한 사랑이 있었기 때문이다. 이처럼 사랑은 희망의 기초이다. 그러나 명심할 것이 있다. 사랑은 빛이면서 어둠이기도 하다. 사랑에서 나온 희망 중에는 선도 있으나 악도 있다. 그러기 때문에 사랑은 신앙속에서 자라나야 한다. 신앙 안에서 다듬어지고 성숙해진 사랑이 선을 추구하는 희망의 근거가 된다.

인간은 하나님이 창조한 모든 만물 중에 단연 최고의 걸작이다. 그렇다면 인간을 아는 것, 즉 자신을 알고 내 주변 사람들을 아는 것은 각자에게 주어진 최고의 과제가 아닌가?

이제 결론을 내리자.

나는 누구인가? 100개 아니 그 이상의 가면을 쓰고 사랑이라는 춤을 추면서 희망으로 살아가는 존재이다. 너는 누구인가? 너 역시 100개 그 이상의 가면을 쓰고 나와 함께 춤을 추며 살아가는 존재이다. 우리가 서로 가면을 썼기에 나는 너를 모르고 너는 나를 모른다. 그래서 우리는 슬프고 고독한 존재가 되는 것이다. 우리가 가면을 벗고 서로의 얼굴을 볼때가 있을까? 우리가 그리스도 앞에서 가면이 소용 없었던 것처럼 서로에게 가면이 필요 없는 그런 때가 올 수 있을까? 우리가 서로에게 그런 사람으로 기억될 수 있을까? 가면을 벗으면 어떤 얼굴일까? 하나님의 형상이면서도 죄인일 수밖에 없는 그 얼굴, 바로 이것이 우리의 맨얼굴이다. 이 얼굴을 보면서도 우리가 서로 사랑할 수만 있다면 우리는 행복한 사람이다.

인간, 그 100개의 가면

· 초판 1쇄 발행 2019년 12월 20일

· **지은이** · 고시영
· **펴낸이** · 민상기 **편집장** · 이숙희 **펴낸곳** 도서출판 드림북
· **인쇄소** · 예림인쇄 **제책** · 예림바운딩 **총판** · 하늘유통(031-947-7777)
· **등록번호** 제 65 호 · **등록일자** 2002. 11. 25.
· 경기도 의정부시 가능1동 639-2(1층)
· Tel (031)829-7722, Fax(031)829-7723

성서인문학

인간,
그 100개의 가면